U0959946

视觉社交——跨文化传播场域中的视觉文化与自我表达

李冰玉　著

天津大学出版社
TIANJIN UNIVERSITY PRESS

图书在版编目（CIP）数据

跨文化传播场域中的视觉文化与自我表达 ： 视觉社交 / 李冰玉著. -- 天津 ： 天津大学出版社, 2024. 10.
ISBN 978-7-5618-7854-5

Ⅰ. C912.3

中国国家版本馆CIP数据核字第2024RC7691号

出版发行	天津大学出版社
地　　址	天津市卫津路92号天津大学内（邮编：300072）
电　　话	发行部：022-27403647
网　　址	www.tjupress.com.cn
印　　刷	北京虎彩文化传播有限公司
经　　销	全国各地新华书店
开　　本	787mm×1092mm　1/16
印　　张	8.5
字　　数	196千
版　　次	2024年10月第1版
印　　次	2024年10月第1次
定　　价	37.00元

目　　录

第一章　我们生存的视觉文化时代

第一节　研究缘起:影像化生存与跨文化交流

一、数字时代的个体影像化生存

环视周遭,我们已经被无处不在的影像包围,通过影像获取信息、学习知识、消遣娱乐、表达情感已成为生活的常态。数字媒体给人类文化带来的影响,"突出体现在对大众文化的形态发展和传播领域的影响和渗透"①,移动技术的发展和智能设备的普及使人们拍照、修图和分享影像等活动变得更加便捷,互联网上时时更新的影像内容彰显出视觉元素在人们的日常生活实践中已上升到主导地位。人们对镜头不再是被动适应,而是主动将自己的生活记录和经验传授影像化,最初是纸质笔记本被博客取代,如今则是通过照片和 Vlog(视频博客,英文为 Video blog)来分享日常状态,工作、旅行、教育、医疗、购物……所有的生活实践都被场景化记录。

无论是有意还是无意,人们早已生活在影像泛滥的视觉空间之中,"影像化生存"已是不争的事实。全球活跃用户最多的社交软件中,YouTube、Instagram、TikTok 等都是视频或图片分享平台,Facebook、微信、QQ、微博等应用也离不开视频和图片的传播②,人们越来越习惯于沉浸在影像社交带来的视觉快感和情绪体验当中。图片分享、短视频、直播等应用的兴起和流行进一步引发了人们对视觉文化的批判和反思,对影像技术、身体意象、视觉消费等方面的讨论成为近来的研究热点,视觉文化与全球化的发展互为促进,在更为多元、动态的语境中,跨文化研究更加关注多样文化在世界大环境中的碰撞,更多地将"未前往异国但已通过多渠道传播受到多元文化影响的个体"纳入研究范畴之内③。

"看"是人类的本能,在诸多感知世界的手段中,视觉途径最为直观。亚里士多德曾指出人们偏爱感觉,而视觉较之其他感觉,更能够凸显事物之间的差别④,从而使人们认知事物;中国自古的俗语"眼见为实"也反映了人们对视觉本能的依赖。媒体的发展史也是一部视觉媒体的更新史,摄影、电影、电视、网络视频等媒体形式的变迁为人们提供了越来越丰富的视觉表达手段。进入数字媒体时代后,影像更是前所未有地占领了人们的日常生活,数字化生存几乎等同于影像化生存。影像化生存是"视觉中心主义与图像技术的共谋"⑤,人类对视觉本能的依赖从根本上促动了对图像表现技术的追求,数字技术的发展既是视觉追求

① 孙英春. 数字多媒体时代的大众文化与国际传播[J]. 浙江学刊,2001(6):32-37.

② STATISTA. Most popular social networks worldwide as of April 2019, ranked by number of active users (in millions)[EB/OL].(2019-05-07)[2021-04-15]. https://www.statista.com/statistics/272014/global-social-networks-ranked-by-number-of-users/.

③ 单波,孙宇心. 跨文化传播研究的新视角与新趋势[J]. 南昌大学学报(人文社会科学版),2017,48(5):108-116.

④ [古希腊]亚里士多德. 形而上学[M]. 吴寿彭,译. 北京:商务印书馆,1959:1.

⑤ 曾庆香. 图像化生存:从迹象到拟像、从表征到存在[J]. 新闻与传播研究,2012(5):19-24+109.

的结果，同时更加剧了人们对快速传播、通俗易懂的视觉影像的依赖。

现代科技赋予视觉更高品质的表现能力、更自由的意义组合及更多元的修辞手法，“产生奇幻的超现实意味的新视觉逻辑话语”①。数字化影像的在线共享扩展了本雅明提出的“机械复制”概念，不仅使影像的再现性裂变式提高，而且赋予了“复制”新的内涵意义。首先，数字技术和在线共享极大降低了图像复制和传播的成本，只要拥有一台数码设备，几乎任何人都可以瞬间实现图像的复制和再现。其次，社交网络的病毒式传播消解了图像艺术原本独特的艺术性，影像的片段式、拼接式传播具有典型的大众文化表征，娱乐性甚至成为社交媒体影像传播的首要属性。同时，不可否认的是，艺术作品的传播虽然在普遍化的复制中呈现出更为复杂的样貌，但新媒体的快速发展也赋予人们创作和欣赏影像艺术极大的自由度，并提高了个体的自主性和创造力。数字技术的发展既对传统视觉艺术具有破坏力，又对彰显个体的独特性展现新的生命力，这种自本雅明时代便存在的矛盾感并未得到有效缓解，甚至随着数字媒体的纷繁变迁不断加深，成为当前媒体技术与个体状态批判研究的持续动力。

影像化生存赋予数字媒体环境中的个体前所未有的表达自由，但也带来一些显而易见的问题，值得关注和研究。影像制作和传播的个人化趋势带来符号创造和借用的泛滥，符号能指被改造、融合、丢弃的速度也越来越快，过量的能指生产可能造成一个结果，即“越来越难以找到一种确切的表达”，从而“制造了意义的缺失”②。影像化生存时代，人们身处的现实环境与屏幕中的影像世界之间的界限越来越模糊，当修剪合成和过滤美化成为个体制造影像的必须过程之后，先进的影像技术创造出越来越程式化的自我身份③，个体还愿意面对真实的世界面貌吗？

影像在反映世界的同时也在形塑世界，互联网模糊了国别界限，也许地理意义上的整块区域依然保持着较为强烈的文化风貌，但身处数字世界的个体表达很难不受到互联网流行文化的影响，视觉文化便是其中最为强势的一种。那么，个体在进行视觉化表达的过程中呈现出怎样的跨文化特征和趋势、当代视觉文化又如何影响了个体的自我表达便很值得探究。另外，数字技术更迭催生的影像表达呈现碎片化、话题性趋势，社交媒体中的影像想要快速引起大范围的关注，形式和内容上不可避免会呈现消费文化的特征，在跨文化视角下检视个体主体性意识的网络表达，视觉类社交平台可以提供非常丰富的素材。因此，以视觉传播中的自我表达作为切入点，关注个体的影像传播和视觉化表达，研究其技术背景、符码变迁和文化价值，有助于我们把握数字时代跨文化传播新的主体特征。

二、跨文化传播中的个体间视觉互动

数字技术和影像媒介的快速发展和应用极大拓展了人们跨文化交流的空间，图片和视频的分享增强了网络空间社交的亲密感④，并使网民获得更接近真实的交流体验。“跨文化

① 朱永明. 图像时代的视觉语言形态与传播探讨[J]. 中国出版，2010(16):21-22.

② 陈卫星. 影像的边界[J]. 新闻与传播研究，2007(1):25-26.

③ WENDT B. The allure of the selfie: instagram and the new self-Portrait[M]. Amsterdam: Institute of Network Cultures, 2014:22.

④ PITTMAN M, REICH B. Social media and loneliness: why an Instagram picture may be worth more than a thousand Twitter words[J]. Computers in Human Behavior, 2016, (62):155-167.

传播作为人的社会活动，体现了社会关系与社会交往的本质”[①]，社交媒体的影像交流将不同地区、族群、文化背景的人们更加紧密地联结在一起，短视频和图片的快速传播也使个体间的跨文化交流日趋频繁。

社交媒体中的影像互动依靠短时间的视觉冲击和感受，很大程度上消除了不同语言造成的沟通障碍，人们将日常生活中的衣食住行拍摄成图片或视频进行网络分享，许多人类共有的体验经由影像放大，不同文化背景的人也可以直接产生共鸣。以图像社交网站 Instagram 为例，平台上最受欢迎的分享诸如美食、服饰、家居、风景等，依靠的都是人们对美的视觉直观感受，静态图片甚至不需要任何文字语言的诠释便可以被所有人理解，而观者要表达对图片的认同也十分简单，只需要“点赞”即可——同样省略了文字语言的表达。社交媒体平台的影像分享不仅简化了不同文化背景的人们交流沟通的环节，而且通过对包含不同文化意蕴符号的视觉表达，使世界范围内的大量个体获得异质文化体验变得简单。SoLoMo 技术[②]的广泛应用，使用户分享的影像信息包含明确的地理属性，观者通过信息中包含的地理位置信息了解到不同地域的文化景致，跨区域的视觉互动真正实现了足不出户看遍天下。

正如吉登斯所言，“视觉影像创造了可传递经验的本质结构”[③]，现代科技的发展使得当前的跨文化传播越来越具有视觉表征，充满视觉影像的新媒体不仅是现代社会全球化趋势和个体脱域化生存现状的反映，而且客观上仍在不断加剧这一趋势。处在任何地方的个人不再需要观看专业的媒体机构制作的信息，只需接入互联网，便随时会触及不同文化的交融和碰撞。“超越民族国家的文化他者出现并在日常生活中常态化，既调动了个体的视觉、触觉、味觉与其他的感官，同时也激发了个体关于世界的认知和想象”[④]。从电影、电视剧到电视节目、网络自制剧再到如今火遍全球的短视频，跨文化传播的视觉媒介载体呈现大众化、片段化、娱乐化的趋势，为网络中的普通个体参与跨文化传播提供了便利。

全球化对文化的影响一直是跨文化传播研究的重要命题，对于文化融合、文化全球化的讨论一直是近年学界的热门话题，而通信技术与智能媒体的发展又对全球文化形态施加持续性影响，视觉影像的流动性和世界性使得普遍性的流行视觉文化与特殊性的地方文化越来越多地融合，这种融合正在逐渐改变固有的地方特征和观看方式，人们越来越多地从远处观看和体验到这个世界，“在家里观看世界”，成为后现代性的多种流动性中典型的一种[⑤]。移动时代的视觉传播具有更强的流动性，流动性视觉文化的多元视点及互视性涉及多种视觉文化和视觉模式的并列与嫁接，多元文化以视觉呈现的形式相互批判和融合，常常表现出一种对视觉、权力以及国家和民族主义之间既有关系的批判。

影像社交平台上个体的视觉互动带来对跨文化视域下“他者”概念的挑战，文化“他者”作为后殖民理论体系中的关键语汇，具有西方中心主义及地理差异色彩，数字媒体空间的跨文化交流则弱化了传播者的组织特性，模糊了国际界限，甚至在逐渐重新定义“观看”与“被

① 孙英春. 跨文化传播学[M]. 北京：北京大学出版社，2015：54.

② Social、Local、Mobile 的缩写，指移动设备用户在分享社交信息时附上即时地理位置。

③ [英]安东尼·吉登斯. 现代性与自我认同：晚期现代中的自我与社会[M]. 夏璐，译. 北京：中国人民大学出版社，2016：24.

④ 孙文峥. 自我与他者的关联建构——跨文化传播场域下的世界主义探究[J]. 当代传播，2018(2)：37-40.

⑤ Szerszynski B，Urry J. Visuality，Mobility and the Cosmopolitan：Inhabiting the World from Afar[J]. The British Journal of Sociology，2006，57(1)，113-131.

看”之间的权力差异。新的影像技术不仅赋予观察者新的知觉自主性，而且赋予其自主创造的生产力，这是乔纳森·克拉里所称的“观察者成为新知识、新权力技术主体的结果”[①]。在视觉影像不断被个体制造和转发、引发潮流和狂欢的媒体景象中，个体在跨文化传播中的主体作用、形象塑造和话语变迁值得我们持续关注与探究。

第二节 “结构—能动”视角下的跨文化传播研究

从早先的外交和学术活动带来的跨文化交流起始，跨文化传播从源流上便具有一种个体机制，这种个体机制在社交媒体环境中得到加强——社交媒体以及其中的视觉化内容（如自拍、短视频等）具有基础性的以个体为主体的跨文化传播力。社交媒体空间视觉文化的发展为个体层面的跨文化互动提供了多样的技术手段和传播路径，本书以社交媒体空间的视觉化自我表达内容为研究素材，探寻个体通过视觉互动表达意见及建构关系的手段，以及这些手段的增强对今后跨文化传播可能的影响，便是在“结构—能动”的视角下对跨文化传播的个体机制的再思考与补充。

一、跨文化传播中的个体机制

跨文化传播（intercultural communication）[②]和国际传播（international communication）常常在不同场合被替换使用，二者都包含一种文化间性（interculturality），指向多元文化背景下的信息传播活动。但若对跨文化传播和国际传播加以区分，二者最主要的区别则在于传播的主体和范围可能不同。国际传播着重研究跨越国家政治边界的互动[③]，发起传播的主体也以国家政府或代表国家政府立场的组织机构为主。即使国际传播的参与主体不是政府人士，但以公开或私下方式开展的国际传播讨论的都是国家层面关心的话题。而跨文化传播是“各种文化信息在时间和空间中的流动、共享和互动的过程，主要指涉人类社会中文化要素的扩散、渗透和迁移的现象，以及身处不同文化背景的人们之间发生的信息传播与人际交往活动”[④]。与国际传播相比，跨文化传播的参与主体和发生场景都更为多元，包含更多个体层面的跨文化互动。跨文化传播这种较为重视个体能动性的传播机制不仅脱胎于跨文化传播产生的历史情境，也受到媒体形态发展的影响，在互联网传播环境下愈发凸显。

（一）跨文化传播中的个体价值

在网络空间的日常交流中，不同文化背景的个体之间常常存在文化要素的扩散、交融甚至冲突，随着互联网作为连通手段对个体的“媒介赋权”成为常态，个体之间的跨文化传播现象愈加频繁。每个人都生活在特定的文化环境中，所以一定程度上，个体是文化的代言人；但开放的媒介环境又会影响个体的认知和行为，表现出个体层面的跨文化接触和适应。所以，在新媒体环境中，个体既是跨文化传播的发起者和传播者，也是跨文化传播后果的直

① JONATHAN CRARY. Modernizing vision[A].HAL FOSTER(EDS.). Vision and visuality[C]. Seattle: Bay Press, 1988:35.

② 关于跨文化传播的英文译文常见的有 intercultural communication, cross-cultural communication 和 trans-cultural communication，本书选用近年应用最为广泛的第一种翻译。关于三者的辨析见姜飞，黄廓. 对跨文化传播理论两类、四种理论研究分野的廓清尝试[J]. 新闻与传播研究，2009，16(6)：53-63+107.

③ [美]迈克尔·H. 普罗瑟. 文化对话：跨文化传播导论[M]. 何道宽，译. 北京：北京大学出版社，2013：67.

④ 孙英春. 跨文化传播研究面临的“知识整合”[J]. 浙江学刊，2007(3)：41-48.

接反映。要探究当今时代跨文化传播中不容忽视的个体价值，便要进一步认识个体"自我"的重要性以及个体的传播实践行为。

"对不同文化的理解始于对自我的理解"，个体的自我意识成为跨文化传播的纽带①，个体对自我的认知、评价和需求成为促使个体传播行为发生的内在动因。符号互动论的理论观点认为，自我是一个较为复杂的体系，传播中意义的生成和共享都与个体的自我意识有关。首先，社会是一个由个体互动组成的网络，个体在参与互动中为自己及他人的行为赋予意义，也就是说，意义是社会生活的产物。其次，个体在社会生活中并不仅仅是被动参与的反应者，而是主动的意义建构者（或戈夫曼所称的表演者），每个人的角色身份既是个体内在冲动的直接反映，又受到行为发生情境的潜在影响。

随着现代化进程的深入，全球社会呈现工业化、城市化、市场化的发展趋势，宗教、家族、组织等社会团体对个体的保护和约束作用都在减弱，个体获得越来越多的独立性，也承担越来越多的社会风险。据此社会发展趋势，乌尔里希·贝克（Ulrich Beck）在论述风险社会时提出了社会的个体化（Individualization）趋势，指出"在发达现代性中，风险和不安脱离并重塑了工业社会的内在社会结构，以及根植于其中的对于生活样式的基本确定性。"②社会阶级、家庭模式、性别地位、婚姻关系、职业团体等结构都不同程度地受到现代性的冲刷，社会结构与个体之间传统的固定关系被逐渐打破，表现出现代性进程的同时也呈现个体化进程。贝克指出个体化社会包含两层含义："一方面，个体化意味着既有社会形式的解体，比如阶级、社会地位、性别角色、家庭、邻里等范畴的日趋弱化……"，另一方面，它指的是现代社会新的要求和限制被强加给了个体，通过市场、福利或其他隐性制度，划定了个体的思维和行动的界限③。

尽管全球经济、政治和社会发展并没有遵循统一的模式和进程，但正如闫云翔所指出的，个体化实际上是我们时代的一种全球趋势④。个体化进程在西方和东方的路径和表现可能不完全一致，但都共同表现出四个基本特征：第一，去传统化；第二，个体的制度化抽离和嵌入；第三，被迫追寻"为自己而活"，缺乏真正的个性；第四，系统风险的生平内在化（biographical internalization）⑤。黄诚对城市化进程中的中国个体化社会特征做出过总结：一是社会关系的脆弱化；二是生活场域的陌生化；三是意义世界的功利化；四是风险承担的个体化⑥。简单来说，个体化社会表现出系统约束弱化和个体角色强化的双向发展特征。

社会的发展塑造了社会成员的个体性，而个体则在他们通过交往建构的相互依存关系中，采取可行的策略，用行动造就了社会。鲍曼认为将社会成员塑造成个体是现代社会的特征，"个体化"在于把人的身份从一种传统社会赋予的"既定的东西"转变成一项"责任"，即"个体化"在于确立个体合法的"自主性"，行动者承担执行任务的责任，并自主地对其行为

① [美]艾瑞克·克莱默，刘杨. 全球化语境下的跨文化传播[M]. 北京：清华大学出版社，2015：37.

② [德]乌尔里希·贝克. 风险社会：新的现代性之路[M]. 张文杰，何博闻，译. 南京：译林出版社，2018：101.

③ [德]乌尔里希·贝克，伊丽莎白·贝克-格恩斯海姆. 个体化[M]. 李荣山，范譞，张惠强，译. 北京：北京大学出版社，2011：2-3.

④ 闫云翔. 中国社会的个体化[M]. 陆洋，等，译. 上海：上海译文出版社，2012：327.

⑤ [德]乌尔里希·贝克，伊丽莎白·贝克-格恩斯海姆. 个体化[M]. 李荣山，范譞，张惠强，译. 北京：北京大学出版社，2011：7.

⑥ 黄诚. 个体化社会与社会治理[N]. 光明日报，2014-11-26(13).

的后果负责[①]。贝克对于个体化社会的论述从个体成为"自由的雇佣劳动者"开始，由于全球现代性进程的不平衡性，这个概念即使放在当今的世界环境中也有其阐释意义，若进一步结合传媒环境的发展，个体越来越成为自由的传播者，媒介技术环境影响下的个体正在通过传播行为形塑着这个世界。

（二）人际互动层面的跨文化传播

回到跨文化传播研究诞生之初，用研究以指导个体实践的意涵已经包含在研究目的之中。爱德华·霍尔（Edward Hall）的著作《无声的语言》（*The Silent Language*）被认为是跨文化传播研究的奠基之作。霍尔从美国外交人员在工作中遇到的问题出发，展开他的跨文化传播论述，尽管他的研究当时还属于应用人类学的一部分，但比起传统人类学的研究模式，霍尔将研究的重点从文化的一般概念缩小到文化的较小单元，即从文化的宏观分析转向微观分析。霍尔并不仅仅关注两种文化的比较，而是强调多种不同文化成员之间的互动，不仅如此，霍尔还将他的受众从外交官拓展到所有从事国际商务的人士[②]，这与他常年为政府和企业开展赴海外工作的员工培训的工作经历有关。

二战之后，欧洲陷入经济萧条和社会动荡之中，为缓解欧洲经济危机、扩大美国在欧洲的影响力，美国在欧洲实施了"欧洲复兴计划"，即著名的"马歇尔计划"。除了"马歇尔计划"，美国总统杜鲁门在 1949 年的就职演说中还着重强调了"第四点计划"，即利用美国的先进科学和发达工业对亚、非、拉美不发达地区实行经济技术援助的计划。不论是"马歇尔计划"还是"第四点计划"，都有大量的经济学家和科学专家参与其中，他们被派往欧洲或亚非拉地区，帮助当地人开展社会建设，提供技术支持。但并不是所有的援助活动都能收获预期效果，霍尔直言，由于对跨文化交流缺乏了解，美国的援外计划中，"多半的善意和苦心就付诸东流"[③]，由此可见，了解外国文化，并将文化研究成果应用于跨文化交流中，从而提升对外援助人员的工作效率，是爱德华·霍尔开展跨文化传播研究的最直接动力。

霍尔将文化"视作一种交流的形式"，但他研究的关注点并非大众媒介，因为大众传播媒介仅是"延伸人感知的工具"；他将研究重点置于人际传播之中，"考察如何解读他人行为的方式"[④]。由于"文化"一词太过宏大，同时又很常见，文化对生活的制约程度之深之广往往被人们所忽略。除了将文化分为显形的、隐形的和技术性的三个层次，霍尔还指出，在人类学的视角下，人类活动包括十大基本信息系统（Primary Message Systems）：互动（interaction）、组合（association）、生存（subsistence）、两性（bisexuality）、领地（欲）（territoriality）、时间（temporality）、学习（learning）、游戏（play）、防卫（defense）、开发（exploitation）。霍尔强调，生物学基础（bio-basic）渗透进每一个基本信息系统；每一个基本信息系统都可以单独考察；所有的基本信息系统融合在一起，构成总体的文化系统[⑤]。

霍尔因其文化人类学的学术背景，特别关注文化系统中人类行为、情感、智能的细微之

---

① ［英］齐格蒙特·鲍曼. 个体地结合起来. 见［德］乌尔里希·贝克，伊丽莎白·贝克-格恩斯海姆. 个体化［M］. 李荣山，范譞，张惠强，译. 北京：北京大学出版社，2011：（序二）22.

② WENDY LEEDS-HURWITZ. Notes in the history of intercultural communication: the foreign service institute and the mandate for intercultural training［J］. Quarterly Journal of Speech, 1990, 76（3）:262-281.

③ ［美］爱德华·霍尔. 无声的语言［M］. 何道宽，译. 北京：北京大学出版社，2010：2.

④ ［美］爱德华·霍尔. 无声的语言［M］. 何道宽，译. 北京：北京大学出版社，2010：26.

⑤ ［美］爱德华·霍尔. 无声的语言［M］. 何道宽，译. 北京：北京大学出版社，2010：33-34.

处，看重人的生物学特征以及在此基础上形成的交往与互动行为。因为人类学家已经对语言与文化的关系做了大量的探讨，霍尔在借鉴的基础上也更注重非语言因素在跨文化交流中的作用，他认为上述十种基本信息系统中，只有“互动”和语言有关系，其他的基本信息系统是非语言形式的交流过程。又因为这些基本信息系统之间相互交织，所以当人们想要了解一种文化时，可以从任何一种信息系统着手进行学习，进而最终了解整个文化系统的形貌。

霍尔列举人类活动的基本信息系统及其相互之间的关系旨在说明，“文化不是一个单纯的物体，而是一系列复杂的活动，它们之间有千丝万缕的联系，深深扎根于没有文化、没有人类的悠远的过去”①。例如，美国人的心直口快和限定性的时间观念并不被希腊人接受，从而导致商谈的议而不决甚至产生误解。再比如，不同国家在尊卑意识、饮食习惯、性别观念等文化层面存在差异，对这些差异的忽视可能给跨文化交流带来障碍，而这些差异在人际交往中尤为明显。非语言因素及文化的系统性凸显了霍尔所称的“文化无意识”（cultural unconscious）在跨文化传播中的重要性，因为在人际互动层面的跨文化交流中，能被语言言明的文化意涵只是双方真实意图的一部分，更多的文化交流藏在“无声的语言”之中。

人际传播具有高度的自发性，个体层面的互动充满了随机性，霍尔便认为互动的基础是生物的应激性（irritability），而且随着生命形式和交互关系的升级，互动模式也越来越复杂化。人们所做的一切活动都涉及与其他事物的互动，从这个角度讲，正是互动促进了文化的诞生和繁衍。从跨文化传播研究的源头反思可知，个体层面的跨文化传播可以看作人际传播的延伸，当两个不同文化背景的个体发生人际交往和信息互通时，跨文化传播便自然地发生，无论是清朝的传教士还是今天的外交官，无论个体身上是否肩负着宗教、民族、国家的传播使命，个体层面的跨文化传播首先表现为人际互动形式，个体的文化适应和人际互动中的文化交流直接影响跨文化传播的路径和效果。

（三）个体主体性的媒介建构

有学者指出跨文化传播的概念包含三个方面：个体的（individual）、机构的（institutional）和国际的（international）②，这其实指涉出跨文化传播不同的主体。在人际传播层面，个体是跨文化传播的绝对主体，外交人员、留学生、旅居者时刻处在跨文化传播环境中，这一点并未相对跨文化传播研究之初的认知发生改变。随着全球化进程的深入，越来越多的商业机构、公益组织、民间团体参与到跨文化传播活动中，成为跨文化传播不可忽视的主体组成部分。一部影片的全球上映、一部著作的跨国出版、一次全球参与的环保公益行动，背后都有大量的组织机构作为主体，有意或无意地开展跨文化传播活动。另外，跨文化传播最为重要的主导者依然是政府，大众媒介层面开展的国际间跨文化传播，即便在互联网时代，依然拥有重要的影响力。需要强调的是，这三个层面的传播主体并不是分离割裂的，而是交织在一起的，个体层面的跨文化传播可能是自发的，也可能是有组织的，机构和国家主导的跨文化传播活动也需要个体来执行。

运输技术和交通网络的发展赋予个体出行前所未有的便利，个体层面的跨文化传播在

① ［美］爱德华·霍尔. 无声的语言［M］. 何道宽，译. 北京：北京大学出版社，2010：46.

② CURTIS A. Individual, institutional and international: three aspects of intercultural communication［M］. Intercultural Communication in Asia: Education, Language and Values. Springer, Cham, 2018: 21-36.

参与人数与交流形式上都远远超过以往任何时期。与此同时,新兴媒体形态的发展呈现多样化、移动化、智能化等特征,为个体表达提供日益便捷的传播工具和全球范围的广阔空间。当不同文化背景的个体通过互联网建立联系、越来越多的个体利用媒体进行交流时,跨文化传播中的人际互动便延伸到网络空间,人际传播的自发性、随机性特征也在开放的网络空间中得以延续。借助不断壮大的媒介技术支持,表情符号、影音图像等视听内容不断传递和调动个体在跨文化传播中的情绪感知,网络空间同样呈现出人际传播中个体之间频繁的语言和非语言文化互动,新媒体跨文化传播中存在的"文化无意识"同样值得被研究。

麦克卢汉和阿芒·马特拉(Armand Mattelart)都曾论述过交通运输与信息传播的内在联系,在电力时代之前,communication 一词更广泛地与道路、桥梁、江河等结合起来使用,指代货物实体的运输。麦克卢汉指出,每一种形式的传输都不是简单的搬运,媒介是人的延伸,任何媒介的使用都改变着人际依存的模式[①],说明媒介接触影响了社会的群体聚集以及人们的文化感知。纸面信息和道路运输扩大了群体力量可以控制的距离范围,推动了古希腊城邦的诞生和罗马帝国的形成;信息传播速度的继续加快以及传递速度的不平衡,又导致组织模式的分化和文化的断裂,使得有些地域板块从整个中心—边缘结构中分离出来,一定程度上导致了中心帝国的衰亡。

正如麦克卢汉预见到的那样,任何传送信息的新媒介,都会推动组织模式的多样化,改变既有的权力结构。不仅如此,媒介接触还深度影响传播活动中参与主体的主体性认知,现代性进程和大众传媒的覆盖使得民族和群体的地方及宗族认同有所消解,同时建构了一个更为强大的民族认同范围空间。不论是 CNN(美国有线电视新闻网)还是中央电视台,大型传媒机构背后都存在一个强有力的国家主体,其传受双方和播出内容都参与了国家主体性的建构。此外,个体通过大众媒介接收信息往往是单向的过程,个体主体性常常隐匿在媒介内容背后难以显现,个体的自我认知也更多地通过带入内容建构的群体想象来完成。又由于与个体相比,大众媒介拥有更强势的话语权,个体在传播中的目的性、能动性、自主性并不凸显。

在传统媒体时代,个体的声音弱于大众媒介的声音,在新媒体时代,个体的价值开始得到关注,个体建构主体性的能动性开始崛起[②],个体获得更多的表达自由,并在网络空间中形成虚拟的、流动的感知共同体。一方面,如上文所述,人际传播的自发性在网络空间中得到延伸,这一定程度上弱化了媒介内容的同一性;另一方面,我们也不由得思考,个体的表达动机和内容完全是出于自身认知吗?在媒介形态不断更新和融合的环境下,跨文化传播中个体主体性的建构与媒介及文化背景的关系是怎样的?

安迪·柯蒂斯(Andy Curtis)在谈到跨文化传播概念时曾表达过一个观点,即个体被看作文化制品(Individual as Cultural Artifact)[③],人的成长是一个被其所处的文化环境教化的过程,语言、风俗、家庭结构、社会关系都在不断影响个体思想,进而影响个体的自我感知。举例来说,个体最基本的生物性形貌都会受到文化的制约。且不说特定人群的服饰和装扮

① [加]马歇尔·麦克卢汉. 理解媒介:论人的延伸(增订评注本)[M]. 何道宽,译. 南京:译林出版社,2011:111.

② 隋岩,常启云. 社会化媒体传播中的主体性崛起与群体性认同[J]. 新闻记者,2016(2):48-53.

③ CURTIS A. Individual, institutional and international: three aspects of intercultural communication[M]. Intercultural Communication in Asia: Education, Language and Values. Springer, Cham, 2018: 21-36.

本就是地域文化特征的一部分，单就个体身形而言，不同地域的文化对身形的审美便存在差异。地域和历史等因素导致的审美差异会造成对同一事物不同的社会评价，这种社会评价既反映出文化差异，也会影响个体对自我的判断。

有一项有趣的调查可以作为本研究的参照。英国在线医疗服务商 Superdrug 发起过一项名为“完美的感知”（Perceptions of Perfection）的社会试验，测试了不同国家对女性外形的审美偏好，试验结果在全球社交媒体引起关注之后，该网站继续开展了试验的第二部分。Superdrug 共邀请了 19 位来自不同国家的设计师（其中 11 名为女性、8 名为男性），请他们按照各自国家的审美标准，用 Photoshop 软件对同一张男性照片进行修饰，最后得出他们认为的完美身形[①]。尽管这项试验并不足够精准，但结合试验第一部分对女性照片的修饰来看，试验还是一定程度反映出了不同国家对外形审美的文化差异。如同对第一部分女性照片的修改一样，每个国家的设计师都对原始照片进行了改动，美国设计师偏好明显的腹肌，非洲国家设计师修改了模特的肤色，俄罗斯设计师为模特加上了棕色长发，中国设计师不仅把模特身形修瘦，脸修得最小，还增高了模特的身高。

事实上，个体与其所属的文化之间存在一种双向关系，即特定的文化价值观念在总体上影响着个体，包括个体的文化观念和自我感知；同时，个体也在改变着本土文化，个体流动使本土文化更加全球化和多元化。交通和媒介的发展加快了个体身体及信息的流动，亚洲和非洲人民经历生活西方化的同时，全球化也正在瓦解欧美国家人民固有的文化观念和生活方式。正如同我们如今很难定义“素食主义”是西方的还是东方的，本土概念和全球趋势的融合正成为社交媒体上愈发流行的表达方式，而在固有文化归属观念默默发生改变的同时，个体主体性在信息的生产和传播过程中获得了强调。

这种个体主体性的凸显过程离不开个体间的互动行为，个体的主体性在主体间性中得到了显现和完善。主体间性强调主体与主体在对话与交往活动中的相互理解与沟通，以实现认同与达成共识[②]。新媒体的发展对于个体是一种“媒介赋权”，媒介使用自由度的提升确实会对个体的主体性建构产生作用，但传播过程中的主体性建构是通过与他人之间的信息互动完成的，行为本身很难提升个体感知。主体间性对主体性的建构其实是马克思主体性实践哲学的体现，人既是单独的个体，也是观念的总体，人只有作为被思考和感知的“社会自为的主体”[③]才能存在，既是世界的对象，也使世界成为自己的对象，而这个过程时时刻刻体现在与他人的交往之中。

贺来提出的“作为他者的自身”的观念可以帮助我们理解主体间性对主体性的建构，他认为这一观念与两方面的价值关联：第一，它要求将个人视为独立的生命个体；第二，它要求摆脱自我中心主义的封闭“个体”观念，认为个体人格只有在与他人的相互承认与交往关系中才有可能生成[④]。新媒体的发展趋势便是这样，既赋予了个体更多的自由，也强化了个体在媒体空间内的社会化属性，使个体之间的交往变得前所未有的便捷，使个体在交往中不断实现自身的传播主体性建构。

---

① SUPERDRUG. Perceptions of perfection part II：men[EB/OL].[2021-04-15]. https：//onlinedoctor.superdrug.com/perceptions-of-perfection-part-ii-men/.

② 黄卫星，李彬. 传播：从主体性到主体间性[J]. 南京社会科学，2012(12)：90-97.

③ [德]卡尔·马克思.1844 年经济学-哲学手稿[M]. 北京：人民出版社，2000：84.

④ 贺来. “陌生人”的位置——对“利他精神”的哲学前提性反思[J]. 文史哲，2015(3)：130-137+167-168.

二、关系视角下的传播场域与个体实践

除了对跨文化传播中的个体机制进行发展外，在跨文化传播视域下对个体的视觉化表达进行研究，本书的研究对象是社交媒体空间的个体传播行为，考察的问题既包括社交媒体作为跨文化传播环境的文化特征和结构因素，也包括个体作为传播主体的实践意识和交往行为，是一个涉及社会结构和个体行动关系的问题。实践、能动和结构是哲学和社会学研究的经典问题，马克思曾说“人们创造自己的历史，但是他们并不是随心所欲地创造，并不是在他们选定的条件下创造，而是在直接碰到的、既定的、从过去继承下来的条件下创造”[①]，马克思哲学的组成要素包括“作为活动主体和结果的人、作为实践活动前提和结果的环境（自然的和社会的）以及人的实践本身”[②]。结构（structure）指较为宏观的外部环境和社会资源，能动（agency）指相对微观层面的人的活动，具体到传播领域，传播环境、传播主体以及传播行为与结构、能动及实践活动相对应，故在“结构—能动”视角下对传播行为进行考察是本研究最主要的理论视角。

本研究在社交媒体环境中研究个体的视觉化表达，涉及跨文化与视觉文化的双重传播语境，既要了解社交媒体环境如何改变跨文化传播的社会环境，又要了解环境的变化可能对个体行为的影响，同时进一步考察个体行为对环境的建构。环顾当前的传播环境，媒介快速发展的一个直接后果就是，媒介已经深刻融入人类的日常生活，成为环境的重要组成部分。环境是承载人类行为的场所，媒介为人们生产和交流信息提供了空间，而人们的言论和行为也同时在建构媒介环境。媒介环境不仅仅是时空环境，而是一个交汇了言语、行为、心理等因素，充满社会交往关系的复杂领域。社会环境和个体行为是社会科学研究的两大主题，打破西方传统哲学中结构和能动的二元对立，成为现代社会学界的理论追求，在结构化的关系视角下，吉登斯、布尔迪厄等学者都对“结构—能动”的关系进行了阐释。具体到传播学研究，因媒介变迁及使用者的复杂性，找到一种对媒介环境及个体行为均具有解释力的、介于宏观和微观之间的中观范式便至关重要。

（一）布尔迪厄的实践理论：惯习、场域与社会实践

布尔迪厄的实践理论建构了实践生成模式，他所称的实践指向人类一般的日常性活动，即生产劳动、经济交换、政治文化活动和日常生活等等。“场域”（field）与“惯习”（habitus）是布尔迪厄实践理论中的重要概念，是他开展社会学研究的基本分析单位。借由场域和惯习的概念，布尔迪厄对结构性因素和能动性因素的关系进行辨析。

布尔迪厄认为场域是一种独立的社会空间，而非地理空间，这种独立是相对的，取决于不同场域的“逻辑、规则和常规”[③]，即“各种场域都是关系的系统”[④]，场域边界是关系构成的边界而非实体边界。布尔迪厄场域理论对传播学研究的启发在于一种关系的视角，在实践中考察的关系不单单是行动者之间的互动关系，更是一种独立于个人意识的客观关系。“根据场域概念进行思考就是从关系的角度进行思考”[⑤]，通过对场域的研究来认识社会整体与

① ［德］马克思，恩格斯. 马克思恩格斯选集（第一卷）［M］. 北京：人民出版社，1972：603.
② 陆春萍，邓伟志. 社会实践：能动与结构的中介——吉登斯结构化理论阐释［J］. 学习与实践，2006（2）：76-83.
③ ［法］布尔迪厄，［美］华康德. 反思社会学导引［M］. 李猛，李康，译. 北京：商务印书馆，2015：130.
④ ［法］布尔迪厄，［美］华康德. 反思社会学导引［M］. 李猛，李康，译. 北京：商务印书馆，2015：133.
⑤ ［法］布尔迪厄，［美］华康德. 反思社会学导引［M］. 李猛，李康，译. 北京：商务印书馆，2015：121.

个人的关系是一条切实可行的路径，个人生活在场域中，“只有从关系的角度才能把握一个人在场域结构中的准确位置，也才能理解一个人在场域中的各种行动、策略和惯习”①。

布尔迪厄指出，在场域视角下进行分析，涉及三方面内在关联的处理：一是必须分析与场域相对的场域位置。其中，权力场域更具有“元场域”的特征；其次，必须勾画出行动者或机构所占据的位置之间的客观关系结构，因为这种客观关系结构反映出行动者或机构的种种竞争；再次，必须分析行动者的惯习②；这三个方面紧密相连，使场域形成一个动态开放的系统。布尔迪厄用场域、惯习、资本等概念旨在打通结构与能动的两极，破除宏观与微观二元对立的理论体系，这一理论的突出特点是“从传统社会学的实体论思维方式转向了关系论的思维方式”，它不仅注重对社会问题的客观性研究，而且也重视社会成员的主观性交流和个体行动，“使传统社会学中个人与社会、行动与结构之间的紧张对立趋向于调和”③。

布尔迪厄倡导构建内在性和外在性辩证法，即外在性的内化和内在性的外化④。为了实现这种辩证法，布尔迪厄在结构和行动之间引入了“惯习”（habitus）概念。文化环境和社会结构会产生惯习，而惯习是可持续的倾向性系统，这种倾向在个体存在的客观条件和社会经历中产生，并通过无意识的方式内化于行动者自身。而惯习又可以看成一系列的行动，个体在结构化规则的内在约束下，产生外在的实践活动。在布尔迪厄看来，制约行动者实践活动的结构与行动者的个体化表现之间存在一个中介，这个中介就是惯习。将惯习的概念延伸至传播领域（如图 1.2），由于“大众传媒对日常生活的全面渗透，成为规范主体生活秩序和心理秩序的制度性干预机制”⑤，我们可以认为，外在的文化背景和传播环境产生了个体传播的惯习，而个体又在惯习的内在指引下，开展了传播内容的生产及交往活动。

图 1.2　场域视角下的传播关系

但布尔迪厄否认“结构产生惯习，惯习决定实践，实践再生产结构”这种对实践理论机械化的概括，认为惯习的概念揭示的是社会行动者既不是受外在因素决定的一个个物质粒子，也不是只受内在理性引导的一些微小的单子”，“社会行动者是历史的产物……只有当我们说社会行动者是决定自身的时候，我们才可以同时说社会行动者是被决定的”⑥。这个解释强调了布尔迪尔打破二元对立的一贯观念，既不把人理解为完全结构化的机械个体，也不把人看作绝对理性的经济人，力图克服客观主义与主观主义的二元对立。换句话说，惯习赋予了社会行动者有限度的自由，其行动既是个体思想和能力参与结构建构的表现，更受到无处不在的外在结构因素的制约，“惯习是一种社会化了的主观性”⑦，但不可否认，这种有限度的自由使得行动者已经不是强大结构制约下的僵化个体，有其行动的主动性。

① 毕天云. 布迪厄的“场域-惯习”论[J]. 学术探索，2004(1)：32-35.

② [法]布尔迪厄，[美]华康德. 反思社会学导引[M]. 李猛，李康，译. 北京：商务印书馆，2015：131.

③ 王建民. 场域：“大社会”的终结？——对布迪厄、华康德《实践与反思》的一种解读[J]. 学习与实践，2006(7)：101-106.

④ [法]皮埃尔·布尔迪厄. 实践理论大纲[M]. 高振华，李思宇，译. 北京：中国人民大学出版社，2017：213.

⑤ 陈卫星. 传播的观念[M]. 北京：人民出版社，2004：253.

⑥ [法]布尔迪厄，[美]华康德. 反思社会学导引[M]. 李猛，李康，译. 北京：商务印书馆，2015：167-168.

⑦ [法]布尔迪厄，[美]华康德. 反思社会学导引[M]. 李猛，李康，译. 北京：商务印书馆，2015：157.

(二)吉登斯的结构化理论:能动性、实践意识与行动

吉登斯的结构化理论同样对个体实践与社会结构的研究产生深刻影响。"在结构化理论看来,社会科学研究的基本领域既不是个体行动者的经验,也不是任何形式的社会总体的存在,而是在时空向度上得到有序安排的各种社会实践。"① 在结构化理论中,结构不再只是制约个体行动的框架,而是行动者在"社会再生产过程中反复涉及的规则和资源"②,人既不是被结构约束的被动性对象,也不是对行动有清晰认识和解释的自主个体,而是具有能动性和反思性的行动者,具有主体价值。

吉登斯反复强调结构化理论中的一个重要概念——实践意识(practical consciousness),指行动者在社会生活的具体情境中,无须言明就知道如何"进行"的那些意识。实践意识不是无意识,也不是可以被言说的"话语意识"(discursive consciousness)。实践意识类似人的"潜意识",但不是停留在动机层面的描述,而是包含了结构对行动的塑造作用。实践意识之所以在结构化理论中非常重要,是因为它体现的个体自主性与结构二重性密切相关,行动者的行为大部分不是源于无意识,但也达不到话语意识,实践意识反映了结构对行动既为作用又为结果的二重性。

社会行动者既通过实践表现行动者自身,也在借助实践活动对得以发生行动的社会结构进行再生产,结构化过程实际是结构的"规则和资源"在实践中不断发挥创造和被创造的过程。吉登斯认为"行动是一个持续不断的过程,是一种流"③。在行动过程中,行动者不仅具备行动能力,而且具备对自己及他人行为的"反思性监控"(reflexive monitoring of action)能力。反思性监控并不仅仅指行动者在行动中的理性意识,更指向对行动在话语层面的反思与言说能力。吉登斯借用戈夫曼对日常生活的考察说明,制度形式的固定性不能外在于日常生活,而是蕴含在日常接触本身之中,这正是行动的意义和价值的体现:结构的"规则和资源"内化于行动中,通过行动者的日常生活以及对行动的反思性监控,跨越时空结构的社会再生产得以形成。

同样是为了打破结构和能动的二元对立,相比布尔迪厄,吉登斯的结构二重性理论更加强调行动者的能动性。正因为布尔迪厄的理论的层次性,有学者认为布尔迪厄不能被视作"结构化理论家"(structuration theorist),而只能被视为结构二重性理论的倡导者,因为布尔迪厄的理论中需要考虑两种时间性和本体论的秩序,一种时间性是发展性的,表现为人体特有的物质性和性格的人生历程,并存储于人的心理运动和认知动机系统中,即为惯习;另一种是历史性的,表现为持久的客观化制度和象征性秩序,即为场域④。从这个意义上说,"惯习是一个明显有时间属性的概念",是历史的产物,特定的结构产生惯习,惯习又指导个体的实时行为,没有惯习这一中介性概念,"结构与行动是同步的"⑤。结构化理论更加突出行动者及其行动的价值,强调行动者的反思性实践,社会结构并不是外在于行动者,而是内在于行动中,更加凸显结构的可利用性。但不论是布尔迪厄还是吉登斯,都在力图超越结构与

---

① [英]安东尼·吉登斯. 社会的构成:结构化理论纲要[M]. 李康,李猛,译. 北京:中国人民大学出版社,2016:2.

② [英]安东尼·吉登斯. 社会的构成:结构化理论纲要[M]. 李康,李猛,译. 北京:中国人民大学出版社,2016:18.

③ [英]安东尼·吉登斯. 社会的构成:结构化理论纲要[M]. 李康,李猛,译. 北京:中国人民大学出版社,2016:8.

④ LIZARDO O. The cognitive origins of Bourdieu's habitus[J]. Journal for the Theory of Social Behaviour, 2004, 34(4): 375-401.

⑤ 孟祥远,邓智平. 如何超越二元对立?——对布迪厄与吉登斯比较性评析[J]. 南京社会科学,2009(9):111-114.

能动的二元对立，前者的实践理论带给我们关系思维，后者的结构化理论提醒我们对行动者的能动性特征加以注意。

吉登斯指出，能动作用不仅指人们在做事情时所具有的意图，“而是首先指他们做这些事情的能力”，行动者“agent”一词的释义是“行使权力或造成某种效果的人”[①]。对于大多数行动者的行为来说，明晰的意图并非其必然特征。从这个角度讲，新媒体的媒介赋权确实进一步提升了个体在传播中的能动作用。由此思考，跨文化传播中个体的能动作用不仅表现在其明确的跨文化意愿上，更表现在个体借助新媒体进行跨文化传播的能力上。大多数个体在使用互联网接收或发送信息的时候并没有具体的跨文化意愿和目的，但因互联网的世界连通性，使得个体获得了跨文化交流的能力，即便是无意识状态开展的个体之间的文化互动，都为跨文化传播的空间和路径提供许多新的可能。

个体行为的能动性还表现为个体对结构的能动作用。布尔迪厄和吉登斯都强调了个体实践和结构建构中的时间因素，个体实践在社会结构的浸润和助推中，实现了跨越时空的社会再生产。布尔迪厄指出惯习是相对稳固的，但不是一成不变的，在足够条件和时间累积中，惯习会发生转变。惯习的转变会继续作用于结构，尽管行动者总是受到结构的制约，但“他们一刻不停地塑造着、再创造着它，在特定的结构条件下，甚至可以彻底改变它”[②]。吉登斯强调人的反思性存在，人不仅仅是度过时间，通过实践意识和话语意识，人能够把握时间，“由于行动者的主体性和反思性存在，行动者及其行动的价值得以在社会变迁中体现和延伸”[③]。

（三）场域视角：连通主观与客观

尽管布尔迪厄理论中的场域概念最为著名，但场域概念并非只出现在布尔迪厄的论述中。“场”（field）是一个源自物理学的概念，指某种空间区域，处于这个空间的具有一定性质的物体能对其他物体施加一种力，如电场、磁场。场理论后被引入社会科学，尤以格式塔心理学派的库尔特·勒温（Kurt Lewin）之场论最为著名。勒温认为场即生活空间（life space），“在特定时间，决定个体行为和心理活动的所有事实，是一个个人的主观因素，客观环境及被主观化了的客观环境构成的一个不可分割的整体系统。”[④]刘海龙认为勒温的场理论对于传播学视野中的场域研究具有三点启示：一是用生成的方法进行研究，更多地关注相互依赖与联系，“试图从整体上描述导致某种行为的多元的、复杂的影响”；二是场理论倾向于描述变动和冲突，把时间维度引入场域研究中；三是对场的研究数学化，场理论是一个兼容定量与定性研究的范式[⑤]。

萨特将场域视为一个研究背景，看重场域中他者与自我的关系。他认为“同一实践场域的实践在客观上加强了群体—客体的联系”[⑥]，萨特对场域探讨的最终目的是说明主体与客体的实践关系。他认为辩证法内在于人的个体实践，但个人摆脱不了群体、社会和历史这些既定条件的制约，而这些条件又是在个人的实践经验中构建的。萨特用“整体化”的概念

① ［英］安东尼·吉登斯. 社会的构成：结构化理论纲要［M］. 李康，李猛，译. 北京：中国人民大学出版社，2016：8.
② ［法］布尔迪厄，［美］华康德. 反思社会学导引［M］. 李猛，李康，译. 北京：商务印书馆，2015：172.
③ 石腾飞，刘敏. 结构化理论中人的价值——读吉登斯《社会的构成》［J］. 学理论，2015（10）：105-106.
④ 刘海龙. 当代媒介场研究导论［J］. 国际新闻界，2005（2）：53-59+75.
⑤ 刘海龙. 当代媒介场研究导论［J］. 国际新闻界，2005（2）：53-59+75.
⑥ ［法］让-保罗·萨特. 辩证理性批判［M］. 林骧华，等译. 合肥：安徽文艺出版社，1998：507.

来说明辩证运动的实在性，“一切都在总体上受到基础条件、物质性结构、最初情状、外部及内部因素的持续行动、在场的各种力量关系的平衡之统治。”他进而断言“如果存在辩证法，它只能是由整体化的个体的一种多元复合性操纵的各种具体整体化之总体整体化。”[①] 萨特的存在主义更强调行动者的能动性，“信息解读者被看作一群狡猾的游击队员，可以在主流意义的枪林弹雨里躲闪，采用最有利于自己的策略进行微观政治抵抗。”[②]

梅洛-庞蒂通过对身体知觉的研究说明场域的历史性，认为“主体身体带有不同阶段的时空印迹”[③]。梅洛-庞蒂从身体的概念出发，进入场域探讨看与存在的关系，他的知觉现象学说明，人类的许多主体感知行为并非只是诉诸身体的纯粹生理感知，同时也是一种社会行为。个体思想“必然是实现诸方面联系的存在，并且会把这些诸方面综合为一个客体”。[④] 在身体感知的过程中，社会因素通过感知对身体结构特征进行干预和调节，意义建构才得以生成。梅洛-庞蒂认为，人类知觉不仅能建立与自然界中复杂客观事物的各种关联，还能赋予这种关联以意义。

本研究要做的，是以场域的视角开展研究，而非借助某一种场域理论进行解读或对理论本身进行补充与发展，此二者的区别在于对场域理论观点的倚重程度。以场域为视角开展研究，是借用其发现并解决问题的范畴与维度，而不是直接使用其理论解决问题。换言之，本研究将对视觉文化和自我表达相关问题的考察置于跨文化传播关系的场域中，探究在视觉文化的影响下，个体的自我认知、个体的媒介形象建构以及个体间社会交往关系呈现的新样态。在关系视角下，人类互动关系既受到承载其行为的场域影响，同时也在逐渐形塑着场域的构成和氛围。新媒体的发展不断推动全球化程度加深，其中，视觉文化的兴起既是媒介技术发展的结果，又为跨文化传播和个体自我表达增添了工具和手段，进而影响了跨文化传播中的社会交往关系，构筑跨文化传播新的场域形貌和边界。关于视觉文化与跨文化传播场域的延伸，将在第二章展开论述。

三、核心概念阐述

（一）自我表达与自我呈现

自我表达（self-expression）是个体对自我个性、情感或观点的表达，自我表达通常通过口头或书面的语言来实现，也可以通过肢体语言、表情等姿态实现，还可以通过绘画、音乐、舞蹈等艺术活动来完成。自我表达以陈述自我观点、情感，或以得到他人的关注、帮助为目的，能够为了协调行动表达自我的信念或意图。由于表达与语言息息相关，对于自我表达的研究大多源自语言学领域，例如研究自我表达的用词、语气及语法等。西方文化较为看重个体价值，将自我表达与个性化联系起来，从而赋予自我表达较为正面的作用，自我表达也是衡量个体创造力的标准[⑤]。

将自我表达的语言使用放置于整体社会环境中，并考察其与文化的关系成为已有研究阐释的重点。芭芭拉·约翰斯通（Barbara Johnstone）认为，自我表达在语言选择和社会事实

① ［法］让-保罗·萨特. 辩证理性批判［M］. 林骧华，等译. 合肥：安徽文艺出版社，1998：171.

② 刘海龙. 当代媒介场研究导论［J］. 国际新闻界，2005（2）：53-59+75.

③ 胡一伟. 传播符号学视角下的“场域”理论［J］. 南昌大学学报（人文社会科学版），2017，48（6）：97-103.

④ ［法］梅洛-庞蒂. 可见的与不可见的［M］. 罗国祥，译. 北京：商务印书馆，2016：60.

⑤ MITCHELL S. G. Self-expression［M］. New York：Oxford University Press，2007：1.

如性别、职业、语言意识形态和出生地之间起中介作用，因为说话者不仅用语言来表达他们对社会群体的认同或反叛，而且还表达他们的个性。因此，所有的语言使用都既是独特的，又是融合的①。自我表达的方式与文化背景相关，有跨文化研究表明，东西方文化环境的差异影响着不同环境中的个体自我表达，例如东亚社会的自我表达考虑更多的情境②。近年来，关于社交媒体空间自我表达的研究不断增多，包括文化在在线自我表达中的作用、社交媒体空间影响个体自我表达的心理因素、自我表达的话语模式等。

与自我表达密切相关的两个概念是自我表露（self-disclosure）与自我呈现（self-presentation）。自我表露又可译作自我暴露、自我披露等，指向他人交流有关自己的信息，重点在于"自我"与"他人"的分界，既包含人格结构的展现，也指与他人互动时发生的过程③。因为涉及自我对他人的开放程度，对自我表露的研究多集中在心理学研究领域，并不断发展出适用于不同场合和媒体的自我表露程度测量表。

关于自我呈现最著名的研究是戈夫曼的"拟剧论"，他在《日常生活的自我呈现》（*The Presentation of Self in Everyday Life*）中指出，个体会根据情境来控制自我在他人心中的印象，这类似于一种日常生活中的表演，并用"前台"和"后台"来比喻生活中是否需要表演的情境或场所。相比于自我表露，自我呈现更偏重于整体自我形象的建构，常常与印象管理联系在一起。近年来，关于人们如何在社交媒体空间自我呈现的研究不断增多，聚焦不同人群的社交媒体应用特点及形象建构手段，以及不同类型的社交媒体提供的不同情境对自我呈现的影响等。

本书选用自我表达作为研究对象表述，一是因为研究侧重于个体利用多种符号进行的图文表达，更倾向于情感与氛围的传递；二是经验研究所采用的多模态话语分析方法脱胎于系统功能语言学，除了在微观视角下分析个体互动之外，还会分析社会及文化环境对话语模式的影响，而"表达"是话语分析的切入点。但是，自我表达与自我呈现在感念上本就有重叠部分，研究自我表达也会对自我呈现相关研究有所借鉴，特别是在分析图像对个体形象建构方面。

（二）用户与个体：社交媒体的双重属性

戈夫曼在《日常生活中的自我呈现》序言中指明：他将讨论"个体在普通工作情境中向他人呈现他自己和他的活动的方式"④，吉登斯指出对主体的去中心化是结构化理论的基本诉求，人的能动性和反思性对于理解行动者的主体性和社会制度非常重要。而吉登斯对于现代性的论述则直接与个体认同密切相关，"在现代性的情境下，自我之改变则必须被视为个人变迁和社会变迁两者相连的反身性过程的一部分来供人们探求和构建"⑤，对个体层面的理解和考察是理解现代性社会发展的重要组成部分。

本书选取个体作为研究对象，在表述中描述个体的词汇会涉及用户、拍摄者、分享者等，

① JOHNSTONE B，BEAN J M. Self-expression and linguistic variation[J]. Language in Society，1997，26(2)：221-246.

② KIM H S，KO D. Culture and self-expression[A]. Sedikides C，Spencer S J. eds. The self[M]. New York：Psychology Press，2007：325-342.

③ COZBY P C. Self-disclosure：a literature review[J]. Psychological bulletin，1973，79(2)：73.

④ [美]欧文·戈夫曼. 日常生活中的自我呈现[M]. 冯钢，译. 北京：北京大学出版社，2008：(序言)1.

⑤ [英]安东尼·吉登斯. 现代性与自我认同：晚期现代中的自我与社会[M]. 夏璐，译. 北京：中国人民大学出版社，2016：30.

这些概念使个体不同场景的"行动者"身份得到凸显，体现出社交媒体时代个体作为用户的"能动性"。用户是一个兼具"消费性"和"生产性"的概念，社交媒体时代，"媒介模式由线性化、技术化、消费型的受众模式，转变为非线性、社会化、生产与消费融合的用户模式"①，媒体的内容生产模式和经营模式都在发生转变，社交媒体既赋予个体更多的表达自由，又基于用户模式对传播平台添加更多商业性考量。

作为社交媒体用户的个体，具有双重身份，一是传播层面的传播者和接受者，二是各个社交媒体作为商业平台的用户，用户聚集产生商业价值。因此，用户在社交媒体空间的表达不可能不受到商业环境的影响，后文提到"用户"之处，多含有此层含义。

（三）视觉文化与视觉化：影像与图像

本书研究社交媒体空间的视觉文化，"视觉"自然是一个关键概念。视觉与看直接相关，是基于看的感官实现的一系列社会实践活动及其文化表征。正如米尔佐夫所言，视觉文化的研究并不与其他感官相割裂，而是"在一种更加积极的意义上使用的"，集中探讨其在"更加广泛的文化中所起到的决定性作用"。而"新的视觉文化最惊人的特征之一是它越来越趋于把那些本身并非视觉性的东西予以视觉化"②。这恰是本书研究视觉化自我表达的出发点，社交媒体的视觉化倾向在于人们原本不具备视觉性的表达越来越视觉化了。

视觉化在本书的相关概念还有影像化与图像化。影像和图像的对应英文都是"image"，而图像化与影像化的对应英文均可是"visualization"。图像一词的指代显然更为广泛，国内对 image 的翻译以图像居多，特别是在艺术史研究中，对于绘画及摄影作品的指代均为"图像"。"影像"一词近年来在传播学领域逐渐增多，一是源于国内电影市场发展及研究的兴盛，二是与移动技术发展带来的短视频应用普及相关。在讨论微电影、短视频等视觉文化现象的研究中，对视觉产品的指代多为"影像"。这两个概念在本书均有涉及，笔者遵循了一个较为简单的区分标准：一般静态为图像，动态为影像，图像泛指包括绘画、图标、照片等所有视觉化内容，而影像一般指包括动态画面在内的视觉化内容。

第三节　国内外研究现状

一、"视觉转向"与视觉文化研究

20 世纪初，哲学领域发生了"语言学转向"，哲学研究的关注重点由主客体关系转向语言与世界的关系，语言不再仅仅是哲学研究的工具，结构主义的大厦直接建立在语言学转向的根基之上。欧文·潘诺夫斯基 1939 年出版了《图像学研究：文艺复兴时期艺术的人文主题》一书，被认为是图像学领域系统性理论研究的奠基人。潘诺夫斯基以系统性解读文艺复兴时期作品的方式论证图像学，为图像解释和图像意义的建构提供了理论基础。

关于图像与视觉的批判贯穿了 20 世纪欧洲人文科学的研究，海德格尔称人类已进入"世界图像的时代"；福柯的监视理论考察了古典社会的视觉问题，认为视觉会产生权力。居伊·德波通过对景观社会的描述，批判发达资本主义社会的异化。鲍德里亚则指出我们已

① 杨光宗，刘钰婧. 从"受众"到"用户"：历史、现实与未来[J]. 现代传播（中国传媒大学学报），2017，39（7）：31-35.

② [美]尼古拉斯·米尔佐夫. 视觉文化导论[M]. 倪伟，译. 南京：江苏人民出版社，2006：4-5.

经被仿真和拟象包围，本真已经消失。1988 年 4 月，纽约 Dia 艺术基金会主办了一次以视觉和视觉性为主题的会议，参会者包括哈尔·福斯特（Hal Foster）、马丁·杰伊（Martin Jay）乔纳森·克拉里（Jonathan Crary）等视觉领域的著名学者，研讨会的话题聚焦在对视觉模式的探索、不同观看模式的特征在历史上的演变，以及与现代主义原则相关的视觉模式等[①]。此后相关论文集《视觉和视觉性》（*Vision and Visuality*）的出版被视为代表视觉转向（visual turn）的时刻[②]。

W. J. T. 米歇尔在 1994 年出版的《图像理论》中提出了“图像转向”（picture turn），将“图像转向的哲学阐述置于路德维希·维特根斯坦的思想当中”，认为欧洲人文学科中对形象的焦虑和视觉的抵制，正是“图像转向正在发生的一个准确无误的信号”[③]。同样是 20 世纪 90 年代，德国学者戈特弗里德·波姆也提到了图像转向（iconic turn），并与米歇尔在通信中探讨了图像转向的思维和范式转变，图像转向有能力澄清和利用长期被忽视的认知可能性，即非语言表征（non-verbal representation）。戈特弗里德·波姆认为图像转向并不是建立在对语言转向的根本反对之上，而是将其推向了更深的层次，图像转向是语言转向的结果[④]。米歇尔的主张是对潘诺夫斯基为代表的传统图像学的挑战，“并以‘图像转向’为号召，主张超越绘画和视觉艺术，使图像研究成为后现代以来文化研究的一个重要内容”[⑤]。

国内学者周宪曾提出“视觉文化的转向”，认为视觉文化从传统向现代转变在视觉范式上“集中体现为从理性的、中心化的和有秩序的视觉观念，向感性的、碎片化的和非中心化的视觉观的转变”[⑥]。曾军曾经指出视觉文化的转向的“理论方法本身并不具备超越甚至取代‘哲学上的语言学转向’的性质，现有研究存在理论的挪用和拼接问题”[⑦]。

尽管“视觉转向”并未如语言学转向一般形成较为固定的学术内涵，但文化研究意义上的视觉转向已经成为广泛的事实。有学者认为，对视觉图像的关注和批判的审美模式有助于将分析的注意力从意识形态问题转移到情感体验的欣赏[⑧]。马丁·杰伊曾撰文讨论文化相对主义与视觉转向，虽然并没有明确否认文化相对主义的观点，但他指出，视觉体验挑战了特殊文化的壁垒，将文化实践建立在文化不可通约性的基础上是没有说服力的[⑨]。视觉文化的传播统合了事实、意识形态及情感，跨文化传播中的视觉转向有助于调整固有的世界理解框架及理性的线性叙事目的。

摄影在发明之后便被认为是平民的媒介，摄影的这种平民潜力被如今的数码图像和互联网加倍放大，技术和设备的更替需要付出成本，但图像本身获得了更低廉快速的传播，新媒体技术的普及促成了全新意义的视觉转向。“传播技术是社会再生产过程的重要组成，在

---

① HAL FOSTER（EDS.）. Vision and visuality[C]. Washington: Bay Press, 1988: vii.

② Jay M. Cultural relativism and the visual turn[J]. Journal of Visual Culture, 1(3), 2002(12):267-278.

③ [美]W. J. T. 米歇尔. 图像理论[M]. 陈永国，胡文征，译. 北京：北京大学出版社，2006:4.

④ BOEHM G, MITCHELL W J T. Pictorial versus Iconic Turn: Two Letters[J]. Culture Theory & Critique, 2009, 50(2-3): 103-121.

⑤ 段炼. 视觉文化研究与当代图像学[J]. 美术观察，2008(5):125-128.

⑥ 周宪. 视觉文化的转向[M]. 北京：北京大学出版社，2008:44.

⑦ 曾军. 近年来视觉文化研究中存在的几个问题[J]. 文艺研究，2008(6):5-12.

⑧ WILLIAM A. C. The visual turn in IR: documentary filmmaking as a critical method[J]. Millennium - Journal of International Studies, 43(3):891-910.

⑨ Jay M. Cultural relativism and the visual turn[J]. Journal of Visual Culture, 1(3), 2002(12):267-278.

形式和结构上给跨文化传播的深入提供了技术保证，各种新兴媒介在推动知识和观念辐射的同时，也取代现实成为社会和自然本身。"① 如果说，在福柯、德波与鲍德里亚的时代，视觉转向还只存留在对电子时代视觉幻想的潜在力量的恐惧中，那么进入新媒体时代，视觉转向实实在在地发生在社交网络之中。全球化与新媒体时代的视觉转向不是对复制、再现或者拟象等理论的简单回归，用米歇尔的话说，它是"对图像的一种后语言学的、后符号学的重新发现，将其看作视觉、机器、制度、话语、身体和比喻之间复杂的互动"②。

尼古拉斯·米尔佐夫对于视觉文化研究发展为一个较为独立的学术领域有着决定性的贡献，他在 1998 年及 1999 年先后编辑及出版《视觉文化读本》《视觉文化导论》，对于视觉文化的概念、范畴、趋势进行了阐释，奠定了视觉文化研究的基本框架。在《视觉文化导论》的最后章节，米尔佐夫通过对戴安娜王妃去世的图像传播分析，指出在全球化时代，"全球与地方之间的鸿沟可以用视觉形象来非常有效地加以填补"③，图像成为跨文化性质的符号系统，在地方与全球、个人与世界之间建立联系。在视觉文化研究发展的几十年时间里，视觉文化及其相关术语已经覆盖了许多媒介形式，"从美术到大众电影，到广告，到诸如科学、法律和医学领域里的视觉资料等"④。罗格夫认为，视觉文化研究不仅仅包括跨学科的图像研究，它既关注视觉在意义生产及建立和维持审美价值、性别刻板印象和文化中的权力关系方面的中心地位，也重视整个世界表征符号的互文性，审视人们看的方式和主观反应⑤，这就"将文化研究从传统的逻辑实证主义范式，转换为表征和情境认识等当代研究，确立视觉文化研究的一种批判的范式"⑥。

西方的视觉文化研究表现出两方面的取向，一方面是较为关注理论的观察和实践，包括视觉性、视觉制度以及视觉技术等；另一方面是研究近当代视觉文化对象，如影像制品、媒体环境、信息和商品流通等。改革开放以来，中国从社会面貌到媒体环境都发生了巨大变化，特别是进入信息技术发展的快车道以来，社会文化表现出浓重的视觉文化表征，当代视觉文化既是科技和社会发展的产物，又参与了社会文化的建构。中国学者在借鉴国外学者研究理论及方法的基础上，对视觉文化研究进行总结和在地化发展。周宪较早开始国内视觉文化的研究，对视觉文化与消费社会、奇观电影、视觉文化的转向等命题，认为"看的方式与其意识形态分析，是视觉文化不可回避的课题"⑦。

段炼认为英国和美国学术界在研究的思想源流和借用的理论方面大同小异，但在研究领域和研究对象方面存在差别，英国学者偏重视觉艺术，美国学者更多地"跨出了视觉艺术的界限，主要研究美术之外的图像及其功用"⑧，例如媒体及商业广告。吴琼认为视觉文化研究不是一般意义上对"视觉"或"视觉文化"的研究，而是一种针对"视觉性"的文化研究，进而指出"视觉性"问题是"对现代世界的主体构建、文化表征的运作以及视觉实践之间的

---

① 孙英春. 跨文化传播的技术空间[J]. 浙江学刊，2013(6)：104-112.

② [美]W.J.T. 米歇尔. 图像理论[M]. 陈永国，胡文征，译. 北京：北京大学出版社，2006：7.

③ [美]尼古拉斯·米尔佐夫. 视觉文化导论[M]. 倪伟，译. 南京：江苏人民出版社，2006：255.

④ MARITA S., LISA C.. Practices of Looking：an Introduction to visual culture[M]. Oxford：Oxford University Press，2001：2. 转引自周宪主编. 当代中国的视觉文化研究[M]. 南京：译林出版社，2017：13.

⑤ ROGOFF，I. Studying visual culture[A]. N. Mirzoeff eds. The Visual Cultural Reader[M]. London：Routledge，1998：24.

⑥ 周宪. 文化研究的新领域——视觉文化[J]. 天津社会科学，2000(4)：98-101.

⑦ 周宪. 文化的转向：当代传媒与视觉文化 看的方式与视觉意识形态[J]. 福建论坛(人文社会科学版)，2001(3)：21-24.

⑧ 段炼. 视觉文化研究与当代图像学[J]. 美术观察，2008(5)：125-128.

关系进行分析"[①]。孟建认为"对于视觉文化的研究，某种意义上说，是对视觉文化传播的研究，视觉文化传播媒介是视觉文化发生的场所，也是视觉文化的物化。"[②]

视觉文化研究在探索和解释当代视觉文化方面发挥了重要作用，同时，由于它发生在不断变化的全球背景下，随着对跨国媒体和全球公共领域的关注，视觉文化研究有助于厘清全球化时代的文化谱系[③]。

二、影像及自我表达

探究个体的传播行为涉及三个方面的问题：自我建构、自我与他人的互动以及自我呈现的手段。将媒体环境、技术手段及表达符号纳入跨文化传播的考察视野，个体借助影像进行自我表达，是一个主体性、主体间性与技术理性交织博弈的过程。传播学研究中对人际互动与自我表达的研究影像最深远的是符号互动论，符号互动论"将传播置于人性如何形成和变化的中心"[④]，将个体置于社会环境的背景之中进行考察。库利提出"镜中我"理论，指出交流是最基本的人性特点，自我意识会被社会塑造。米德提出"心灵与自我本质上是社会的产物"[⑤]，他将自我分为"主我"和"客我"，人们在主我与客我的互动中建构自己，"个体是一定社会群体的成员，他的行为只有根据整个群体的行为才能得到理解，因为他个人的动作包含在一个范围更大的、超出他自身并且牵涉到该群体其他成员的社会动作中"[⑥]。

"当代几乎所有关于符号互动论的理论都有芝加哥大学教授乔治·米德有关思想的'影子'"[⑦]，米德关于心灵、自我与社会的思想后由布鲁默加以补充和现代化，提出"符号互动"理论，虽然后来符号互动主义出现了芝加哥学派和衣阿华学派的不同阵营，但符号互动主义并没有因此被分化和削弱，米德的哲学思想为人们带来理解分析人类心理以及人与社会关系的新视角，其继承者们对米德思想中对人与人、人与社会关系的考察，使得符号互动主义发展成为社会学和社会心理学界的一个重要理论，也成为一种重要的互动交往哲学思想，而哈贝马斯、戈夫曼等学者相关交往、自我呈现等方面的理论也可以看作对符号互动理论体系的补充。

戈夫曼通过比拟戏剧情境和舞台表演讨论个体在普通工作情境中向他人呈现自己的方式，他假定"个体出现在他人面前时，他往往会有许多动机，试图控制他人对当下情境的印象。"[⑧]戈夫曼将个体面对观察者时的行为称为"表演"，将表演者定义的情境称为"前台"，指出"前台是个体在表演期间有意无意使用的、标准的表达性装备"[⑨]。自我呈现包括自我的内在性特征与社会性外延，自我呈现并不总在社会情境，我们在自己一个人的时候，"也在进行自我展示"，更多的时候，"自我呈现成为社会生活的一个突出特征"[⑩]。近年的研究表

---

① 吴琼. 视觉性与视觉文化——视觉文化研究的谱系[J]. 文艺研究，2006(1)：84-96+159.

② 孟建. 视觉文化传播：对一种文化形态和传播理念的诠释[J]. 现代传播：北京广播学院学报，2002(3)：1-7.

③ MARQUARD SMITH. Visual culture studies：interviews with key thinkers[M]. London：SAGE，2008：ix.

④ [美]E.M. 罗杰斯. 传播学史——一种传记式的方法[M]. 殷晓蓉，译. 上海：上海译文出版社，2005：174.

⑤ [美]乔治·H·米德. 心灵、自我与社会[M]. 赵月瑟，译. 上海：上海译文出版社，2008：2.

⑥ [美]乔治·H·米德. 心灵、自我与社会[M]. 赵月瑟，译. 上海：上海译文出版社，2008：2.

⑦ 毛晓光.20 世纪符号互动论的新视野探析[J]. 国外社会科学. 2001(03)：13-18.

⑧ [美]欧文·戈夫曼. 日常生活中的自我呈现[M]. 冯钢，译. 北京：北京大学出版社，2008：11.

⑨ [美]欧文·戈夫曼. 日常生活中的自我呈现[M]. 冯钢，译. 北京：北京大学出版社，2008：19.

⑩ [美]乔纳森·布朗. 自我[M]. 陈浩莺，译. 北京：人民邮电出版社，2007：139.

明，数字媒体改变了人们的媒体环境和表达方式，自我呈现的社会情境和作用机制也发生了变化。王君玲认为“博客已经被用来极大程度地呈现自己，作为增强自我表达和促进社会互动的社会空间”①，个人可以利用博客进行更有效的印象管理。谭雪芳通过对弹幕的研究指出，在体验性更强的新交互场景中，个体在改变自己获取信息方式的同时，也改变了自我表达、社会角色及互动方式②。

人类自古便有表达自我的需求，几千年来，人们通过雕刻、绘画、书写、歌唱等方式自我表现，并借用不同技术来更好地认识、了解和提高自己，人对自我的表达和再现方式也随着中介技术的发展而不断变化。在18世纪，艺术家的自画像成为时尚收藏家的物品，到了20世纪末，艺术家们越来越多地在自己的艺术中使用自己的身体③，由于自画像是“指向内在的艺术”，对自画像的研究成为艺术史研究的一个重要内容。近代语境下关于视觉化自我表达的研究集中在摄影及电影，探究影像再现技术背后的主体意识与自我建构等问题。英国学者艾美利亚·琼斯借希波利特·巴耶尔的自画像式照片，分析身体与图像之间的关系，指出通过图像再现身体实现的抛弃自我的欲望是“推动摄影技术发展的动力”④。

借助各种不受约束的新技术性主体性手段，身体图像作为一种可以与真实自我相分离的象征手段得到了进一步延伸，有了数码相机、智能手机和社交媒体，人们更容易创造和分享自我呈现，视觉再现技术拓展了自我呈现空间的局限。美国学者本·阿格尔在著作《虚拟自我：现代社会研究》（*The Virtual Self: A Contemporary Sociology*）中，提出一个相当宽泛的“虚拟自我”概念——通过互联网、电视和手机等电子手段与世界及他人联系的人。虚拟是一种在线的体验，一种存在状态，指的是体验世界并与世界互动的一种特殊方式⑤。马忠君认为虚拟自我与现实自我之间相互建构并相互渗透，在数字世界中，“自我可以被不断创造，人的主体性价值和意义通过不断建立的自我传达出来”⑥。

劳拉·U. 马科斯提出触感视觉（haptic visuality）的概念，相较于目感视觉⑦（optical visuality），触感视觉调动了多感官，观察者的身体更明显地参与到观看的过程中⑧。屏幕和触感凸显了观者与图像之间的动态主观性，这种主观性的赋予呼应了全球化的跨文化接触以及媒介的物质性趋势。Jill Walker Rettberg 认为在数字媒体环境中主要的自我表现模式有三种，分别是视觉的、书面的和定量的，虽然每种模式都有独立的前数字时代的自我表现历史，但在当今的数字文化中，这三种模式是相互交织的，即自我表现主要借助了图像、文本和数字符号⑨。

视觉内容的一个关键组成部分是日常使用的社交媒体，尽管最近对视觉社交的研究呈

---

① 王君玲. 试析个人博客中的自我呈现[J]. 新闻界，2009(02):37-39.

② 谭雪芳. 弹幕、场景和社会角色的改变[J]. 福建论坛(人文社会科学版)，2015(12):139-145.

③ RETTBERG, JILL WALKER. Seeing ourselves through technology: how we use selfies, blogs and wearable devices to see and shape ourselves[M]. Basingstoke: Palgrave Macmillan, 2014:8.

④ [美]艾美利亚·琼斯. 自我与图像[M]. 刘凡，谷光曙，译. 南京：江苏美术出版社，2013:9.

⑤ BEN AGGER. The virtual self: a contemporary sociology[M].Oxford: Blackwell Publishing,2004:1.

⑥ 马忠君. 网络环境中虚拟自我的呈现与建构[M]. 北京：中国电影出版社，2013:18.

⑦ optical visuality 或 optic visuality，直译为“光学视觉”，这里采用《自我与图像》中“目感视觉”的翻译，与触感对比呼应。

⑧ LAURA U. M. Touch : sensuous theory and multisensory media[M]. Minneapolis:University of Minnesota Press,2002:2-3.

⑨ RETTBERG, JILL WALKER. Seeing ourselves through technology: how we use selfies, blogs and wearable devices to see and shape ourselves[M]. Basingstoke: Palgrave Macmillan, 2014:3

现增长趋势，但对视觉内容作为网络社交核心组成部分的社会文化研究仍落后于对主要由文本驱动的流行文化和社交媒体的分析。对于 Instagram 等图像社交平台的分析近年来不断增多，早期对 Instagram 平台的研究局限在理论维度、分享图像的心理动力或是平台的技术结构。还有大量商科研究旨在得出如何利用图像社交媒体构建形象和品牌营销的策略。这些研究大部分侧重于用户的使用行为或技术维度，对于图像的视觉含义研究较少[①]。

蒂姆·海菲尔德和塔玛·利弗在一系列对 Instagram 的研究文章中指出，对于视觉类社交媒体的研究既要考虑到社交媒体上每种符号形式的特殊性，又要考虑视觉内容与文本、混合内容的互文关系。Matthew Pittman 和 Brandon Reich 通过量化研究表明，与基于文本的平台（如 Twitter、Yik Yak）相比，基于图片的社交媒体（如 Instagram、Snapchat）使用可能会减少孤独感，观察到的效果可能是由于图片社交增强了亲密感，而人们的幸福感和对生活的满意度也可能会增加[②]。

许多学者研究新的媒体平台和影像技术对自我呈现的影响，近年来对自拍的研究成为热点。自拍已经成为个体在社交媒体平台表达自我的强大方式，层出不穷的自拍工具和社交文化鼓励自拍者分享生活中的私密时刻，在这个过程中体现出创造性的自我塑造形式。以 Instagram 为代表的图片社交平台及工具不仅为自定义自拍创造了无限可能，甚至定义了一代人的形象。Derek Conrad Murray 运用女性主义的批判视角，探究自拍现象背后的政治紧迫性，并思考强迫性的自我形象表达冲动仅仅是自恋，还是政治上的对立和对主流审美形式的反抗[③]。有学者认为，数字时代的美颜应用正在改变外貌政治的舞台，美颜应用提供了一种技术性的性别视角，产生了前所未有的对女性的数字监管和凝视，其特点是监督的集约化、扩展化和心理化[④]。尽管社交媒体上分享的数字文本通常被视为个人表达，但自拍体现了商业化和全球化的话语特征[⑤]。

三、跨文化传播中的视觉问题

（一）全球散居与视觉文化

视觉文化研究奠基人米尔佐夫十分关注文化传统上不同的视觉形态及价值美学的全球性表达，2000 年编辑出版《全球散居与视觉文化：表征非洲人和犹太人》（*Diaspora and Visual Culture: Representing Africans and Jews*），通过分析非洲和犹太移民的视觉文化，研究全球散居与视觉文化的交叉。在文集开篇的介绍性文章中，米尔佐夫总结性使用了多元视点（multiple viewpoint）及互视性（intervisuality）的概念来分析全球散居及视觉文化。

多元视点是一种从视觉实践的角度来界定全球化时代的散居状态所产生的双重或多重意识的概念，米尔佐夫认为，移民不可能以任何传统意义上的方式被看到，也不能单从一个

① ZAPPAVIGNA M. Social media photography: construing subjectivity in Instagram images[J]. Visual Communication, 2016, 15(3): 271-292.

② PITTMAN M, REICH B. Social media and loneliness: why an Instagram picture may be worth more than a thousand Twitter words[J]. Computers in Human Behavior, 2016, 62:155-167.

③ MURRAY D C. Notes to self: the visual culture of selfies in the age of social media[J]. Consumption, Markets & Culture, 2015,18(6), 490-516.

④ ELIAS A S, GILL R. Beauty surveillance: the digital self-monitoring cultures of neoliberalism[J]. European Journal of Cultural Studies, 2018, 21(1): 59-77.

⑤ VEUM A, UNDRUM L V M. The selfie as a global discourse[J]. Discourse & Society, 2018. 29(1): 86-103.

视角来表现。在视觉文化领域，移民的散居视觉既不是原有国家的，也不是移居地的，既不是西方的，也不是东方的，而是一种文化的融合，用霍尔的话说，是“介于不同文化之间的”（the in-between of different cultures）。移民不断地使用视觉手段来变现他们关于失去、归属、离散及身份的理解[①]。移民在散居性创造的视觉图像中产生了“多元视点”，寻求一个前瞻性的、跨文化的以及可传递的视点，从这个视点来看和被看[②]。米尔佐夫通过他所称的“互视性”对散居视觉的融合性进行了阐述：“散居的视觉图像必然是互文性的，观众需要把外部信息与框架内的可视内容相关联，以便充分理解它。然而，在视觉图像中，互文性不仅仅是一个互相锁定的文本问题，还是一种相互作用和相互依赖的视觉模式，我将其称为互视性。”[③]

劳拉·U. 马科斯研究代表性的电影作品时提出一个跨文化电影的范畴——跨文化电影指来自西方大都市的新文化形态，而这些新文化形态是由全球移民、流亡和散居造成的。参与这场被称为“跨文化电影运动”的核心艺术家是生活在西方的少数文化群体，大部分是来自亚洲、中东、拉丁美洲和非洲的新移民，他们生活在由权力影响下的散居空间、后殖民主义和文化隔离之中[④]。马科斯认为，跨文化电影通过构建多重感官的、具身性的体验来激发和唤起某些不易表达的个人或集体记忆。

近年来，对视觉和散居的研究有了显著的增长，在散居体验的背景下构建的视觉是融合的，混合了具有文化差异性的视觉和视觉形态的价值和审美。Kate McFarlane 通过分析两位旅居澳大利亚的华人摄影师的作品，探讨了后现代散居主体创造的视觉融合体验。她认为，这种视觉性的融合是通过视觉体制的跨文化混合而产生的，散居的视觉往往表现出讽刺和批判的维度，挑战既有的民族主义主观性和文化规范[⑤]。由于散居带来的融合性体验和多元视点，散居性的视觉艺术作品不仅是考察异质文化表征的良好素材，也为种族、性别研究及政治观察提供了独特视角。视觉文化构建了民族身份记忆和性别文化传统，Suzanna Chan 以爱尔兰当代艺术作品为分析对象，通过视觉文化来探索爱尔兰的民族认同是如何通过性别化的“种族”和白人话语来解读的，研究在女性主义理论结合性别、种族视角的下探讨种族权力如何嵌入性别问题，将符号分析的重点转向女性的象征实践，白人进而被理论化为一种历史和文化建构以及一种表现出来的社会位置[⑥]。

（二）全球化与视觉现代性

晚近的视觉文化研究表明，视觉问题是一个跨学科、跨领域的问题，并具有现代及后现代时代的文化表征，揭示了人类文化行为中看与被看的辩证法以及这一辩证法与现代主体

① NICHOLAS MIRZOEFF. Introduction：the multiple viewpoint—diasporic visual cultures，diaspora and visual culture：representing Africans and Jews[M]. Nicholas Mirzoeff(eds.). London：Routledge，2000：3.

② NICHOLAS MIRZOEFF. Introduction：the multiple viewpoint—diasporic visual cultures，diaspora and visual culture：representing Africans and Jews[M]. Nicholas Mirzoeff(eds.). London：Routledge，2000：7.

③ NICHOLAS MIRZOEFF. Introduction：the multiple viewpoint—diasporic visual cultures，diaspora and visual culture：representing Africans and Jews[M]. Nicholas Mirzoeff(eds.). London：Routledge，2000：8.

④ LAURA U. MARKS. The skin of the film：intercultural cinema，embodiment，and the senses[M]. Durham and London：Duke University Press，2000：1-3.

⑤ MCFARLANE K. Diaspora，cultural practice and syncretic visuality[J]. Journal of Intercultural Studies，2004，25(2)：175-184.

⑥ CHAN S. “Kiss My royal irish ass.” contesting identity：visual culture，gender，whiteness and diaspora[J]. Journal of Gender Studies，2006，15(1)：1-17.

的种种身份认同之间的纠葛[①]。视觉问题天然地具有跨文化性质,并与现代性及全球化问题紧密相连,视觉性是现代性的重要表征,从文艺复兴和科学革命时期开始,现代性通常被坚决地认为是视觉中心主义的,视觉在现代西方文化中以各种各样的方式占据着主导地位[②]。

一般认为视觉现代性起始于摄影术的出现,从文艺复兴时期成像暗箱的出现到19世纪二三十年代摄影术的诞生,图像呈现和观看方式都发生了巨大变化,探讨视觉现代性涉及呈现技术与观看主体的关系。一方面是技术进步使得图像再现的真实性取得长足进步,"摄影天生就是模仿的工具……它自身作为媒介的特殊性确保了它能真实地再现现实。"[③]本雅明在《摄影小史》《机械复制时代的艺术作品》中论述了摄影技术对传统视觉范式的颠覆,摄影作品损害了艺术作品的"灵光"(aura),机械复制的符号性作品消解了艺术作品的本真性,人们只能通过复制和无限接近本真。摄影术使人们的观看方式发生了变化,区别于古典的观看,视觉现代性接近于本雅明所称的"技术性观视",不仅关乎视觉呈现的外观,还关系到改变人类主体性认知与创造的实践活动。

跨文化视角下的视觉现代性,是文化视角下的他者与自我的互动,涉及看与被看的关系。人类学通过对"第三世界"的描摹构筑了一个形象化系统,彰显了地域性的文化差异。19世纪末到20世纪初的跨文化视觉现代性,是以"迎合欧洲中心主义想象的方式"[④]逐渐呈现的,科学和技术往往被认为是西方的,即指定西方文明为现代的,非西方国家则不是现代的。吴果中认为中国的视觉现代性是"各种视觉表征形式以及中国都市市民对其进行视觉消费而形成的独特体验和观念变革,是传媒科技与社会要素之间的历史互动"[⑤]。

随着越来越多的非西方形象在全球展现,多元文化在传播媒介的催化下跨越国际界限相互交融,处于传统跨文化意义上的边缘形象逐渐也成为中心输送者,为全球提供新的视觉体验。"西方与东方不再是单向的权力关系,而成为彼此的镜像,他者与自我纠缠在一起。"[⑥]彭丽君通过梳理19世纪80年代至20世纪30年代中国国内的摄影、广告及电影等视觉形式的媒体呈现,考察了中国城市居民看待自己与新视觉文化互动的多重复杂方式。她指出视觉现代性不仅是独立文化现象的组合,而且是一种部分连贯的社会文化话语[⑦]。张慧瑜指出,"在处理东方或中国的主体位置时,并非要重新移植或颠倒西方与东方的自我与他者的论述,而是要把东方从这种被看的位置中解放出来,看到东方或中国主体位置的某种不确定性或复杂性关系。"[⑧]

米尔佐夫认为视觉文化研究不能在传统人类学的意义上进行,而应该建立在流动的意义上,跨文化的视觉文化不应该与现代主义对立,文化跨越(transculturation)包含对新文化

① 吴琼. 视觉性与视觉文化——视觉文化研究的谱系[J]. 文艺研究,2006(1):84-96+159.

② MARTIN JAY. Scopic regimes of modernity[A]. HAL FOSTER(EDS.).Vision and visuality[C].Washington: Bay Press, 1988:3.

③ [英]理查德·豪厄尔斯. 视觉文化[M]. 葛红兵,等译. 桂林:广西师范大学出版社,2007:131.

④ ELLA SHOHAT AND ROBERT STAM. Unthinking eurocentrism: multiculturalism and the media(second edition)[M]. London and New York: Routledge, 2014:14.

⑤ 吴果中. 媒介科技、视觉现代性与传播观念——以中国近现代画报为中心[J]. 新闻与传播研究, 2017, 24(3): 84-100+127-128.

⑥ 张慧瑜. 视觉现代性——20世纪中国的主体呈现[M]. 北京:人民出版社,2012:26.

⑦ PANG L. The distorting mirror: visual modernity in china[M]. University of Hawaii Press, 2007.

⑧ 张慧瑜. 视觉现代性——20世纪中国的主体呈现[M]. 北京:人民出版社,2012:26.

的获取，相对旧文化的丧失，第三步是分解这些新旧文化的碎片，将它们黏合成完整程度不同的躯体[①]。视觉文化的现代性进程不断赋予文化全球化新的路径和效果，进入深度互联网传播时代，视觉文化正在创造流动的、渗透性强的、前瞻性的跨文化体验，源源不断地为跨文化传播提供更多的可能性。

近年来，国内跨文化传播领域一个跟视觉问题相关的研究重点是，如何使中国更好地被世界看到。如有国内博士论文在建构主义视角下研究中国国家形象建构中文化符号的运用问题，指出“国家形象很大程度上是一种话语建构，是本国自我话语描述和他国话语描述相互博弈的结果”[②]。胡凯从传播历程、传播语境、文化表达力、文化传播力四个维度考察中国电影在中亚的跨文化传播，探究中国电影在中亚传播的真实状况和现实困境[③]等。

（三）视觉表达与全球景观

进入 21 世纪之后，交通运输及跨国资本的发展日新月异，全球移民司空见惯，跨国旅行日趋普遍。旅行者的脚步可以踏至世界任何角落，旅居带来大量消费的背后，所有空间都有成为旅居性目的地的趋势，越来越多的地方争相被游览，地方性与世界性频繁交叠。除此之外，互联网技术及媒介形态裂变式发展，全球媒体的图像内容带来的视觉冲击呼应了人类的原始冲动，视觉景观取代文字获得跨文化传播的优先权。移动技术的成熟使得视觉传播如虎添翼，短时快速海量的感性震惊体验直接冲击人类的理性静观思考，视觉传播虽一直饱受批判但更加势不可挡，人们不必移民到世界的另一端，便可以看遍全球景观。

流动性的视觉文化融合了来自不同地缘政治背景的视觉性特征，显示出移民、旅居者以及网民的主体性在平衡既有国家视觉性及新的文化实践方面的创造力，流动性视觉文化的创造性文化实践过程，也是移民群体的身份认同及自我表达过程，该过程体现出文化融合的关键特征。米尔佐夫近年的研究强调，视觉文化面临的关键问题是如何看待这个世界。“在 1990 年，我们可以用视觉文化来批判和反击我们在艺术、电影和大众媒体中被描述的方式。今天，我们可以积极地利用视觉文化来创造新的自我形象，新的看待和被看待的方式，以及新的看待世界的方式。”[④]

美国人类学家阿尔君·阿帕杜莱从全球文化的流动性图像入手，提出一种文化景观论来描述全球化时代复杂的、相互交叠的、散裂的（disjunctive）秩序。流动的文化景观包括五个维度：族群景观（ethnoscapes）、媒体景观（mediascapes）、技术景观（technoscapes）、金融景观（financescapes）和意识形态景观（ideoscapes）。景观这一概念体现出现代世界客观建构的变化性和主体复杂性，建构世界的主体包括民族国家、跨国团体、移民社群、亚文化团体、家庭及个人等等。阿帕杜莱用景观这一概念描述全球各地的个体与群体基于历史处境而想象并构建出的多元世界[⑤]。

这种想象中构建世界的流动性及矛盾性的关注，后殖民主义学者霍米·巴巴在著作《民族与叙事》（*Nation and Narration*）中做了充分的描述，在民族的边缘处，人们依靠想象构建

① ［美］尼古拉斯·米尔佐夫. 视觉文化导论［M］. 倪伟，译. 南京：江苏人民出版社，2006：163.

② 蒙象飞. 中国国家形象建构中文化符号的运用与传播［D］. 上海外国语大学，2014.

③ 胡凯. 中国电影在中亚的跨文化传播研究［D］. 陕西师范大学，2018.

④ NICHOLAS MIRZOEFF. How to see the world: an introduction to images, from self-portraits to selfies, maps to movies, and more［M］. New York: Basic Books，2016：314.

⑤ ［美］阿尔君·阿帕杜莱. 消散的现代性：全球化的文化维度［M］. 上海：上海三联书店，2012：43-44.

自己的民族性，但这种想象行为含有不确定性，伴随着不同文化要素之间的混杂互动。在《文化的定位》（*The Location of Culture*）中，巴巴提出了文化的混杂性（hybridity）概念，巴巴明确地将混杂性置于符号的双重否定之下，认为混杂性不是一种文化模式取代另一种，而是不同族群、文化及意识形态相互混合的过程。混杂性的概念具有两个明显的倾向：一方面，混杂性可以喻示一个空间，它位于纯洁的两个地带之间，另一方面，混杂性可以被理解为所有人类文化在前进中的状况，它不包含任何纯洁的地带，因为它们经历着持续不断的、跨文化的进程。①

巴巴提到文化的混杂性可以创造新的艺术，这种新的艺术不是过去和现在连续统一体中的一部分，而是一种新的感觉，一种作为反叛行为的文化翻译（cultural translation）行为。这种混杂性创造过程要不断与“新”（newness）接触，不只是把过去作为社会原因或审美先例来回忆，而是更新了过去，把它重新塑造成一个偶然的“中间”空间，创新并打断了现在的表现②。通过对“过去-现在”这种双重意识的混杂性分析，巴巴看到了移民从记忆和经验中创造新的文化景观，但并不完全依赖这些经验，这与阿帕杜莱提出的集体想象构建多元世界的观点类似。霍米·巴巴将混杂性引入文化研究领域并使之流行起来，而他对新艺术创造的观点对我们当今分析跨文化传播中的视觉文化及其表达非常有借鉴意义。

以霍·米·巴巴为代表的后殖民理论家“通过强调文化的杂交性来解构西方中心主义话语霸权，以及那些在西方人心中早已根深蒂固的传统的本质主义思维模式，从而实现这种文化或话语上的真正对话与交流”③。新兴媒体的飞速发展和国际交流的日益密切使得传播学领域越来越重视对跨文化视觉表达的融合性、混杂性等特征的研究。有学者认为混杂性需要被理解为一种由社会政治和经济活动构成的传播实践，将混杂性理解为实践标志着认识到跨文化关系是复杂的、过程性的和动态的④。李冠林从视觉文化研究的角度对当代中国与德国的海报设计进行对比研究，指出“中德当代海报图形语言存在着相同的全球价值观”⑤，体现在海报的视觉表达语言和文化内涵中，同时中德当代海报视觉文化还存在着明显的文化差异。

尽管阿帕杜莱认为个体行动者在全球景观的建构中力量有限，因为上述五个维度的全球化文化景观由体验和构成更大规模形态的势力所引领。但不可否认的是，新媒体的自媒体发展趋势使得不同文化的个体在跨文化传播中日益活跃，地位逐渐凸显。快速全球化的现代性的最重要后果之一是，曾经孤立无援的人现在有了更多样化也更有效的抵抗力量。普遍性正在重新定义特殊性，反之亦然⑥。近年来有学者研究指出视觉表达的差异是基于年龄而不是文化，这种差异基于个人经验的强度和视觉“社会化”的形式⑦。

接触一种共同的全球视觉文化，会产生类似的跨文化视觉表达模式。比如尽管各地快

① ［美］雷内托·罗萨尔多（RENATO ROSALDO，1995），转引自［英］约翰·汤姆林森. 全球化与文化［M］. 郭英剑，译. 南京：南京大学出版社，2002：208.

② HOMI BHABHA. The location of culture[M]. London and New York：Routledge，1994：7.

③ 苏勇. 文化身份认同与建构中的文化主体性［J］. 贵州师范大学学报（社会科学版），2009（1）：93-97.

④ KRAIDY MARWAN M. Hybridity in cultural globalization[J]. Communication Theory，2010，12(3)：316-339.

⑤ 李冠林. 中德当代海报视觉文化比较研究［D］. 西安美术学院，2016.

⑥ RONALD NIEZEN. A world beyond difference ; cultural identity in the age of globalization[M].Oxford：Blackwell，2004：177.

⑦ GWIZDALSKI，ANDRZEJ. Global visual communication：cross-cultural visual expressions on global cultural artifacts and events[A]. The annual meeting of the International Communication Association，2009.

餐店的文化差异很大,销售各种饮料的方式也不尽相同,但全球各地的消费者都认可"将饮料放在一次性杯子里,吸管向右侧倾斜"的图像代表快餐饮料[①]。文化上的接近是基于许多因素,包括共同的经验,例如通过引进西方文化产品来处理被迫现代化的共同经验[②],比如,台湾观众更喜欢台剧和韩剧,而不是美剧,并不是因为他们都认同某种本质上的"亚洲特质",而是因为他们代表了一种熟悉的体验,即在城市现代性的特定背景下,他们在处理恋爱、家庭和社会关系方面的经验。

四、研究方法

(一)研究方法

对于视觉文化的研究,最早源于艺术史领域的解读,在以绘画和艺术设计作品为解读对象的漫长年代里,学界形成了解释和理解视觉文化的不同视角和方法;随着当代视觉文化表现形式的复杂化,视觉文化的研究方法也表现出方法工具创新及多种方法融合使用的趋向。视觉文化的研究方法表现出两种取向,一种是以现象学和阐释学为基础的方法,另一种是以结构的对象为基础的方法[③]。阐释学或现象学的方法强调在理解视觉文化过程中个体意识的作用,精神分析视角是常用的视觉研究路径,精神分析式的评论通常用一些精神分析概念,如视觉快感、恋物癖、性别凝视等进行影像阐释或再次阐释,分析视觉影像的情感效果。但精神分析更偏重考量产生差异的心理状态和视觉建构,对差异的社会建构并未予以足够的重视。

结构主义传统的方法强调社会系统的作用,在结构主义看来,所有有意识的思想都产生在一个给定的模式的范围内,"个体意识是诸结构的某种产物"[④]。区别于传统的结构主义符号学,社会符号学通过描述人们在社会情境中的互动探讨意义的生产,关注符号运作的社会脉络,强调符号资源的生产及人们诠释符号资源的方式受到社会进程的影响。凡·李文认为社会符号学有四个主要的分析维度:话语(discourse)、类型(genre)、风格(style)、模态(modality);其中,"话语"的概念是研究符号学资源如何被用来构建世界表征的关键,"类型"是研究符号学如何用于交际互动的关键,"风格"的概念意指人们如何运用符号去"表演"类型,"模态"指人们如何使用符号资源来创造和传播他们的表征真实或现实价值[⑤]。在语言学研究及应用层面,模态就是符号形态,模态与媒体的区分和联系十分明显,媒体是符号的载体,"模态是可对比和对立的符号系统,媒体是符号分布印迹的物质手段"[⑥]。结合成像技术及媒介形态的演变来看,以语言文本为主导符号的传统媒体环境早已被媒介融合带来的多种模态混杂的媒体内容环境所取代。

话语指的是架构出事物如何被思考的一组陈述,也指我们基于这种思考而做出的行动方式,话语体现着一定的社会建制、惯行和规则,反映世界的同时也形塑着世界,我们也可以

---

① GWIZDALSKI, ANDRZEJ. Global visual communication: cross-cultural visual expressions on global cultural artifacts and events[A]. The annual meeting of the International Communication Association, 2009.

② J. MACGREGOR WISE. Cultural globalization: a user's guide[M].Wiley: Blackwell,2008:50.

③ [英]马尔科姆·巴纳德. 理解视觉文化的方法[M]. 常宁生,译. 北京:商务印书馆,2013:30.

④ [英]马尔科姆·巴纳德. 理解视觉文化的方法[M]. 常宁生,译. 北京:商务印书馆,2013:49.

⑤ LEEUWEN T V. Introducing social semiotics[M]. London:Routledge. 2005:91.

⑥ 胡壮麟. 社会符号学研究中的多模态化[J]. 语言教学与研究,2007(1):1-10.

把视觉性（visuality）看作一种话语——“特定的视觉性会用特定的方式让特定事物成为可见的，同时让其他事物变得不可见，并从而生产出主体，在这个视象的领域内行动”①。福柯明确地指出话语是一种规训的形式，它建构出一个主体自己所理解的世界，从这个意义上讲，某种形象气质、某种风格、某种潮流都是经由视觉话语生产出来的，而对视觉话语进行分析，能够更系统地认识到在特定的社会环境下，意义如何产生，以及人们生产意义的形式和途径被如何约定。

克雷斯（Kress）和凡·李文（Van Leeuwen）认为多模态文本在多个表达中产生意义，他们在韩礼德系统功能语言学的体系之下，归纳出意义产生的四个实践领域，分别是话语、设计、生产和分配②。克雷斯和凡·李文进而指出，这四个实践层次并不是按照等级顺序排列的，不同模态的符号表达具有潜在的兼容性，多模态分析并不仅仅适用于符号的生产者，同样适用于符号的解释③。所以，站在社会符号学的研究角度，对多模态符号的生产、传播、解读的研究，既要考虑影像自身的符号构成及意义，也要考虑制作及接收影像两端的环境条件和视觉效果。对于在数字媒体时代已经成为“跨文化意义上的文化本位”④的视觉符号系统而言，“没有什么恰恰只是视觉的，对它们所制造的意义来说，所有视觉影像与其相伴的其他符号资源是一个有机整体”⑤。运用多模态话语分析的方法解读视觉材料，即是“把文字语言与图像、声音等非语言符号结合起来，从整体的角度来分析各类符号所组成的表意系统和话语意义”⑥。

综上，本研究所采用的研究视角结合精神分析及社会符号学的研究传统，对在社交媒体上有代表性的视觉材料进行分析，阐释其表层含义及隐藏意义，并对其中包含跨文化现象的文本进行重点分析和提炼，探究视觉符号在跨文化传播过程中的作用机制，辨析个体意识、媒介技术及社会文化在其中的作用和影响，对其跨文化传播价值进一步探讨和批判。

同时，涉及具体操作层面的方法有如下几种。

（1）多模态话语分析。克雷斯曾在书中列举过再现和传播中重要的模态：图像、文字、布局、音乐、手势、讲演、动态影像、配乐、3D 物体等⑦，本研究将结合社交媒体特点，对个体视觉表达中运用的图、文、影、音等多种模态符号进行话语分析，并从整体角度分析多模态符号在视觉表达中形成的符号系统特征和话语意义，更好地解释跨文化传播中的视觉话语意义和互动关系。对图像模态的分析将主要借鉴克雷斯和凡·李文在《解读图像》（*Reading Image*）中提出的视觉分析框架，拟从三方面对多模态符号进行分析：技术性层面（如视觉技术与媒介平台）、构成性的（如内容、颜色、布局等）、社会性的（指围绕在影像周边的政治、经济、社会因素）。

---

① ［英］吉莉恩·罗斯. 观看的方法：如何解读视觉材料［M］. 肖伟胜，译. 重庆：重庆大学出版社，2017：217.

② KRESS G，LEEUWEN T V. Multimodal discourse：the modes and media of contemporary communication［M］. London：Arnold，2001：4.

③ KRESS G，LEEUWEN T V. Multimodal discourse：the modes and media of contemporary communication［M］. London：Arnold，2001：8.

④ 英明，罗忆. 视觉符号语境下的跨文化传播［J］. 当代传播，2007（6）：22-24.

⑤ ［英］吉莉恩·罗斯. 观看的方法：如何解读视觉材料［M］. 肖伟胜，译. 重庆：重庆大学出版社，2017：158.

⑥ 肖珺. 多模态话语分析：理论模型及其对新媒体跨文化传播研究的方法论意义［J］. 武汉大学学报（人文科学版），2017（6）：127-135.

⑦ KRESS G. Multimodality：a social semiotic approach to contemporary communication［M］. London：Routledge，2010：79.

（2）内容分析。本研究采用内容分析法对以图片为主的视觉素材进行选择、分类、统计等工作，既包括对选取的素材进行客观的定量描述，也包括对收集到的材料进行逻辑分析和思辨。通过对国内外研究 Instagram 的文献进行梳理和比较，结合 Instagram 平台内容海量和流动的特性，笔者选择采用主题标签（hashtag）搜索关键词的方式在 Instagram 采集素材。具体涉及以下操作：收集和记录某一段时间内搜索到的图片；对由整理得到的重点现象和元素在理论视角下展开分析；对研究涉及的不同历史时期、不同国家、不同媒介平台（如少量选自 YouTube、微博等平台的内容）等研究对象进行对比分析。

（3）个案研究。社交媒体中的视觉素材数量庞大，若想达到较成体系的研究目的，则需要选择具有代表性和概括性的案例进行话语分析，因此个案研究将是本研究需要采取的重要研究方法。如罗伯特·斯科特所说，个案研究要形成一个"有界系统"，个案之间要有区别，同时，"个案之组成部分构成一个相对自成一体的单位"[①]。本研究将以 Instagram 平台为主，选择具有跨文化意义的视觉表达个案进行，尽量考虑个案的数量和质量能够具有说服力。

① 卢晖临，李雪. 如何走出个案——从个案研究到扩展个案研究[J]. 中国社会科学，2007(1)：118-130+207-208.

第二章　视觉文化的跨文化传播场域

进入21世纪二十年有余，距离麦克卢汉提出“地球村”概念已经过去半个多世纪，在信息传播和交通运输层面，地球村的预言已经成为现实。跨越国家和民族界限的信息交流已经成为常态，通过连通全球的互联网，各种媒介形式的文本和文化产品更为轻易地流通到全世界。视觉文化在全球化趋势日益加深的传播环境中扮演了重要的角色，视觉符号借助互联网技术简化了跨文化传播的流程和意义传达，体现出视觉内容在异质文化交流中独特的中介价值。

全球化进程使得以民族国家为界限的文化区分不再绝对，视觉文化的盛行既是全球交流不断深入的结果，也在客观上引致全球文化与本土文化的进一步交融。正如米尔佐夫所说，“在全球散居的后现代世界里，跨文化的方法将是一个主要工具”①。在跨文化传播的视域下对视觉文化展开研究，需要对视觉文化进行历时性与共时性考察，才能探明视觉文化何以呈现当代面貌。本章我将探究视觉文化的跨文化传播研究中涉及的理论脉络和关系视角，并对这个场域中的关键节点和复杂关系进行梳理。

第一节　视觉转向：理解当代文化的基本线索

进入数字时代，人们对生活中泛滥的影像已经习以为常，尼古拉斯·米尔佐夫在《视觉文化导论》的开篇便直指人心：“现代生活就发生在荧屏上”②。视觉文化的兴起与现代科学技术的发展密切相关，人们的生活受到视觉文化的影响，信息的接受和传递方式更是直接表现出视觉化趋势。因此，认识和阐释视觉文化的概念、内涵与当代表现，厘清文化的视觉化趋势背后缘由和社会影响，对于认识和判断跨文化传播面临的现实环境便十分重要。

人们对当代视觉文化的考察与对信息技术发展的反思相互缠绕，表现出欣喜与批判并存的矛盾心态：一方面，视觉呈现技术的变革赋予文化愈加多元的表现形态，直接加剧了文化的视觉化趋势；另一方面，以信息和传播技术为支撑的当代视觉文化，引发知识分子对文化浅表化和同一化的理性反思。然而，文化的视觉化并非对传统文化形式的全然拒绝，其当代表征和发展趋势有深刻的技术、社会和历史根源，对视觉与文化的关系以及文化的视觉化现象进行反思，是研究当代视觉文化及相关传播问题的基础。

一、视觉与文化的内在联系

约翰·伯格（John Berger）说：“观看先于言语。儿童先观看，后辨认，再说话。”③ 人类感官的进化、眼睛的结构及其在身体中的位置，赋予视觉在感知世界过程中重要的能力和地

① ［美］尼古拉斯·米尔佐夫. 视觉文化导论［M］. 倪伟，译. 南京：江苏人民出版社，2006：30.

② ［美］尼古拉斯·米尔佐夫. 视觉文化导论［M］. 倪伟，译. 南京：江苏人民出版社，2006：1.

③ ［英］约翰·伯格. 观看之道［M］. 戴行钺，译. 桂林：广西师范大学出版社，2005：1.

位。人对视觉这种直观感受的仰仗已经在众多谚语中得到证明:中国古语有“眼见为实”“百闻不如一见”,英文也有“Seeing is believing”的说法。中文的“看”字,既有“看见”“看到”的本意用法,也有“看法”“你怎么看”的用法,表“观察并加以判断”之意;英文“see”也有观看、理解、意识到等多重含义。观看是人们直观了解世界及感受自身位置的主要方式,因为其提供了一种其他感官所不具备的确定性,对不确定性的减弱作用使人往往依赖视觉对事物做出初始判断。

约翰·伯格进而指出,“我们观看事物的方式,受知识与信仰的影响”①,古代人相信天神的存在,风雨雷电等自然现象的视觉含义便与今时不同,因此,观看是文化性的。同时,观看并不是单向行为,看与被看总是交织在一起,新媒体时代这种围绕观看的交织和融合更甚。米克·巴尔(Mieke Bal)曾论述看的行为是“不纯粹的”②,首先,尽管视觉可能是由感官所主导的,但它本质上是有框架的,是构造性和阐释性的,负载有情感、认知和理智。其次,其他感官行为也是“不纯粹的”,例如听觉、朗读、味觉和嗅觉。这种不纯粹性使得这些感官行为可以相互渗透,因此,文学、声音、音乐并不能被排除在视觉文化研究的对象之外。

借由这种视觉的“不纯粹性”我们可以思考,没有哪一种文化现象是“纯粹的”,特别是进入新兴媒体层出不穷的时代,几乎所有的文化现象都在彰显社会与个体、传统与现代、人与技术等多重因素的交锋和影响作用。马修·兰普利(Matthew Rampley)认为,从某种意义上说,视觉文化是不存在的,没有一种文化实践是完全视觉化的③。结合我们的日常生活经验便可感知,所有的文化实践都使用多种多样的手段,包括视觉感受和交流,也包括听觉、触觉以及味觉等其他方面的体验,例如音乐会和歌剧的观看既是一种音乐体验,也是一种视觉奇观,而朗读,也具有视觉效果。同样,在科技和媒介作用越来越重要的信息社会,也没有一种文化实践是完全去视觉化的,实践主体对意义确立及快感体验的追寻,加上媒介技术发展的催化,使得文化实践与视觉经验缠绕在一起,共同塑造当代社会的文化形态。

正因为对视觉的考察不仅关乎观看到的事物景象,更囊括谁在看、如何看、围绕观看的认知与互动关系等视觉性问题,视觉问题与文化研究相交叠,视觉文化的考察视域得以确立和拓展。以围绕视觉的话题为切入点,视觉文化的研究为解读观看到的事物、观看的人以及各种关系提供了持续的解码能力。同时,由于前文所述的视觉所具有的天然性,视觉文化不仅涵盖了西方传统文化研究中的性别、种族和阶级这三个经典问题,而且对视觉现象和人类相关的视觉实践给予最直接的关注,这既包括对视觉形象的理解和阐释,也包括现实世界中主体形象的建构、自我与他者、人与空间关系等复杂的文化命题。“视觉文化包含了对于世界表象的社会标准化了的所有思考、行动和感觉方式。”④

近年来,随着视觉技术的飞速发展,视觉文化的概念涉及了更为广泛的视角,其研究对象经历了从文化精英所关注的视觉艺术作品到覆盖大众文化的全部视觉表达的转换。最直接地说,这意味着视觉文化不仅包括视觉艺术,还包括其他所有人类感知的视觉意象:电影、电视、摄影、广告、短视频及其他随时可能出现的视觉表现形式。在试图了解社会并达成传

---

① [英]约翰·伯格. 观看之道[M]. 戴行钺,译. 桂林:广西师范大学出版社,2005:2.

② BAL M. Visual essentialism and the object of visual culture[J]. Journal of visual culture, 2003, 2(1): 5-32.

③ RAMPLEY M . Exploring visual culture: definitions, concepts, contexts[M]. Edinburgh: University of Edinburgh Press. 2005:2.

④ [英]阿雷恩·鲍尔德温等. 文化研究导论(修订版)[M]. 陶东风,等译. 北京:高等教育出版社,2004:374.

播的过程中，各种流行的视觉形象塑造方式与传统的视觉文化艺术领域一起构成了视觉化的文化力量，不仅为我们提供理解当前社会文化和价值观的重要线索，而且在参与建构流动中的当代文化形态过程中发挥愈加重要的作用。

二、语言与图像的辩证关系

W.J.T. 米歇尔称“图像转向”的发生起始于 20 世纪后半期，即所谓的后现代时代，图像技术和电子生产技术以前所未有的力量开发了视觉类像和幻象的新形式，迫使人们重新思考后现代或者说视觉文化时代的话语体系，詹姆逊更是断言，后现代世界是个“超越文字的世界，人的生活到了这个阶段已经迈进阅读和书写以后的全新境界”①。“图像转向”并不是指图像对语言或文字的全然取代和超越，而是提醒我们围绕观看的行为和阐释与传统阅读文本的编码解码有着同样深刻的意义。一方面，视觉再现以“前所未有的力量从文化的每一个层面”侵入到人们的生活，“从最精华的哲学理论到最通俗的大众媒体生产”②，都无法避免；另一方面，视觉再现的规律和视觉经验的模式并不能完全适用语言文本的解读方式，因此，我们对视觉文化的解释和批判需要新的态度和视角，其中重要一环是厘清语言文字与视觉图像在视觉文化时代的辩证关系。

首先，“视觉转向”意味着图像打破了语言文字在传播中的统治地位。提到“视觉转向”，我们自然会联想到西方哲学史上著名的“语言转向”，语言对社会构成的重要性空前凸显，符号与能指已经成为思想表述和文化研究不能绕开的分析逻辑。“图像转向”在哲学意义上显然不具备和“语言转向”同等深度和影响力，但围绕图像的一系列问题已经构成了跨越多种学科和覆盖多种知识的广泛领域，视觉问题在当今时代变得越来越重要，以至于很多学者宣称我们已经从以语言为核心的印刷文化进入以图像为代表的视觉文化时代。视觉文化环境并非指语言消失或者被图像取代，而是指图像的生产、传播和阐释变得更为重要和普遍，视觉因素在社会文化中占据更加重要的地位。

其次，视觉文化的兴起是影像技术发展的直接后果，视觉表达和体验是对人类原始的欲望的回应。从占据社会主流地位的媒介形态上看，以书籍、报纸、杂志为代表的印刷文化时代文字是传播信息的主要工具，摄影的出现并没能打破文字的垄断地位，印刷媒介的“图文并茂”仍以文字为主。影像技术的飞速发展和迭代直接导致视觉呈现方式的多样，电影、电视、互联网直接将立体的、具象的信息推到大众面前，迅速将视觉因素推动到至关重要的地位。利奥塔将图像视为对欲望的表达，在知觉的难易性层面，视觉的冲击力确实远甚于文字的陈述力，人对于影像带来的瞬时体验很难抵抗，大众一旦习惯影像带来的直观快感，便再难给予阅读文字需要的理性和思考足够的空间，大众的媒介依赖是视觉转向最明显的证据。

重要的是，“视觉转向”是一个融合的过程，并非对视觉的片面强调，而是看重以视觉为主的多种感知和表达方式的混合。正如米歇尔的图像学所倡导的那样，图像学并非停留在语言和视觉艺术的比较研究，而是“进入了把人类主体作为由语言和图像构成的一个存在者的基本建构”③。诚然，视觉因素最容易被感知，但在多媒体使用成为常态的社会环境中，

① [美]詹明信. 晚期资本主义的文化逻辑[M]. 张旭东，编. 陈清侨，等译. 北京：生活·读书·新知三联书店，2013：371.

② [美]W.J.T. 米歇尔. 图像理论[M]. 陈永国，胡文征，译. 北京：北京大学出版社，2006：7.

③ [美]W.J.T. 米歇尔. 图像理论[M]. 陈永国，胡文征，译. 北京：北京大学出版社，2006：15.

信息的传播是文字、影像、声音等多种元素共同作用的结果，从这个意义上讲，视觉转向的标志不仅在于对视觉因素的强调，更在于对语言所代表的二维平面文本世界的冲击甚至颠覆。

三、媒介技术的革新与视觉文化的盛行

媒介形态直接影响其承载的信息属性，不同的媒介之间具有现象学上的差异，也就是说，对于物质性不同的媒介，我们体验它的方式是不同的。报纸上的信息是静态的，而电视和手机等媒介上的信息是动态的，信息的编排和呈现方式又会直接影响受众的信息接受状态，进而影响人们对社会环境和文化氛围的感知体验。视觉文化的兴起与科技发展带来的媒介形态变化密切相关，视觉文化与其媒介呈现形态互为促进，共同加速这个时代文化的视觉化趋势。

视觉文化对媒介内容构成的影响首先表现在对信息的影像化要求。文字和语音赋予受众较为广阔的想象空间，信息一旦走向视觉化，具象呈现对想象空间的压缩便是不可逆的。哈利·波特最初是 J.K. 罗琳笔下一个瘦弱的、戴着眼镜的小男孩，小说出版后，是封面上一个儿童的画像，系列电影问世之后，哈利·波特的形象便被固定为演员丹尼尔·雷德克里夫的样子。电视出现之后的所有媒介形态都是多媒体化的，图像成为必不可少的信息构成元素，受众也早已习惯信息的图像化，“无图无真相”成为受众的媒介使用需求，这直接导致了媒介文化的视觉化。

视觉文化与媒介的关系还表现为大众媒介对受众注意力的抢夺越发依赖视觉化手段。大众文化发展到当下其实是大众媒介文化，因为所有的文化产品都要通过大众媒介生产、传播和消费，而媒介运行的内在逻辑之一便是对以受众注意力的聚拢换取广告等经济资源，从而支撑不断循环的媒介内容生产。在注意力经济的裹挟下，视觉化的媒介内容显示出冲击力强、容易复制、形态多样等特点，因此，无论是传统媒介机构还是自媒体，都在不遗余力地开发创新视觉内容，客观上确立了视觉文化在大众文化中的主流地位。

麦克卢汉的著名理论“媒介即讯息”阐明了技术在文化形成中的力量，视觉技术便对视觉文化的形成起到直接作用。当我们谈论技术与文化视觉化的关系时，这里的技术有两层含义，一是整个社会的科学技术发展水平，二是特指视觉技术，本书主要聚焦于后者。托马斯·洛克威尔（Thomas Rockwell）认为视觉技术是可以为人眼生产或再现视觉信息的工具和实践，包括启示的技术和复制的技术①。周宪认为视觉技术应该包括三类：一是观看物象或图像的技术，显微镜和医学设备属于此类；二是图像制作和生产的技术，例如数字图像的复制和存储技术；三是图像传播技术，数字时代的传播环境将过去人趋近于图像的观看模式转变为图像趋近于人，图像资源前所未有地丰富和易于传播②。当代视觉技术呈现加速度式发展，技术革新的间隔时间越来越短，赋予围绕观看、制作、传播的视觉技术形态演变更多的可能性。

视觉文化的兴起，与视觉技术的革新有直接关系，不仅如此，每个时代占据主流的视觉应用技术也会主导当时的视觉文化形态。机械复制技术的出现，使人类有意识欣赏的对象

---

① ROCKWELL T. Visual technologies, cosmographies, and our sense of place in the universe[J]. Zygon(r), 2003, 37(3): 605-622.

② 参见周宪. 视觉文化的转向[M]. 北京：北京大学出版社，2008：144-145.

主要集中在绘画艺术上，正是摄影及制作图像的机器的出现，将人肉眼看不见的内容和角度呈现在人们面前，紧随其后的电影更是使视觉艺术的影响层面扩大了时空范围，真正使视觉文化成为大众文化的主要面向。本雅明说，“在电影的诸社会功能中，最重要的就是建立人与机器间的平衡。”① 电影镜头延伸了空间以及空间中的运动，并为大众创造出一个集体梦幻的世界。技术发展影响视觉艺术手段，进而影响人们的视觉文化生活，这是一个持续至今的嬗变过程。本雅明身处在这个时代的开端，对技术与视觉生活关系的判断十分具有前瞻性。

本雅明指出机械复制技术对人们视觉生活的影响：视觉对象的艺术性和独特性降低，人们观看的深度和专注度也发生了变化，群体生活方式的变化直接导致人们感知方式的变化。人们更重视视觉对象的展示价值而不是膜拜价值，不再专注于艺术作品能否让人沉浸和观赏，而是更加关注其展示对象的程度。视觉对象的个性化特征被机械复制技术磨损，“这样的作品不再被视为单一的，而成了集体的产物”②，集体化的观看经验是明显的技术导致的认知观念改变。人们不再探寻视觉对象中所包含的人工印迹和独特创造，机械复制技术使得图像的大规模生产成为可能，人们也在应接不暇的复制图像中丧失了探寻意义的耐心。人们无须费尽周折去欣赏原作，机械复制压缩了观看的时空，因为机械复制的图像可以较为轻易地观看和传播，视觉图像大规模地成为消费品。

成为消费品——即视觉前所未有地与生产和消费相连，是视觉技术对文化的又一重要而持续的影响。因技术繁荣带来视觉对象的充裕与观看的便利，这使得人们不用花费太大精力即可实现观看，技术发展到如今更是动一动手指便可无限观看，观看过程加速的背后，是图像很快便被观看、消费和遗忘。本雅明将“消遣”和“凝神专注”两种观看态度的区别归结为观看方式由“视觉接受”至“触觉接受”的转变，触觉接受是闲散的、瞬时震撼的③，在本雅明的时代，具备这种触觉接受的新事物是电影，而我们发现，21 世纪之后主导视觉文化流行样貌的电影电视、微电影、短视频等内容形态和传播方式，无一不具备这种特征。由于新的视觉技术的采用，人们越来越依赖视觉手段审视和把握周遭的世界，观看与被看成为常态，一切视觉对象皆是消费品，这使我们的社会成为德波所称的“景观社会”，当代社会的视觉景观是高度技术化的，离开技术化的视觉呈现、生产、传播和存储，当代视觉文化便不复存在。

结合社会发展的进程审视技术与视觉文化，仍有一种观点值得重视，正如艺术史学者乔弗里·巴钦（Geoffrey Batchen）所言，摄影起源的问题不仅仅是谁发明了摄影，而是为什么、在哪个时刻，摄影从一种偶然的、孤立的狂想，变成了一种普遍存在的社会必要之物④。换言之，某一种视觉技术被发明进而成为一种普及媒介，不仅仅是因为技术的出现，更是因为它符合了当时社会发展的特殊需求。摄影与其后电影之所以能成为主流视觉媒介，是因为它符合科学进步、个体自主、新的时间观念等现代概念，能够契合进入时代发展所需的社会结构。同样，摄影和电影之后的其他视觉媒介，也同时容纳了其时科技进步的外在推动和社会

① ［德］瓦尔特·本雅明. 摄影小史、机械复制时代的艺术作品［M］. 王才勇，译. 南京：江苏人民出版社，2006：88.
② ［德］瓦尔特·本雅明. 摄影小史、机械复制时代的艺术作品［M］. 王才勇，译. 南京：江苏人民出版社，2006：33.
③ 参见［德］瓦尔特·本雅明. 摄影小史、机械复制时代的艺术作品［M］. 王才勇，译. 南京：江苏人民出版社，2006：95-97.
④ BATCHEN G. Burning with desire：the conception of photography［M］. Cambridge，Mass：Mit Press，1999：36.

文化嬗变的内在需求。

进入更加碎片多元的后现代社会，“美感的生产已经完全被吸纳在商品生产的总体过程之中，……愈来愈受到经济结构的种种规范而必须改变其基本的社会文化角色与功能”①。从摄影到电影、电视，再到手机短视频，每一种新的视觉媒介都是建立在前一种视觉技术的符号基础上，融入社会发展形态，形成新的知识形态和文化表征。从写实主义到后现代解构主义，从连续叙述到片段刺激，从长久观看到瞬时传播，在视觉技术的助推下，当代视觉文化不仅越来越深度嵌入日常生活，而且呈现出视觉内容丰裕的层叠意义和极强的表意延展性。

第二节　跨文化传播的新趋势：视觉文化的全球流动

过去的半个世纪，科技的发展带来文化的视觉化，一个重要表现便是信息及影像的流动发生了翻天覆地的变化。20 世纪中叶，影像还主要借由印刷媒体、电影和广播电视网进行传播，而时至今日，互联网已经成为流通和消费影像的主要阵地。这意味着，在 21 世纪，影像的全球流动较之前不仅容易，而且迅速。在全球化日益深入的环境中，视觉文化扮演了越来越重要的跨文化传播角色，对于全球性的流行文化构建发挥了鲜明的作用。当视觉文化成为一种易于全球流通的文化符号和话语体系，其对文化全球化的推进作用便更加显著，了解全球化背景下的视觉文化及其媒介传播，对于把握当前的跨文化传播环境十分必要。

一直以来，视觉媒介和影像都是跨越民族国家界线、促成资本全球化的重要力量，引发全世界人民自发扩散和跨国传播的文化内容，有相当大的一部分与视觉文化的传播与消费紧密相连。品牌符号和商品外观是当代视觉文化的重要组成部分，既受到全球社会政治、经济重大事件的影响而不断重构，又引领着全球流行文化风貌和消费潮流。旅居者一直是跨文化传播的主体，由于信息与影像的流动推动了全球时空的浓缩，人们不再需要真的走出去才能看到世界，世界各地的视觉形象共同在互联网空间生成和流动，迫使人们重新思考长久以来被定义的异国形象。对全球商品及消费主义和旅居者视觉建构的分析是理解视觉文化作为全球话语的两个切入点。

一、视觉符号作为全球话语

与视觉文化兴起一同被感知的一个现象是，媒介正日益变得全球化。一部电影可以同时在全球各地上映，美国漫威影业（Marvel Studios）出品的电影《复仇者联盟 4》在上映前引起全球社交媒体的广泛讨论，最终确定的上映日期，中国比美国本土甚至还早两天，“有狂热粉丝飞到中国看首映”的新闻一时间成为网络热议的话题。类似这样的现象对于世界性的商业电影已经非常普遍，电影的全球性流动是视觉文化作为全球话语的一个很好的证明。

费尔克劳夫（Fairclough）认为话语是表达世界某一部分或某一方面的一种方式②，例如广泛散布在世界各地网络空间的流行文化，便是一种流动的话语。全球化过程中的“流动”具有不同的性质，包括经济领域的货物和货币流动；移民、游客、商业或政府组织成员等作为

① [美]詹明信. 晚期资本主义的文化逻辑[M]. 张旭东编. 陈清侨等译. 北京：生活·读书·新知三联书店，2013：351.

② FAIRCLOUGH N. Language and globalization[M]. London：Routledge.2006：3.

流动人口的流动;通过当代媒体和通信技术的图像、表征和互动的流动等等[①]。视觉文化的流动使之能够成为全球化过程中的一种媒介表征,或是一套话语体系,主要是因为其具备以下三方面的因素。

首先,如前文所述,构成视觉文化的主要符号形式——影像,具有天然的全球流通性。麦克卢汉直言照片"既消除时间的差别又消除空间的距离。它消除了我们的民族疆界和文化障壁,使我们卷入人类大家庭,无论具体的政治观点是什么"[②]。不同语言对"笑"有不同的表述,但笑脸符号所有人都可以理解。美国小男孩加文·托马斯(Gavin Thomas)因其假笑表情在全球社交网络走红,被中国网友称为"假笑男孩",并将他的图片制成表情包频繁使用。加文·托马斯拥有 247 万微博粉丝和 99.4 万 Instagram 粉丝,他的表情图片是广受欢迎的全球社交语言。

图 2.1 笑脸符号

图 2.2 "假笑"男孩加文·托马斯

其次,视觉文化参与了全球化的过程,自身形态受到全球化进程的影响,同时也参与了全球化的建构。费尔克拉夫认为全球化作为一套实际的变革过程是非常复杂和多方面的,它具有经济、政治、文化、环境和军事等多个方面,而且是一种任何特定机构都无法控制的"大"现象,但某些特定的机构(如强大的政府和企业)确实试图在特定的方向上推动和改变全球化的各个方面[③]。从参与全球化进程的主体方面看,影视公司、跨国媒体、影像网站这些影响力辐射全球的机构生产和传播大量的影像,伴随着传播技术的发展,这些影像正在改变世界的视觉语言,从强调照片作为现场目击和现实记录,到强调影像作为一种符号系统[④],影像的制作越来越多地考虑能否参与广泛的商业流通,被大众化的媒体受众所接受。

阿尔君·阿帕杜莱(Arjun Appadurai)指出媒介景观(mediascape)是全球文化流动的一个维度,媒介景观一方面"指生产和散布信息的电子能力的分配;……二是指这些媒体所生产出的世界影像"[⑤]。媒介景观为全世界的观众提供了丰富而庞杂的影像、叙事及族群景观,商品世界与新闻政治的侧影融汇在媒体景观之中,模糊观众虚拟与现实之间的界限,为观众提供世界性的想象,从而构建视觉的"想象共同体"。

再次,视觉文化作为全球话语,表现在观看主体与视觉图像的双重流动。人类历史中自愿的或是被迫的移民屡见不鲜,我们对人口的全球移动已经司空见惯。移动通信技术和影像表现技术的结合,使得信息和影像也在全球迅速移动,这时,移动的影像与其去国界化的

① FAIRCLOUGH N. Language and globalization[M]. London: Routledge.2006:2.
② [加]马歇尔·麦克卢汉. 理解媒介:论人的延伸(增订评注本)[M]. 何道宽,译. 南京:译林出版社,2011:225.
③ FAIRCLOUGH N. Language and globalization[M]. London: Routledge.2006:4.
④ MACHIN D, VAN LEEUWEN T. Global media discourse: a critical introduction[M]. Abingdon: Routledge.2007:151.
⑤ [美]阿尔君·阿帕杜莱. 消散的现代性:全球化的文化维度[M]. 上海:上海三联书店,2012:46.

观者相遇,带来关于现代主体性的新的构想。越来越多的观众可以通过网络收看中国春节晚会直播,游客在异国他乡拍摄的影像可以通过社交媒体与国内亲朋实时分享,新的移民通过社交网络思乡和交友以减轻环境变更带来的不适应……人与影像的双重移动创造了“离散的公共空间”①,在这个空间产生和衍变的当代视觉文化具有新的全球性特征。

二、全球消费和影像流动

2017年,麦当劳中国公司更名为金拱门有限公司的消息在微博成为热议话题,事实其实非常简单,只是由于麦当劳中国公司的资本构成发生变化而更名,对麦当劳中国业务没有影响。更名虽是小事,但一则新闻引爆网络的事件本身颇值得玩味。“金拱门”其实是麦当劳品牌标志的中文直译,是一个十分形象化的表述,注册为公司名虽然因太过“接地气”而引发网友议论,但也足见麦当劳品牌标志的强大影响力——足够形象,无人不晓。麦当劳是品牌评价机构BrandZ评选的连续十年排名全球前十的最具价值品牌,金色的双抛物线标志早已家喻户晓,随处可见,成为年轻、动感、充满自信的品牌文化代表。

尽管“麦当劳化”已经是一个学术用语,并成为文化均质化或者文化美国化的代名词,但与麦当劳具有同样发展轨迹和文化性质的品牌不胜枚举。品牌及其背后的商业组织是全球化进程最大的受益者之一,商品流动和广告传播是全球影像流动的重要组成部分,参与了当代流行文化,特别是视觉文化的建构。由于全球媒体的连通效应,全球标准化的广告活动已经被许多跨国品牌成功实施,从品牌营销的角度看,标准化的广告活动是一个长期有效的国际战略,并且在时间和花费上节省了成本。从视觉文化考察的角度看,全球媒体或公共空间使用的全球意象提供了一种共同的感知体验,这种体验为共享性的全球视觉系统提供了基础。

2018年11月,阿玛尼(GIORGIO ARMANI)在全球同步推出的红色挚爱香水在中国地区上市,其品牌全球代言人凯特·布兰切特(Cate Blanchett)出席了国内的广告活动。同时,同样的视觉广告在世界各地推出了相同版本的图像海报,并在城市的公共空间(机场、购物中心、公共交通广告牌)、传统媒体(时尚杂志、电视)和网络媒体全方位铺设该广告。阿玛尼这样的做法不是孤例,时尚品牌斯图尔特·韦茨曼(STUART WEITZMAN)也选择了类似的策略,在全球范围内推广的品牌海报上,不同肤色的品牌代言人悉数出镜。这样全球标准化的品牌推广策略有如下特点:最少或几乎没有书面文字,明确强调产品或品牌名称;在世界范围占据媒体空间,而不局限于适应任何地方特定的视觉习惯标准;选用在全球范围有号召力的代言人,或是模特的分布具有足够的代表性和覆盖力。全球通用的广告策略并不新颖,但在品牌方、时尚杂志、品牌粉丝、普通消费者全部聚集的社交媒体空间,这样具有明显识别度和视觉冲击力的广告更易传播,因而近年来更受欢迎。

广告只是全球品牌影像流动的一个方面,其他覆盖全球的媒体内容和城市景观也受到商业流动的影响,塑造了人们的视觉体验以及看待周遭世界的方式。媒体倡导的生活面貌以及商品外观、城市橱窗等视觉景观是一种美好生活的象征,詹姆逊、鲍德里亚等学者都注意到了媒体中象征商品的过度生产趋势,这意味着“符号、影像、信息、款式与风格的相互混

① [美]阿尔君·阿帕杜莱.消散的现代性:全球化的文化维度[M].上海:上海三联书店,2012:5.

杂"[①]，这些影像充斥着人们的日常视觉，人们在社交媒体中的视觉表达方式很难摆脱潜在的消费逻辑。这种全球流动的消费影像在不知不觉中影响了世界各地的人们看待、存储，尤其是视觉再现记忆图像的方式[②]。

品牌和消费的全球流动还带来跨越国界的社群集结和文化认同，正如阿帕杜莱所说，消费主要是社会的、关系的与主动的，而不是私人的、原子的或被动的[③]，包裹在对品牌符号认同之中的，是对城市化生活方式的向往。麦当劳在国内受到"垃圾"食品的指控，但同时也是颇受年轻人喜爱的文化符号和聚会场所。同样，星巴克近年在中国等发展中国家开店扩张的速度表明，咖啡文化和轻松快捷的生活方式获得了不同国家都市人群的追捧。需要指出的是，商业文化的发展并非全然等同于文化帝国主义，星巴克在美国可能是一种"好品位"的咖啡文化，但在发展中国家，则可能更多代表了对现代感和都市公共空间的体验。近年来，星巴克及其代表的西方咖啡文化受到了来自本土的瑞幸咖啡的挑战，在一二线城市，瑞幸的"小蓝杯"以极快的速度对绿色的星巴克标识构成了包围。这两个品牌形成"小鹿对美人鱼，蓝色对绿色"的局面，并拥有各自数量不小的粉丝群体。这不禁让人思考，瑞幸对星巴克的挑战，到底是本土品牌对外来资本的抵抗，还是共同参与的消费图景建构与资本狂欢？

第三节　视觉文化跨文化传播中的多元关系

经过前面两节的梳理，分析了视觉文化在全球范围的传播趋势，并对在跨文化传播视域下的视觉文化考察视角做了理论铺垫。进入数字传播时代，视觉文化不仅越来越深植人们的日常生活，而且在跨文化传播中承担了日益明显的中介角色。视觉文化的跨文化传播涉及传播者和接受者的影像生产与意义解读，还受到政治经济、传播技术和媒介环境的影响，构成较为复杂的传播系统。当我们用一种关系视角审视这个传播空间时，不妨展开一种假设，视觉文化的跨文化传播构成了一个传播场域，其符号意义的建构、围绕传播的关系互动以及影响传播的各种因素都在这个场域中生成和发展，并影响场域的边界和氛围。

一、观看关系的四种维度

影像的意义在生产、自身及观者三个地点生成，并受到技术、构成、社会等模态的影响，也就是说，影像的生产和意义的解读处在一个多维度的空间中，视觉文化传播中体现了多元关系。其中，既有影像之间的互涉关系，又包含影像与人、人与社会等不同层面的互动关系，这些关系既相对独立，又彼此相关，共同构建视觉文化传播场域的形态。

（一）图像与图像的关系

在论述从词语到形象的"图像转向"过程中，米歇尔提出了"元图像"（meta-pictures）的概念，他借用现代主义美学中的"自我指涉"概念，认为元图像是关于图像的图像，图像的

---

① ［英］迈克·费瑟斯通. 消解文化：全球化、后现代主义与认同［M］. 杨渝东，译. 北京：北京大学出版社，2009：31.

② GWIZDALSKI，ANDRZEJ. Global visual communication：cross-cultural visual expressions on global cultural artifacts and events［A］. The annual meeting of the international communication association，2009.

③ APPADURAI A. Introduction：commodities and the politics of value［A］. APPADURAI A（EDS.）. The social life of things［C］. Cambridge：Cambridge University Press，1988：31.

“自我分析不仅指向媒介，而且指向作品的确定性因素——其制度背景、历史立场，以及对观者的叙述”①。他想要验证的概念是，“图像也许能够反映自身，能够提供二级话语”，“元图像是为了认识自身而展示自身的图像：它们呈现图像的‘自我认识’”②。米歇尔以维特根斯坦的《哲学研究》中出现的鸭兔图和西班牙画家委拉斯凯兹的名画《宫娥》为例说明元图像的自我指涉和图像再现问题，元图像是一种图像游戏的隐喻，“它表明了图像自身的言说方式，观者只是在不同的话语体系中对其介入”③。

在米歇尔的后续著作中，他对这个较为抽象的概念做了进一步阐述，他指出元图像是“以一种媒介体现的形象包容了用另一种媒介体现的形象”。或许是媒介技术的发展使媒介再现中的图像套嵌变得普遍，米歇尔不再对元图像中一级和二级的再现界限设定严格的标准，提出“人们感到任何一个图像一旦被用作表现图像本质之手段，都可以成为元图像”④。也就是说，当一个形象出现在另一个形象之中，当一个图像呈现一个描绘的场景，比如一幅画出现在电影中的墙上，一个电视节目中出现了一幅画或一个布景，我们便看到了元图像。

如果说米歇尔认为委拉斯凯兹的《宫娥》以“最复杂、明确和崇高的地位”例示了元图像，那么我们是不是可以认为，后现代主义的某些拼贴艺术也是一种比较直白的元图像。从图像包容的意义上讲，元图像的价值除了说明图像的自我认识，更重要的是其在更宽阔的画面中起到的隐喻作用，进而启动图像之间的指涉关系，激活观者的想象。图像与图像之间的关系是图像制作者布下的填字游戏，构成了图像意义最基底的层面，为日趋复杂的视觉文化传播中的意义解读提供文本层面的自由空间。

（二）影像与观者

如图 2.3，西班牙宫廷画家迪亚哥·委拉斯凯兹（Diego Velázquez）的名画《宫娥》是一幅充满交汇视线的作品，这使之成为艺术史上被分析最多的名画之一。画面描绘宫廷中的一个房间，包含画家、国王夫妇、国王的女儿、多位仆人等在内的众多人物在其中互动。距离观众最近的是一只狗，国王的女儿位于画面的正中央，几名仆人围在她左右。但最能吸引观者视线的是画面中的画家，他的视线看向观众，或者说看向他的模特，而画家侧后方的镜子当中亦反映出他的模特——国王夫妇的上半身。画家与国王夫妇的视线都会与观者的视线发生交汇，这种别具匠心的表现手法引发后世的诸多解读，包括凝视、再现、透视结构与权力关系等。福柯在《词与物——人文科学考古学》的第一章对其进行了详细的解读，并借此展开对再现及视觉秩序的哲学论述，此后，几乎所有视觉文化的著作中对《宫娥》的分析都绕不开福柯。福柯认为画面中表面的画家与观者的交互视线背后是“一整套有关不确定性、交换和躲闪的网络”，“在这个确切的但中立的场所，注视者与被注视者不停地相互交换”⑤。W.J.T. 米歇尔认为《宫娥》充分展现了元图像的全部特征，将其比喻为“反映绘画、画家、模特和观者之间关系的百解不厌的迷宫”，《宫娥》中的凝视和再现代表了观者、生产者和再现

① ［美］W.J.T. 米歇尔. 图像理论［M］. 陈永国，胡文征，译. 北京：北京大学出版社，2006：26.

② ［美］W.J.T. 米歇尔. 图像理论［M］. 陈永国，胡文征，译. 北京：北京大学出版社，2006：28，38.

③ 郑二利. 米歇尔的“图像转向”理论解析［J］. 文艺研究，2012（1）：30-38.

④ ［美］W.J.T. 米歇尔. 图像何求：形象的生命与爱［M］. 陈永国，高焓，译. 北京：北京大学出版社，2018：xiv.

⑤ ［法］米歇尔·福柯. 词与物：人文科学考古学［M］. 莫伟民，译. 上海：上海三联书店，2002：5.

客体之间的互动关系，是一个复杂的交换和替代的循环[①]。

图 2.3　委拉斯凯兹《宫娥》

对于这一幅图画作出确切的解释并不是本研究的目的，但《宫娥》的画面表现及其引发的阐释分析的确给我们以启示：画面中的人物与观者的视线建构了一个观看的场域。进一步讲，图像与观者被包围在一个由"观看"这一行为引发的互动空间中，这个空间由多种关系构成，包括画面中再现的空间，画面中的元素暗示出的画外空间，观者的视线与画面构成的空间，以及观看的实体空间（如博物馆、家庭房间、屏幕等）。将这一互动空间的概念延伸至当今的社交网络依然成立，由于观看行为更具互动性，图像的再现方式更加丰富，图像与观者之间的互动关系构成的场域更趋复杂。

（三）看与被看

若我们跳出图像与观者的局限，会发现一对在视觉文化中更具普遍性的关系，那便是看与被看的关系，以及二者的互动与调换。米尔佐夫曾提到当代视觉文化的基本面向之一便是互视性（intervisuality），即各种视觉模式的同时展示和互动[②]。对于诸如《宫娥》这样包含多重视线的图像，看与被看的关系既存在于画面中的人物之间，也外溢到图像与观者之间，看与被看的关系随时切换而且边界模糊。而在大多数时候，看与被看的关系背后蕴涵着潜在的权力关系，这一点在前文谈到后殖民理论及关于移民的视觉呈现时已有所涉及。

除了殖民者与被殖民者之间的看与被看关系，另一个常见的关于二者的分析是基于性别视角的。通过列举大量的古典艺术作品，约翰·伯格直言在艺术史的传统中，男性更加注重行动，而女性更加注重外观，"男性观察女性，女性注意自己被别人观察"，女性非常注重自身留给男性的印象，"观察者"（surveyor）与"被观察者"（surveyed）是两个既有联系又截

① ［美］W.J.T. 米歇尔. 图像理论［M］. 陈永国，胡文征，译. 北京：北京大学出版社，2006：48.

② NICHOLAS MIRZOEFF. The subject of visual culture［A］. NICHOLAS MIRZOEFF（EDS.）. The visual culture reader（2nd edition）［C］.New York：Routledge，2002：3.

然不同的因素，它们同时内在于女性身份[①]。看与被看背后是男女之间的权力差异，这涉及一个西方哲学理论中的固有概念——"凝视"（gaze），常常表示含有权力差异的观看方式，"凝视不只是看，它意味着一种心理上的权力关系"[②]，例如男人对女人、殖民者对被殖民者、监禁者对被监禁者等等。在传统视觉习惯中，掌握着画笔、摄影镜头、监控权限的一方确实是相对强势的，他们作为观者对被观察者的审视和再现，囊括了权力的差别。

约翰·费斯克（John Fiske）在《电视文化》中分析了电视肥皂剧的文本解读，认为肥皂剧的文本和解读主体是"去中心的"：与男性相比，女性在确立自我形象时更多地依赖与他人的关系。肥皂剧在"联系女性去中心的主体性、联系女性在男权社会中的社会关系、联系她们喜爱的文本结构这三方面起的作用是显而易见的。"女性主义不是对抗性的，而是在"男权之下肯定女性特点价值与快乐的女性文化"[③]，肥皂剧虽然不会直接对男性统治发起攻击，但它提供了一种对抗男权价值的女性文化的手段。费斯克进而指出，电视的景观是相对平等的，观看者可以参与到景观中来，这种参与性消除了"凝视"形成的主体与客体之间的权力差别，被看者主动将自己制造成观赏对象，"看与被看都以平等的身份共同参与观看以及意义生产的过程"[④]，电视观赏的狂欢性淡化了看与被看的阶级与性别等身份差异，看与被看都在观看行为之中获得快感。

尼古拉斯·阿伯克龙比和布莱恩·朗格斯特（Nicholas Abercrombie & Brian Longhurst）提出受众研究的新范式，即奇观/表演范式（spectacle/performance paradigm），他们提出扩散受众（the diffused audience）的概念，当媒介影像越来越多地渗透进日常生活，受众的范围更加分散，人人都直接或间接地成为受众，而奇观/表演范式有助于对扩散受众的理解[⑤]。扩散受众既是受众（观看者），同时又是表演者，而表演几乎存在于公共或私人领域的所有空间，观看与被看互相融合，人们不仅在观看，而且在想象和表演中建构自我形象。

区别于电影的大屏幕，电视的屏幕尺寸更适合家庭观看，观看这一行为更加具有大众性和参与性。视觉技术发展至数字时代，电脑、平板、手机等设备屏幕越来越小，观看也愈发具有互动性。社交媒体时代，屏幕内外的身份差异进一步弱化，影像观看者和生产者之间的界限变得愈发模糊，科技的发展不仅影响人们的观看方式，而且在很大程度上塑造着人们对世界的认知。即便蜕掉权力这一视角，看与被看之间的差异性依然广泛存在，米尔佐夫便主张视觉文化需要将全球差异的政治问题作为当务之急[⑥]，从看与被看关系及其连带的差异性入手，可以更好地揭示与视觉相关的社会构成方式以及文化实践活动。

（四）社会关系的总和

罗兰·巴特曾提出"作者之死"（The Death of the Author）的观念，认为文本一旦脱离了作者，其阐释的自由就归于文本本身，借这个概念以阐释影像，则可以认为影像提供了一个

① ［英］约翰·伯格. 观看之道［M］. 戴行钺，译. 桂林：广西师范大学出版社，2005：46-47.

② JONATHAN SCHROEDER. Consuming representation: a visual approach to consumer research［A］.BARBARA STERN（EDS.）.representing consumers: voices, views and visions［C］.London: Routledge, 1998: 208.

③ ［美］约翰·菲斯克. 电视文化［M］. 祁阿红，张鲲，译. 北京：商务印书馆，2005：283-285.

④ 陆道夫，胡疆锋. 看与被看：后现代媒介文化中受众的认同空间［J］. 南京社会科学，2007（12）：97-106.

⑤ ABERCROMBIE N, LONGHURST B J. Audiences: a sociological theory of performance and imagination［M］. London: SAGE Publications Ltd, 1998: 37-44.

⑥ MARQUARD SMITH. Visual culture studies: interviews with key thinkers［M］. London: Sage, 2008: 27.

多维度的空间供观者解读和诠释,"文本中并没有终极的作者意义等待读者去揭露"①。"观看"是最表层的感官行为,但身处普遍联系的社会环境中,观看同时也是被观看的,视觉事件是一个复杂的交集的地方,视觉不是一个孤立的知觉事件,而是一个复合的事件②。观者常常根据自身经验来观看和解读影像,而观者的自身经验往往受到特定社会环境的影响,反映着观者的社会关系。

同样的影像在不同的环境中可能具有不同的意义,最常见的是跨国广告,即便同样的广告内容,在不同的环境中具有不同的解读程度。安静的影院前置贴片广告和嘈杂的商场大屏幕会带给观者不同的观看体验,进而影响其对影像意义的诠释。在社交媒体环境中,观者很难只是接触单个影像,大部分影像都是处于一连串影像的包围当中,大数据还会为观者推荐相似或关联的影像,观者对影像意义的理解很难不受到观看环境的影响。

除了观看当时的物理环境,视觉内容的意义还与一定时期的社会文化环境有关,这在视觉文化的全球流动中尤为明显。2016 年,根据网络游戏《魔兽世界》改编的电影《魔兽》在全球上映,作为一部典型的好莱坞电影,其在北美票房惨淡,上映两周的时间内,北美本地的票房只占全球总票房的 10.7%,而海外市场则贡献了票房的 89%,中国大陆产生 14.6 亿票房,成为这部电影的票房重镇③。《魔兽世界》2005 年在大陆地区正式运营,时下中国国内大型网游精品稀缺,《魔兽世界》因其精良制作和社区化体验迅速拥有了大量用户,在中国网络游戏市场具有特殊的地位。《魔兽》电影在大陆的火爆背后是游戏玩家缅怀青春的集体记忆,这部电影在中国被赋予了与北美本土并不相同的意义,甚至超出了电影制作公司的预期。

《魔兽》上映时还有一个有趣的现象,许多影院在影厅内标记区分红与蓝、"联盟"与"部落"不同的观影区域,曾经的游戏用户集体相约,或是扮成游戏角色盛装观影,一时间成为独特的流行文化景观。《魔兽》上映的国内外景观差异,一方面来源于中国观众对游戏的独特情感,另一方面也有国内电影发行方情感营销造势助推的原因,是国内经济、社会、文化因素多重作用的复合结果。正如德波所言,"景观并非一个图像集合,而是人与人之间的一种社会关系,通过图像的中介而建立的关系"④,视觉文化的生产、传播和诠释是一个复杂的系统,围绕影像形成多元互动的社会关系。

二、多元互动与视觉意义的生成

一般认为,影像的意义在三个地点⑤生产出来:生产(production)影像的地点、影像(image)自身的地点以及影像被观者(audience)观看的地点。而每一个地点都有三个不同的面向,或者说模态(modalities),分别是技术性的(technological)、构成的(compositional)和社

① [美]玛莉塔·史特肯,莉莎·卡莱特. 观看的实践:给所有影像世代的视觉文化导论[M]. 陈品秀,吴莉君译. 台北:城邦-脸谱出版社:2013:65.

② MARQUARD SMITH. Visual culture studies: interviews with key thinkers[M]. London: Sage, 2008:25.

③ 腾讯游戏. 魔兽电影总票房达 27.4 亿:中国贡献 14.6 亿,北美仅 4000 万[EB/OL]. https://games.qq.com/a/20 160 629/053 458.htm. 2016-06-29.

④ [法]居伊·德波. 景观社会[M]. 张新木,译. 南京:南京大学出版社,2017:4.

⑤ 吉莉恩·罗斯用 site 表示影像意义生成的维度,肖伟胜译为"地点",韩丛耀译为"场域",为了与本章所述更为宏观的场域区别,这里采用"地点"这一译法。

会的（social）①，研究影像时，对不同地点及不同模态的偏重导致了对视觉文化不同侧面的分析结论。结合吉莉恩·罗斯（Gillian Rose）的观点，视觉意义生成涉及的元素如表 2.1 所示。

表 2.1 分析影像的地点和模态

模态地点	技术	构成	社会
生产影像的地点	影像如何制作而成的	影像类型	谁/何时/为谁/为何制作影像
影像自身的地点	视觉效果	影像构成、视觉界面	视觉意义
观者观看的地点	影像如何传递，以何种形式展示	提供观看位置、与其他文本的关系	由谁/为什么/如何诠释影像

显然，并不是每一个单独的影像在传播的过程中都会在以上的九个维度具备解读的意义，但通过分析影像的传播和意义生成的环节，不难发现，影像不仅仅是图像、画面等孤立的存在，而是身处人、物质、技术构成的复杂传播环境之中。影像意义的生成和诠释是从生产到传播、从自身构成到社会环境等多种因素的重叠作用。因此，从视觉意义生成的三个地点及其构成出发，是分析跨文化传播场域的核心组成部分。

（一）影像的地点——生产、自身、观看

影像意义最主要的生成来源是其制作者，并且大多数的影像都有制作者较为偏好的意义，例如，电影人希望就某些画面与观众在特定层面达成解读的一致，广告设计者也会揣摩受众心理，使得观众看到广告影像产生预计的联想，进而准确传达产品信息。

作为典型的视觉再现，制作影像时采用的技术和呈现方式决定着影像的形式和意义，其生产环境条件则促成视觉再现的效果。从影像自身的地点切入进行分析，影像最直观的形式组成部分决定了影像的类型，就网络流行的一些拼贴图像或符号而言，拼贴元素是一种观看顺序的优先级引导，这种引导既取决于影像制作者的有意设置，也蕴含在最终影像形成的整体印象之中。影像的类型是商业的还是艺术的，是幽默的还是深刻的，是致敬的还是讽刺的，决定了影像最终的意义，而需要指出的是，影像的类型往往不是单一的，常常是交叉融合的，影像的类型直接影响观者的视觉体验，进而影响其对意义的解读。

观看的感觉和经验性质创造了超出文化的额外之物②，正如吉莉恩·罗斯所说，影像意义的某些部分来源于制造和展示的技术，影像的其他组成部分则取决于社会的惯习，社会环境影响了观者对影像意义的解读。对某种经典形象的嘲解正是时下社交网络的流行趋势，传统保守的叙事风格正在被个性和多元化所取代，一些网络恶搞或拼贴创作的作品之所以受到欢迎，一个重要原因是其反叛性和趣味性符合当前社会年轻人的欣赏取向，一定程度上，其关注者的点赞和评论参与了意义的建构，使之获得更广泛的传播。

（二）影像的模态——技术、构成、社会

所有的视觉再现都是对于现实的建构，影像中使哪些元素可见、哪些不可见，一方面来源于制作者的镜头或画面安排，另一方面取决于制作及呈现影像的技术。特别是从影像意

① ［英］吉莉恩·罗斯. 观看的方法：如何解读视觉材料［M］. 肖伟胜，译. 重庆：重庆大学出版社，2017：26-27.
② ［英］吉莉恩·罗斯. 观看的方法：如何解读视觉材料［M］. 肖伟胜，译. 重庆：重庆大学出版社，2017：37.

义的生产角度来看,"视觉构成首先是一种技术,其次才是一种文化"[①]。社交媒体流行的拼贴性图像作品是这个时代数字技术的产物,复制、涂抹、修改、贴合,这些过程都脱离了传统的绘画甚至摄影,在电脑或手机屏幕上即可完成。数字技术的成熟使得拼贴和遮蔽前所未有地容易,图像的制作者可以独自完成从模仿到创新的视觉再现。

影像之于观者,技术决定了影像被观看的方式,在电影院观看电影与在电视或电脑屏幕上观看电影的体验是不同的,影像的尺寸、色彩、质地、视觉体验都存在差异。就社交媒体空间的设计作品而言,网民在电脑或手机屏幕上观看作品,是清晰的、接近的甚至是可触碰的;如果一些网络艺术家的作品被放在美术馆里展览,装裱布置和观看距离会带给观者不同的观看体验,尽管同样是拼贴与解构,其表达的意义便有可能不同,框架和装裱正是设计师要解构的重点,因此,电子屏幕成为这种意义传达的重要组成部分。

关于影像意义的第二个模态是影像的构成,构成模态与技术模态密切相关,技术赋予了画面中不同元素呈现的可能性,这一点不再赘述。前文提到,与构成紧密相连的是影像的类型(genre),同属一类型的影像有一些相同的特征,"特定类型共享特定的一组有意义的事物和展示他们的方式"[②]。在 Instagram 上活跃着许多插画设计师,他们将图像的主题关键词作为标签(#)与图像一同发布,这个间接的标签既直白地说明了设计师的身份和创意工作属性,同时带有"#"的文字方便被其他网民搜索到,也是常见的社交网络发布策略。

影像意义生成的最重要的模态是社会的。大卫·哈维(David Harvey)认为照片和影片等视觉影像是后现代文化的重要组成部分。詹姆逊更是直接对影像的"拼贴遮蔽戏仿"进行专门论述,后现代主义是"对占据大学、博物馆、美术馆以及基金会等这样或那样的主导性的高级现代主义的刻意反动",其"最显著的特点或手法之一便是拼贴"[③],戏仿抓住经典风格的独特和怪异之处,制造一种嘲弄原作的模仿,拼贴则是一种中性的模仿方式,不一定具备讽刺的冲动,在詹姆逊看来是一种空洞反讽的现代实践。在笔者看来,拼贴不一定是空洞的,但在社交媒体发布的艺术作品,具备了足够的话题性,但确实不具备十足的讽刺性。

当下的后现代时期正经历一次詹姆逊所称的"对审美的普遍回归",各种各样迥异的风格混杂充斥于消费社会,在一个由压倒性的视觉和影像主宰的文化中,"审美经验随处即是,并且广泛地渗透到了社会与日常生活中。"[④] 在以影像传播为主的社交媒体空间,艺术的定义被泛化,人们对视觉艺术的欣赏、品评和再创作成为常态,渗入日常生活细节之中的文化艺术极富趣味性和消遣意义,却正在"逐渐失去激烈的对抗色彩,转向了更模糊、更具解构倾向、更向内在蜷缩的状态"。这与技术进步和时代变迁造成的大众文化扁平广阔的发展空间有关,与日益丰富多样的媒介形态有关,更与技术和社会赋予个体前所未有的表达能动性和丰富性息息相关。

三、场域意涵与分析框架

本研究讨论的是跨文化传播中的视觉文化及个体表达,并以场域理论的视角搭建框架

① 韩丛耀. 图像传播媒体的意义场域研究[J]. 当代传播, 2017(5):19-21+45.
② [英]吉莉恩·罗斯. 观看的方法:如何解读视觉材料[M]. 肖伟胜,译. 重庆:重庆大学出版社,2017:29.
③ [美]弗雷德里克·詹姆逊. 文化转向[M]. 胡亚敏,等译. 北京:中国人民大学出版社,2018:4-5.
④ [美]弗雷德里克·詹姆逊. 文化转向[M]. 胡亚敏,等译. 北京:中国人民大学出版社,2018:103.

展开分析。从本质上讲,跨文化传播本身就涉及各种关系的构建和维持,社交媒体环境中的跨文化传播,是个体社会交往和社会关系的全球性铺展,而视觉文化的发展,为这些关系提供了更便捷的搭建渠道和更广阔的生存空间。结合此前的论述,视觉文化的跨文化传播场域包含三层含义:第一,视觉文化的跨文化传播场域具有自身逻辑和独特运作法则,是一个充满视觉符号和意义建构的社会空间;第二,这个场域是跨文化传播中的主体借助围绕视觉文化的主客观关系而构成的整体系统,行动者(agent)在其中起到关键作用;第三,这个场域也包括独立于能动者主体意愿的外部环境结构,如技术发展和政治经济环境等。

因此,我们尝试搭建视觉文化的跨文化传播场域构型:

在场域视角下,跨文化传播在微观层面是"符号意义的生成与传递活动"①,影像通过生产、自身、观看三个地点产生意义,在影像意义生产和传播过程中,受到政治、经济、社会等宏观环境的影响。也就是说,在视觉文化的跨文化传播场域,场域更像是"参与场域活动的社会行动者的实践同周围的社会经济条件之间的一个关键性的中介环节"②,既包含了行动者的主观性,着眼于影像生产者的创造性和观者的能动性;也包含社会环境的客观性,注重社会结构对主体行为的影响作用。主观与客观、微观与宏观视域的融合为跨文化传播中意义生成、传播和阐释提供一个平衡点。

如图 2.4,在这个场域中,存在着多元复杂的关系,影像之间、观者与影像、观者之间的社会关系均作用于视觉符号意义的生成与传播过程中。行动者之间的联系是构成整个场域"客观关系"的重要部分,而视觉文化作为传播关系中的强势符号,发挥了重要的中介作用。视觉技术的应用、视觉符号的流行以及随之而来的视觉文化的嬗变,都是这个场域运作和转变的原动力。基于视觉符号展开的意义建构,不同模态符号之间的空间性关系,生产、传播与观看的角色切换与身份认同均成为视觉文化跨文化传播场域的内在活动。

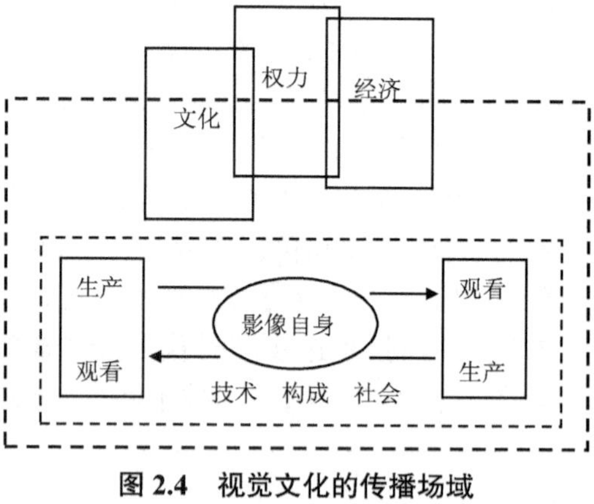

图 2.4 视觉文化的传播场域

既然场域意蕴为行动者与他们之间客观联系构成的系统,那么从视觉文化的跨文化传播场域展开研究,就势必要考察视觉文化传播中的个体行为。在社交媒体环境中,个体对视觉文化的接受和传播都受到媒介环境和传播工具的深刻影响,其视觉化的社交与自我表达行为均形成一套"行为倾向系统"(system of dispositions),换言之,个体在社交媒体的视觉

① 胡一伟.传播符号学视角下的"场域"理论[J].南昌大学学报(人文社会科学版),2017,48(6):97-103.

② [法]布尔迪厄,[美]华康德.反思社会学导引[M].李猛,李康,译.北京:商务印书馆,2015:132.

化自我表达是一种社会化主体性（a socialized subjectivity）。这种行为的社会化类似布尔迪尔提出的"惯习"概念，个体在场域中受到整个社会环境的影响，并通过与其他个体互动形成特有的主体行为惯习，与此同时又通过自身惯习对整个场域施加影响。个体身处视觉文化占据主流的社交媒体环境中，在跨文化传播中发挥越来越关键的主体作用，本研究将从自我呈现、在地生活及观看世界三个方面展开研究和分析。

第三章 自我呈现与观看：自拍表达及互动的全球化

曾经人们喜欢用web1.0和web2.0的概念形容互联网的发展阶段，区分这两个阶段的最重要指标便是网络的互动性，即用户主导生成内容，web2.0强调互联网用户的参与（Participation）以及参与所产生的个性化（Personalization），与传统由网站雇员主导生成内容的模式加以区别[①]。谷歌前CEO埃里克·施密特（Eric Schmidt）曾直言web2.0是一个营销概念，并且这个概念出现后的十多年时间里，对于互联网什么时候发展至web3.0阶段，以及web3.0的概念都存在争议，这从一个侧面说明了互联网不是沿着可以精准预判的线性规律发展。但从web2.0相对稳固的概念可以看出，互联网的发展给予个体前所未有的表达空间，并且这个趋势截至目前没有逆转。

一方面是视觉化成为当代文化的重要特征，这在以互联网为基础的新媒体环境下表现尤为突出，另一方面是新媒体环境赋予个体愈加丰富的表达手段，个体作为传播主体在跨文化传播中的地位日渐凸显。因此，在当前媒体环境下，探寻个体层面的视觉化跨文化传播不仅新鲜，而且必要。如今，随时随地在社交媒体拍摄和分享影像已经成为全球现象，层出不穷的手机摄影和图片美化应用表明“全民摄影”的热潮仍在发展并持续影响人们的生活。自拍不仅体现了社交媒体时代个体自我呈现的趋势和特点，也投射出在不断发展的媒介技术支撑之下，跨越时空的社会交往新的手段。

第一节 社交媒体与跨文化传播

正如吉登斯所强调的，考察社会和系统整合“不能忽视作为互动场景的场所的重要性”[②]。作为新媒体环境跨文化传播发生的场所，社交媒体的自身特点及其发展趋势不仅参与建构了跨文化传播新的场域，而且正在重构跨文化传播的传受关系。本小节将试图对以下内容进行论述：社交媒体的概念及传播特质；社交媒体与当代文化的互构关系；个体在社交媒体中的关系建构等。通过这些内容的论述，力求阐明当代视觉文化传播的网络环境，并为考察个体的视觉化传播实践打下基础。

一、社交媒体的概念、范畴和传播特质

对于如今的媒介环境，社交媒体（social media）已经不是个新鲜名词。社交媒体是基于计算机网络和交互技术的媒介平台，它通过虚拟社区和网络促进信息、观念、职业、兴趣和其

① WIKIPEDIA.Web2.0[EB/OL]. https://zh.wikipedia.org/wiki/Web_2.0.

② [英]安东尼·吉登斯. 社会的构成：结构化理论纲要[M]. 李康，李猛译. 北京：中国人民大学出版社，2016：19.

他形式表达的创建和共享[①]。关于社交媒体的概念,有许多不同的表述,但所有的社交媒体都具备以下四个特征:第一,社交媒体是基于 web2.0 互联网技术的互动式应用;第二,用户生成内容(user-generated content)是社交媒体的命脉,包括帖子、评论、数码照片或视频以及所有在线互动形成的数据;第三,用户在社交媒体上设计并维护新的身份,创建用于特定服务的相关文件;第四,社交媒体通过将用户的个人资料相互联结促进了线上社交网络的发展[②]。

由于社交媒体最初在国外诞生,引入中国时一度被翻译为社会性网络或社会化网络,还曾与 SNS 网站(social network sites)简单对等和混用。随着人们对社交媒体的普遍应用,除了在市场营销领域指代企业或品牌的社会化,现在国内更倾向于使用社交媒体作为"social media"的翻译[③]。显然,社交媒体的译法更能反映这类媒体的属性,即互动性,因为"社交"指向社会交往和人际互动,社交媒体最主要的特性便是用户创造内容以及用户之间高密度的互动行为。

尽管 web2.0 初期的论坛和博客也具备一定的互动性,但被认为真正开启了社交媒体概念的是 SNS 网站。2004 年,Facebook 一经问世便受到年轻人的广泛欢迎,社交媒体这一名词也随着 Facebook 被越来越多地讨论。Facebook 至今仍是全球最为重要的社交网站之一,与之形成对比的是国内对标 Facebook 的 SNS 网站(如人人网、开心网)都已在更新形态的社交媒体冲击下门庭凋敝。SNS 网站与之前的网络媒体最大的区别是更强的功能整合能力及社区属性,用户不仅拥有自己的专属页面,而且可以自由创建日志、动态、相册等内容,还可以享有自己的游戏页面,用户的内容分享和娱乐都具有极强的互动性。

相比传统互联网媒体,社交媒体更强的连通性、互动性和社区性存在一个悖论:媒体赋予个体更强表达自由的同时,也由于内容生成门槛的降低、信息量急剧膨胀,直接导致单个内容可占用的观看时间缩短,注意力成为稀缺资源。也就是说,对于个体来说,创造或接收的信息数量和内容长度成反比。因此,个体的传播参与性增强使形式更加轻巧的媒体的出现成为必然,微博客应运而生。微博客的出现是一个分界点,标志着"短"成为社交媒体的一个特征,进入屏幕更小、传播更加便捷的移动互联时代,这一内容特征更加得到凸显。

时至今日,当我们总结社交媒体的特质,可以得到以下两点:一是"社交"已成为所有互联网媒体的共同属性,二是用户生成内容(UGC)可以看作人们使用社交媒体的所有方式的总和[④]。由于媒体形态的不断演变,我们很难给社交媒体下一个边界齐整的定义,但社交媒体的参与性、互动性、社区性、平民性等特质伴随着新媒体的发展一直延续。与此同时,社交媒体在发展过程中具备了越来越强的连通性,具有某种信息"共产主义"的特征[⑤],不同网站或应用平台不仅彼此连接,而且内容共享,社交媒体已经从单指某一个网站或应用,发展成

---

① KIETZMANN J H, HERMKENS K, MCCARTHY I P, ET AL. Social media? get serious! understanding the functional building blocks of social media[J]. Business horizons, 2011, 54(3): 241-251.

② WIKIPEDIA. social media[EB/OL]. https://en.wikipedia.org/wiki/Social_media.

③ 参见曹博林. 社交媒体:概念、发展历程、特征与未来——兼谈当下对社交媒体认识的模糊之处[J]. 湖南广播电视大学学报, 2011(3): 65-69;赵云泽,张竞文,谢文静,等."社会化媒体"还是"社交媒体"?——一组至关重要的概念的翻译和辨析[J]. 新闻记者,2015(6):63-66.

④ KAPLAN A M, HAENLEIN M. Users of the world, unite! the challenges and opportunities of social media[J]. Business horizons, 2010, 53(1): 59-68.

⑤ 陆地. 网络视频与信息"共产主义"[J]. 新闻与写作,2014(1):68-70.

一个全球连通的平台。不仅如此，在数字技术和智能设备发展的支持下，社交媒体从最初的个人日志分享发展到具备倾向性的多个种类，职场、交友、图像、视频、游戏等不同内容侧重的社交媒体各具特色，为用户生产内容提供了更多选择。

二、个体的社交媒体使用

（一）身份建构

个体在社交媒体的内容生产从创建自身的网络身份开始，大部分的社交媒体要求用户在发表内容之前在网站或应用注册，填写简单的个人信息，部分网站甚至要求用户实名注册（如 Facebook、人人网），打通线上线下的身份联结。像 Facebook 或人人网这类最初脱胎于校园的 SNS 网站，由于环境较为封闭，更加注重熟人网络的在线复制和扩张，因此对用户实名制的要求较为严格。实名制注册身份是个有争议的话题，有些用户觉得实名制限制了网络空间的自由表达，因为人们会顾忌自己的真实身份而像现实生活中那样对观点有所保留。也有批评者认为匿名性增加了社交网络的交流风险，会令用户面临潜在的人身或财产安全风险。

社交媒体的用户身份呈现更多通过有意识或无意识的主观信息“自我表露”（self-disclosure）来实现，例如在网络中表达自己的思想、感觉、喜好以及厌恶[①]，因此，用户和社交媒体都有各自的话语偏好和目的。有一些专业性较强的社交媒体也对用户注册实名制要求较高，网站会有专门的身份核实环节，例如职场社交或国内的实名制婚恋网站等。许多社会名人也选择在社交媒体使用真名，将社交媒体当作自己的发声阵地，强化自身观点或是建构自身形象。

对于大多数社交媒体的用户来说，社交媒体助推了一种“自我表露”文化的形成，社交媒体上的“身份管理”逐渐成为大众日常生活的一部分[②]。最初，社交媒体的大众匿名（mass anonymity）机制为用户提供了一个“做自己”的私人空间[③]：人们都认为在社交媒体上的自我是真正的自我，这是因为社会处于快速变化当中，人们在日常生活中可能会面临坚持自我个性与环境的因循守旧之间的冲突，于是人们选择在现实生活中保留观点而在社交媒体上展露个性。但这并不等于人们在社交媒体上进行了深层自我反省，社交媒体用户逐渐习惯了两副面孔，一副较为私人，存在于社交媒体空间，只对少部分熟人开放；另一副是公开形象，遵守现实生活中约定俗成的行为准则。

但是，社交媒体与现实生活的身份并不是全然隔绝的，特别是随着基于地理位置的服务（Location Based Service）逐渐成熟，用户在网络空间的行为越来越与所在地挂钩，现实与虚拟之间的差别逐渐缩小，线下与线上正在融合。又由于社交媒体的形式和种类已经非常丰富，在线生活已经无孔不入地深入人们的日常生活，一个人在社交媒体空间拥有多重身份的现象也愈发普遍：游戏、购物、文艺评论、在线直播……这些身份可以是一致的，也可以是刻意选择并加以区分的。荷兰媒体评论家吉尔特·罗文克（Geert Lovink）便指出，多重自我

① KAPLAN A M, HAENLEIN M. Users of the world, unite! The challenges and opportunities of social media[J]. Business horizons, 2010, 53(1): 59-68.

② LOVINK G. Networks without a cause: a critique of social media[M]. Cambridge: Polity, 2011:38.

③ LOVINK G. Networks without a cause: a critique of social media[M]. Cambridge: Polity, 2011:39.

（multiple self）并不能被视为一种解放行为，只是作为一种技术上的给予手段而表现出来[①]。社交媒体的身份建构已经从发展初期现实人际圈的网络复制变成了一项大规模的自我网络形象建构及自我推广（self-promotion）活动，包含着复杂的个体间交往行为。

（二）互动

正如上文所提到的，互动性已经成为社交媒体的核心属性之一，甚至有人直接用互动媒体（interactive media）的概念来指代不断出现的新媒体[②]。媒介互动性的最初研究范围是身体的物质性延伸以及身体与机械或物体在某个界面的交汇。麦克卢汉对"冷""热"媒介的区分便反映出这种取向，他认为热媒介的受众在获取信息的过程中需要创造某种精神上的共鸣，所以会赋予受众的某一感官更多信息，而冷媒介则需要受众自行填补更多的信息空白，因此，热媒介观众的参与度低，冷媒介受众的参与度高。麦克卢汉对于媒介的"冷""热"区分或许太过个人化而不那么适应当今媒介的发展，但其论断产生了一个重要影响：将媒介的互动性与人的感官联系起来。

列夫·曼诺维奇（Lev Manovich）对新媒体展开批判时并不推崇新媒体的互动性，他认为互动性这个术语太过松散，将新媒体的"新"定义为互动性——通过超越之前身体和社会的限制从而与传统媒体割裂开来是不现实的，而且数字时代的交互性是一种幻象，新媒体技术并不比传统媒体具备更强的互动性[③]。虽然曼诺维奇反对麦克卢汉对媒介互动性的乐观判断，但他对新媒介互动性的批判其实与麦克卢汉基于同样的标准，即媒介对人体感官的调动程度。笔者认为，社交媒体的互动性价值并不仅仅体现在人作为主体建立起与物理现实的系统联结（人机关系），而且更多地体现在人与人、人与世界之间的交往关系和行为。人际交往关系中的互动性是一种对社交媒体的价值理性判断，更加关注个体在社交媒体环境中的生存状态。

个体在社交媒体中的互动行为可大体分为话语和动作两个层面。用户生产内容主要通过话语建构来完成，无论是发表日志和评论还是创建图像视频等媒体文件与其他用户分享，社交媒体上个体与他人的互动大部分基于话语层面的表达。"社交"这个词语本身便意味着人与人的交流，利用一定的工具传递信息、沟通思想。而这些内容都要借助特定符号或符号组合进行表现，本研究的一个任务便是对社交媒体中个体利用视觉及多模态符号进行的跨文化传播予以研究分析。

与用户生成内容密切相关的一些评估行为，诸如点赞、转发、收藏等动作也是社交媒体互动性的一个重要体现。例如，"点赞"是一个看似非常简单的行为，但点赞按钮（like-button）是一个多功能工具，用来表达基于内容的情感及传递关系，用于社交媒体中的关系维护、自我表现或是简单的信息回应[④]。点赞行为背后最直接的动机便是对内容的喜欢和赞赏，这个动作赋予用户对内心感受最简单、最直接的一种表达方式，即便是面对陌生人创作的内容，点赞按钮也极大降低了用户之间的社交门槛。值得注意的是，点赞是维护社会关系

① LOVINK G. Networks without a cause: a critique of social media[M]. Cambridge: Polity, 2011:40.

② [英]尼古拉斯·盖恩，戴维·比尔. 新媒介：关键概念[M]. 刘君，周竞男，译. 上海：复旦大学出版社，2015:83.

③ MANOVICH L. The language of new media[M]. Cambridge&MA:MIT press, 2001:55-62.

④ SUMNER E M, RUGE-JONES L, ALCORN D. A functional approach to the facebook like button: an exploration of meaning, interpersonal functionality, and potential alternative response buttons[J]. New Media & Society, 2018, 20(4): 1451-1469.

的表现[①],点赞这个行为既表明了关注——"我看到了这个帖子",又表达了支持——"我支持你的观点""我喜欢你的内容"。

(三)移动社交

如果说社交媒体的出现浓缩了人与人交往的空间,使相隔遥远的人都能取得联系,那么移动技术的发展则变更了人际交往的时间感知。其实在传统互联网媒体时代,人与人之间的即时通信(Instant Messaging)已经可以实现,电子邮件可以实时收发,MSN、QQ等即时通信软件更是获得了全球范围内的大量用户。但移动技术和智能设备的普及将利用媒体进行的社交行为与人体的关系进一步拉近,移动技术将人从机器位置的固定中脱离出来,智能设备可以随身携带,实现不论何时、不论在哪里都可以保持联系,社交行为与人体自身形成一种伴随状态。

移动性可以以不同的方式被概念化,例如用户的移动、设备的移动或是某个运营商提供的服务的移动等,但这些移动性都表示了事物在空间和时间中某种方式的运动[②]。在人类社会的发展过程中,媒体推动了各种形式的移动性,从物理移动到富有想象力的旅行和虚拟的迁移[③],以手机为代表的智能媒体在更小的屏幕上凝聚了更丰富的功能,使人们既可以实现人与人的实时沟通,又可以足不出户实现意识层面的虚拟移动,媒体的移动性给人的社会交往提供了前所未有的便捷条件。

由于移动技术对社会生活的影响力,当下所有社交性质的媒体都开发了手机应用,其中包括两类,一类是原来基于电脑端的网站通过手机应用变得移动化,如Facebook,微博、YouTube等;另一类是诞生于移动互联网环境,如Instagram、抖音等应用。直接在移动端运行的社交媒体明显更具视觉化特征,可以说,媒体发展的趋势导致社交媒体的移动化,而移动社交行为直接导致社交媒体空间视觉文化的盛行。媒体的移动性使社交常态化,只要个体有意愿,可以随时接入社交媒体并处于交流状态。移动设备和社交应用的全球普及不仅使分散在世界各地的个体能够同时保持连接状态,而且即便个体的物理位置发生移动,仍然可以随时随地处于网络之中,从这个意义上讲,个体层面的跨文化传播很有可能在无意识状态下进行。

三、共同在场:社交媒体中的关系建构

面临社会的个体化进程,每个个体在获得较高自由度的同时,也在丧失传统社会团体赋予的"共在性",体会到"在场性"和归属感的缺失。社交媒体的蓬勃发展为个体提供了一个在线关系建构的场所,一定程度上削减了个体的流离感,为个体提供"共同在场"(co-presence)的机会。互联网大幅度提升了吉登斯所谓人类社会的"时-空延伸水平",将"现场卷入(共同在场的环境)与跨距离的互动(在场和缺场的连接)"[④]之间的联系带入一个新的纪

① LEVORDASHKA A, UTZ S, AMBROS R. What's in a like? motivations for pressing the like button[C].Tenth International AAAI Conference on Web and Social Media. 2016.

② COOPER G. The mutable mobile: social theory in the wireless world[M]. BROWN, B. & GREEN, N.(EDS.).Wireless world: social and interactional aspects of the mobile age[M]London: Springer, 2002: 19-31.

③ PURNIMA MANKEKAR. Media and mobility in a transnational world[A]. DAVID HESMONDHALGH AND JASON TOYNBEE(EDS). The media and social theory[C], Abingdon: Routledge, 2008: 146.

④ [英]安东尼·吉登斯. 现代性的后果[M]. 田禾,译. 南京:译林出版社,2011:56.

元。从这个角度讲，社交媒体确实很好地体现了麦克卢汉所说的“人的延伸”，克雷格·卡尔霍恩（Craig Calhoun）认为互联网具备了韦伯提到的时空分散社区的灵活性、多重性和超越性，社区对韦伯而言，只不过是一系列具有某些共同身份并可能带有一点儿情感热情的个人关系而已[①]。

互联网提供了一个共同在场的交流平台，并为跨距离的互动创造了多种方式——从论坛到 SNS 网站，从即时通信软件的文字聊天到移动应用的实时音视频，社交网络将社会的时空延伸发挥到目力所及的极致，人与人之间的关系建构也随着时空延伸呈现脱域机制之下的新形态。卡尔霍恩认为，社区生活可以理解为人们生活在密集、多元和相对自治的社会关系网络中[②]，所以，互联网传播空间被称作虚拟社区（virtual community），正是说明了人际关系网络的跨时空集结。

社交网络为个体间互动提供了所需的特定时空环境，即情境。情境包括互动发生的物质环境，也包括语言、符号、持续时间、参与规模等其他环境特质。例如，微信一对一的交流是一个特定情境，微信群是另一个情境；同样，微信朋友圈与微博的情境也不相同。个体在不同情境中会使用不同的语言和符号，也会呈现出不同的自我形象，不同情境中的个体聚集也表现出不同的特点。有的聚集关系紧密，有的聚集关系稀疏，有的聚集转瞬即逝，有的能以较稳定的形式维持较长时间。通过在不同情境中与他人共同在场的互动，并恰当地运用不同的交往策略，个体在社交网络建构出多层次的社会关系。

除了共同在场的参与性，个体在网络空间建构社会关系的一个突出体现便是结成形形色色的社群。社交网络中的社群具有自反性特征，是个体一定程度上脱离了传统结构并再次嵌入媒介环境的结果。现代性发展确实使相对于结构的社会行动者的能动作用日益增长，尽管社会结构确实有所倒退，现代社会赋予个体更大的活动范围，但正如拉什所言，这种“自由的”、有感知能力的能动作用拥有新的结构条件，现代性发展到后工业社会，倒退的社会结构在很大程度上正在被信息和交流结构（information and communication structures）所取代[③]。在信息和交流结构中，信息处理的方式重构了文化和信息产品的再生产，将个体置于新的社会环境中，赋予个体新的生活机遇。

拉什强调社群的“共享意义”问题，在获得意义过程中表现在共享的背景习俗、共享意义和共享的日常活动中的集体性构成了新的文化社群[④]。基于社交媒体的使用而形成的网络社群一般具有以下几个特征：第一，互联网空间的社群并不是个体与生俱来便投入其中的，而是后天经过自身选择加入的；第二，这些社群具有较强的流动性，它们存在于一个抽象的空间中，而且并不局限于某一个固定的时空范围；第三，与传统社会的社群相比，网络社群更加有意识地进行象征意义和符号生产与互动；第四，较之传统社群，网络社群的文化生产传播与当代流行文化关系更为密切。

① CALHOUN C. Community without propinquity revisited: communications technology and the transformation of the urban public sphere[J]. Sociological inquiry, 1998, 68(3): 373-397.

② CALHOUN C. Community without propinquity revisited: communications technology and the transformation of the urban public sphere[J]. Sociological inquiry, 1998, 68(3): 373-397.

③ [德]乌尔里希·贝克，[英]安东尼·吉登斯，斯科特·拉什. 自反性现代化：现代社会秩序中的政治、传统与美学[M]. 赵文书，译. 北京：商务印书馆，2014：140.

④ [德]乌尔里希·贝克，[英]安东尼·吉登斯，斯科特·拉什. 自反性现代化：现代社会秩序中的政治、传统与美学[M]. 赵文书，译. 北京：商务印书馆，2014：184-202.

网络社群"共享意义"的特征使社群接近布尔迪厄的"场域"概念,共享意义是符号互动和意义生成的过程,这个过程依赖场域中个体共享的符号系统和表达规则,个体在某个场域中的互动受到该社群结成目的和传播特质的影响,而个体的表达行为及社交关系又会形塑这个场域的样貌。每个场域的边界在一定时间内是相对清晰的,但也处于变动之中。进一步讲,这些大大小小的社群又重叠形成一个个更大的场域,正如第二章所言,社交媒体空间个体间的跨文化传播活动也是在一个广阔的传播场域中进行的。

社交媒体环境影响个体的表达行为和社会关系的建构,当社交媒体的使用成为个体生活的一部分,环境的影响逐渐内化于个体,进而指导个体实践的意识倾向和日常行为,即一种惯习正在形成。当视觉文化的勃兴与社交媒体在个体生活中的套嵌相互碰撞,社交媒体呈现视觉化特征的同时,个体的在社交媒体的表达行为也日益视觉化。视觉化对个体的自我表达有哪些影响?当越来越多的社交媒体空间凸显出视觉内容的主导作用时,个体的自我表达和社会交往表现出怎样的特征?以视觉文化在社交媒体的突出表现——自拍作为切入点,笔者将在下一节展开相关论述。

第二节 自我图像化——自拍与社交媒体形象的建构

进入 web2.0 时代以来,社交媒体空间的信息传播成为个人形象的组成部分,在视觉表征手段日趋丰富的时代,影像成为构建自身形象最为便捷和直观的表达方式,围绕个人形象展开的社交互动也变得频繁。以影像建构自身形象可以分为自拍及对生活的展现,本节选取 Instagram 平台用户分享的自拍照作为研究素材,在社会符号学视角下,对用户发布的图片、文字等信息进行多模态分析,以寻求视觉文化时代用户自身形象建构的全球性趋势。

一、日常生活中的影像分享

从胶片相机到数码相机,从机身厚重的专业相机到烟盒大小的卡片相机,再到如今,手机的摄影功能越来越强大,摄影技术的发展史,也是一部摄影从精英统治的艺术向大众日常生活实践转化的历史。摄影设备的大众化使影像从极少数人能够拥有的肖像留存特权转变为生活片段的记忆承载,同时使影像生产过程变得便捷,"快照"(snapshot)一词被用来形容大众化摄影。快照产生于休闲时间,拍摄地点大多在住所,而且照片中的人以家人为主[①],也就是说,传统媒体时代的影像分享是以家庭为单位的。影像分享逐渐成为与家庭的社会交往有关的生活实践,影像分享伴随着影像拍摄时的故事讲述,成为与他人交往的话题来源,并能通过影像中呈现的生活内容分享,拉近彼此的情感距离。

有趣的是,致力于摄影技术更新并推出第一款平价相机的柯达公司于 2012 年申请破产保护,许多人把这个业界巨头的陨落归咎于互联网时代数字化的侵袭,这从一个侧面证明了现代技术的自反性。但像柯达一样的科技公司被时代抛弃的原因,并非集中于掌握的技术是否足够先进,而是困于对使用技术的大众生活方式变更缺乏理解。正因为对家庭分享照片记忆这种行为的肯定,柯达固执地相信消费者一定会把照片打印出来,从而忽略了影像分

① SARVAS R., FROHLICH D M. From snapshots to social media: the changing picture of domestic photography[M]. London: Springer, 2011:48.

享已经进入社交媒体时代。无论是存储还是分享，影像记录生活的内容属性和与他人分享的社交属性并没有改变，只是承载这一切的媒介环境发生了巨大变化，媒介形态和环境的转变直接改变了以影像为中介的社交行为。

社交网络强化了人们的影像分享体验。进入 web2.0 时代，在论坛、博客分享影像便已成为网民日常生活的一部分，SNS 网站出现后，网络相册更是承担了大量的生活记录和分享互动功能，借助同时期数字摄影的发展，照片共享的实践已从物理图像转换为在线图像，照片共享的实践几乎完全在网上进行。由于在线分享降低了打印照片所需的成本，照片共享作为一种社会实践方式，不仅变得轻巧，而且愈发频繁。不仅如此，由于在线图像的分享不受空间的限制，以照片分享开展的社会交往得以扩大范围。Facebook、人人网等社交网站的在线相册都可以由用户选择是私密还是公开，公开的程度选择好友范围还是所有人可见，照片一旦选择公开，就具备了社交属性，所有看到照片的人都可以发表评论参与互动。

照片的分享范围可以选择，这已成为几乎所有影像类社交媒体的基本功能，这项功能的表面作用是让用户决定网络相册发挥存储或是分享的功用，其更进一步的作用是通过照片的公开程度来决定自我的暴露程度。用户可以选择公开自己认为满意的照片，也可以设置照片公开的时间，比如先设置公开，有新的照片上传后，把旧的设为私密。这些举动背后让照片分享的举动更具备社交环节的设计，而社交网站也在不断丰富照片的社交功能设计，例如，Facebook 相册可以由用户设置照片大小，突出更想吸引他人注意的图片；用户还可以选择"加亮"（highlight）功能使相册中的某些照片得到优先显示。编辑网络相册时基于与他人互动关系的各种考量和设计，使社交属性渐渐内化于图像在线分享行为。

摄影手机和智能移动设备极大地促进了影像的在线分享行为。摄影手机将"具有摄影价值"的事物的定义从"特殊的、经久的"变为"通常的、短暂的、普通的"[①]，手机本来作为通信工具具有移动性和伴随性，其摄影功能的壮大使人们的日常摄影不需要携带专门的摄影设备，真正实现了随时随地拍摄影像。易于使用的成像技术鼓励人们以摄影的方式观看世界和记录生活，并在通信网络的覆盖下实现影像的实时上传和分享，这从根本上改变了视觉内容与日常生活之间的关系，网络空间的交流伴随着手机镜头像素的提高，日益视觉化了。

可以说，移动性、高清像素以及随时联网的综合技术普及对于影像分享行为的影响是革命性的。提供在线图片和视频分享的移动应用 Instagram 于 2010 年登陆苹果应用商店之后就迅速受到欢迎，一年之后用户便突破 1000 万。2012 年，Facebook 以 10 亿美元的价格收购 Instagram，双方实现移动化和规模化发展的诉求。截至 2018 年 6 月 20 日，Instagram 的全球月活跃用户超过 10 亿，成为炙手可热的移动图像社交应用。Instagram 引领了一种社交媒体的发展风潮：视觉内容成为在线交流的主要素材，其作用甚至有替代文字之势。国内的微博、微信朋友圈等大型社交媒体都为用户提供发表图片和视频的功能，图像社交平台鼓励用户首先上传影像，而非文字。

有学者研究指出，由于智能设备的移动性与图像分享的直观性，Instagram 的使用增强

① VAN HOUSE N，DAVIS M，AMES M，ET AL. The uses of personal networked digital imaging：an empirical study of cameraphone photos and sharing[C].CHI'05 extended abstracts on human factors in computing systems. ACM，2005：1853-1856.

了人们对物理环境的感知，并促使人们与周围环境建立联系[①]。不仅如此，Instagram 使利用图像进行社交所需的时间成本和专业门槛进一步降低，用户只需要打开社交应用，多种功能被集合于一个应用中，拍摄、编辑、分享、讨论都可以一气呵成。随着移动设备摄影功能和存储容量的进一步提升，人们记录和分享生活的形式不再满足于照片，视频拍摄分享应用应运而生。Snapchat、Vine、快手、抖音等视频社交应用迅速受到人们的欢迎，视频所包含的内容更丰富和立体，一时间成为最受大众欢迎的生活记录形式，如今，影像类社交应用在人们的社交行为中已占据支配地位。

智能移动设备和视觉类社交应用为人们分享影像建立了新的实践模式，用视觉化内容开展社交促使人们从视觉上思考生活中的人、事件和环境[②]。影像的分享不仅简易、直观，而且更容易吸引他人的注意，人们就影像展开评论的热情也更加高涨。拍摄影像、加以美化、分享互动、收获赞美，良好的互动体验促使人们更加热衷于创造和传播视觉化内容，同时也更愿意接受视觉化信息。当人们用影像记录和分享生活变得越来越常见，以视觉化内容为中介的社会交往也逐渐成为一种习惯。

二、自拍照：数字时代的自画像

自拍照（selfie），被称为数字时代的自画像（self-portrait），“selfie”一词被牛津英语词典评为 2013 年度单词，这表明“自拍”已经从一个模糊的网络词语迅速发展成一个广泛传播并代表人们普遍实践行为的词[③]。自拍通常指人们利用手机或网络摄像头拍摄自我图像的行为，自手机的前置摄像头出现以来，自拍成为创造自身图像最便捷的形式，自拍照已无处不在。

截至 2019 年 11 月，全球最大社交图像共享平台 Instagram 上以“#selfie”和“#me”为主题标签的图片和视频已分别超过 4 亿，打上其他代表自我的主题标签（如 myself、I 等）以及没有主题标签的自拍照更是不计其数。根据卫报记者伊丽莎白·戴（Elizabeth Day）的说法，在社交媒体最早被打上#selfie 主题标签的自拍照于 2004 年出现在图片共享网站 Flickr 上，但直到 2010 年 10 月，基于手机客户端的图像社交应用 Instagram 发布，即时性的图片分享才成为移动社交的全球潮流。Instagram 是一款多合一功能的手机应用，用户可以在几秒钟内完成图片的拍摄、处理和上传，拥有丰富的滤镜和主题标签，这些功能为用户自定义形象提供了无限的可能性。同时，Instagram 具备极强的社交属性，用户不仅可以上传影像，还可以围绕影像展开点赞和评论等互动行为。

事实上，对自我形象进行展现不是一个新的命题，传统绘画艺术中便留有大量的画家自画像作品。摄影技术出现以来，现代图像化技术更是将技术化的自我展现推至极限。艾美利亚·琼斯将在视觉与表演艺术背景下表现自我的行为定义为自我图像化，即“以各种再现

① SERAFINELLI E, VILLI M. Mobile mediated visualities an empirical study of visual practices on instagram[J]. Digital Culture & Society, 2017, 3(2): 165-182.

② SERAFINELLI E, VILLI M. Mobile mediated visualities an empirical study of visual practices on instagram[J]. Digital Culture & Society, 2017, 3(2): 165-182.

③ TIIDENBERG K. Boundaries and conflict in a NSFW community on tumblr: the meanings and uses of selfies[J]. New Media & Society, 2016, 18(8): 1563-1578.

技术或者通过各种再现技术来进行自我的表现。”[①]1839年，罗伯特·柯尼利厄斯（Robert Cornelius）拍摄了一张自己的照片，被认为是人类摄影史上第一张自拍照，此后，许多艺术家利用摄影技术不断尝试在镜头中呈现自我，比较著名的还有安迪·沃霍尔在20世纪七八十年代的一系列摄影作品。安迪·沃霍尔利用宝丽来拍立得相机快捷捕捉自我肖像，并常常通过化妆和变装等方式强化自身形象的视觉表达，这种直白的暴露和浮华的修饰具有浓烈的后现代色彩，他的一系列摄影实验拉近了艺术与大众的距离，并使得自我图像具备可挖掘的商业价值。

人对自我形象的呈现是主体性意识凸显的表现，这个“主体客体化”的创造性过程不论在传统绘画时代还是摄影发明初期都是艺术家的特权，直到数码相机的出现，才推动这种将自我主体利用视觉再现技术客体化呈现的方式真正走向大众。正如前文所言，拍摄照片并实时分享至社交网络成为人们生活中的常见举动，这不仅使自我图像化跳出艺术藩篱从而摆脱了神秘色彩，而且使人们越来越注重自我形象在社交网络中的呈现状态。同时，不断更新的图像处理技术也在为人们拍摄并美化自身形象提供支持，过去摄影师通过选择角度、布置光源等专业技术和设备提升人物在镜头中的表现形态，如今，普通用户可以通过社交平台自带的图像美化功能快速修改自己拍摄的照片。

一旦在社交媒体的自我图像化变成习惯，人们便更加注重自身的数字图像，甚至有可能减少社交媒体中的非视觉化表达。梅钦和凡·李文（David Machin and Theo van Leeuwen）曾指出，人们可以通过生活方式的自我展示识别生活方式和品位的共同社群，这会造成视觉的重要性在全球媒体中增长，而语言的重要性会降低[②]。麦克卢汉曾借用希腊神话中那喀索斯倒影自恋的例子说明，“人们对自己在任何材料中的延伸会立即产生迷恋”[③]，自拍照中滤镜（filter）功能的使用使人们有机会通过自我图像化而变得更美，从而对自身形象更加着迷。由于技术赋予在线自我形象变美的可能，人们可能会更加沉醉于建构趋于完美的在线形象，从而与现实生活中的自我形象相分离。

通过凝视社交网络中的自我形象，人们可能从现实压力或个人焦虑中得到短暂的缓解——以脱离现实的方式[④]，也就是说，自我主体性在拍摄和美化自拍照的过程中被放大并获得了满足。自拍技术的掌握确实赋予个体更多拍摄、美化和展示自我视觉形象的机会，麦克卢汉说“任何发明或技术都是人体的延伸或自我截除”[⑤]，新的技术作为人身体的延伸，不仅赋予个体新的传播手段，而且会影响人对自我及生活场域的感知。技术的普遍使用确实在自拍现象的兴起中扮演了重要的角色，但自拍不仅是视觉技术发展的后果，更是受到文化环境影响的社会实践行为，自拍可以作为个体表达自己、寻求关注乃至融入社群的一种方式。自拍照捕捉到个体自我形象的某个瞬间，其显示的只是自我形象的一个侧面，并非一个人立体形象的展现，那么自拍照表现什么、隐藏什么以及如何表现等问题便十分值得探究。

一方面，视觉技术和画面表现方式很大程度上在世界范围内通用，在互联网空间，个体获取的图像拍摄和美化手段趋于相似；另一方面，视觉化的自我形象建构和自我表达方式可

① ［美］艾美利亚·琼斯. 自我与图像［M］. 刘凡，谷光曙，译. 南京：江苏美术出版社，2013：13.
② MACHIN D，VAN LEEUWEN T. Global media discourse：a critical introduction［M］. London：Routledge，2007：170.
③ ［加］马歇尔·麦克卢汉. 理解媒介：论人的延伸（增订评注本）［M］. 何道宽，译. 南京：译林出版社，2011：58.
④ WENDT B. The allure of the selfie：instagram and the new self-portrait［M］. Amsterdam：Institute of Network Cultures，2014.
⑤ ［加］马歇尔·麦克卢汉. 理解媒介：论人的延伸（增订评注本）［M］. 何道宽，译. 南京：译林出版社，2011：61.

能会带来社交媒体中语言文字使用的缩减,从而推动社交媒体空间以影像为主的多模态符号混杂化表达。另外,影像类社交平台出于商业传播目的也会引导用户尽量少地使用文字符号[①],用户在不知不觉中可能会形成带有平台特色的自我表达风格,也就是说,技术应用和媒体特征可能会导致社交媒体空间的自我图像化表征方式趋于一致。

那么,个体如何通过自拍照片展现自己形象,又是如何围绕自拍与他人展开互动,就需要我们进行话语层面的微观分析。如果个体拍摄、美化和分享自拍照的方式和偏好受到文化环境的影响,不同文化背景的个体通过全球流通的图像建构自身形象的方式会呈现出区别吗？全球化时代,社交媒体空间的自拍照分享会呈现出全球化特征吗？为了回答以上问题,本书对在 Instagram 平台随机截取的自拍图像进行了多模态话语分析。

三、社交媒体的自拍分享:语言与符号的多元化

(一)Instagram 平台表达——以图片为主的多模态特征

正如绪论所提到的,模态(mode)区别于媒介(medium),是指“可对比和对立的符号系统”。人们在获取信息和日常交往中都离不开多模态,例如,人与人面对面交流时的声音、表情、手势等表达方式同时出现,便已经使用了多模态符号。不同的媒介形态所承载的模态是有所不同的,广播承载声音符号,纸媒承载图像和文字符号,而电视已经是一个集文字、影像和声音于一体的多模态传播环境。互联网整合了之前所有媒介的传播功能,网络环境延续了媒介话语的多模态特征,更重要的是,由于新的媒介形态层出不穷,网络环境信息传播的多模态呈现极强的流动性。

从博客到微博,从 SNS 网站到移动端的图像社交平台,互联网空间保持多模态系统的同时,正在从传统互联网时期对文字符号的偏倚转向图像偏倚,同为视觉化模态,近年短视频又成为新的流行。“所有模态具有表达意义的潜势”[②],受到技术和文化发展的双重推动作用,不同传播背景下的群体信息传受的需求及意义生产的方式均发生改变,服务于其意义的生产与传递目的,新的模态在信息传播与文化互动中被不断创造,集图像与文字于一体的表情包就是流动性多模态的一个例证。

具体到 Instagram 社交平台,自我表达的多模态化成为常态的同时,又体现出影像类社交媒体的独特属性, Instagram 平台的表达模式已经蔓延全球。可以说, Instagram 的平台符号系统设置便是以影像(特别是静态的图片)占据主导地位的。无论是移动应用还是电脑网页, Instagram 的主页浏览页面还是个人主页,图片都占据屏幕的大幅比例,用户在浏览应用页面时会首先被图像吸引目光,其次才是文字。浏览个人页面时,除了简要的个人信息和互动提示,几乎没有文字出现,用户想要看到图像发布时的描述文字或是与图像发布者都需要再次点击操作。这样的界面设置,凸显了图像类社交平台视觉优先的媒介接触特征,用户在使用社交媒体的时候,也会形成图像为主的信息传受习惯。

在 Instagram 上分享图片时,用户的自我表达呈现图像、描述性文字、主题标签、图标符号等多模态混杂特征。由于平台主要目的是图像分享,所以用户在平台分享生活时会自然而然地更加偏重视觉化内容。带有分享目的的图像捕捉有助于增强人对生活的观察和感

① VEUM A, UNDRUM L V M. The selfie as a global discourse[J]. Discourse & Society, 2018, 29(1): 86-103.

② 胡壮麟. 社会符号学研究中的多模态化[J]. 语言教学与研究,2007(1):1-10.

知，而这种感知无疑是潜在性视觉性的，如前文所指出的那样，图片分享内化为社交媒体用户的一种惯习，这种惯习促使人带有“镜头感”地观察和记录生活，而这种记录并不需要详尽的文字描述。

（二）自拍作为表达的多模态化

Instagram 上发布自拍照的常见表达模式是：照片+文字描述+表情符号+主题标签。用户在发布自拍照片的同时，常常会配上简短的文字描述，有的文字可以视作图片的标题，因为是对图片内容的总结概括；但社交媒体上与图片同时发布的文字描述并不一定与图片内容有直接对应关系。由于自拍照的主体是人物自身的形象，而文字往往并不是对自身形象本身的描述。例如，某发布者的照片是典型的利用手机前置摄像头对身体胸部以上的自拍，人物形象占据画面绝大部分比例，除自拍照外，发布者还在上传自拍照时同时添加了以下描述：

“If you need a little sunshine you can borrow some of mine ☀ ❤
#yeg#yeggers#loveyourself#photooftheday#selfie”

配文“如果你需要一点儿阳光，你可以从我这儿借一些”，使用“你”作为主语，文字并非对自拍照画面内容的直接描述，而是借助自拍照与观看者沟通。这句话与微笑的自拍照相互映射，再配上“太阳”的符号表情，发布者既表明了自己是一个阳光开朗的人，而且愿意与观者互动，是个慷慨的人。符号表情（emoji）也是 Instagram 平台最为常见的文字替代符号，正如上述发布者使用的“太阳”与“红心”符号一样，符号表情既可以表示发布者自身的状态或情绪，也可以表达对观者的感情。在社交媒体的人际互动中，人们使用符号表情来减少编辑内容的时间，符号表情以更直观的方式表达自身的感受，同时减少文字描述可能带来的歧义。

另外，Instagram 上的典型自拍表达，还显示了 Instagram 平台多模态符号系统的重要组成元素——主题标签（hashtag）。主题标签是在社交媒体使用的一种元数据标签，它允许用户应用动态的、用户生成的标签，从而使其他人可以通过标签轻松地找到标注特定主题或内容的消息①。主题标签最早始于社交媒体 Twitter，目前，多个社交媒体平台都设定通过将“#”放在词语前（或前后）作为主题标签，如上文所说，在 Instagram 搜索“#selfie”会得到超过 4 亿个照片内容。主题标签逐渐成为社交媒体的主要符号内容后，其使用也愈发灵活多样。主题标签可以标示图片内容、发布者身份、发布者状态、时间、地点、平台风格等等内容，多个标签同时使用已经成为 Instagram 图片分享时的流行做法。

图片+文字描述+符号表情+主题标签成为社交媒体通用的多模态表达方式，这个特征并不仅仅出现在图像类社交媒体中，多模态的表达方式已经成为社交媒体的通行模式。即便文字描述在这种表达方式中已经不是主导符号，社交媒体的视觉化表达趋势并未停止于此，Instagram 上的许多自拍照没有文字描述，只有符号表情或主题标签。这说明，既然自拍照的分享不一定是叙述性的，自拍照只代表一种状态或情绪，那么这种状态的表述便不一定需要文字。没有详细文字描述的图片模糊了叙事的指向性，可以适用于多种不同的情境，表达多样的主题。自拍照也不例外，同样是一张面部特写的微笑照片，可以打上多个内容不同的主题标签。

① WIKIPEDIA. Hashtag[EB/OL]. https://en.wikipedia.org/wiki/Hashtag.

自拍照的构图方式符合克雷斯和凡·李文（Kress and van Leeuwen）提到的“去语境化”（decontextualisation）特征，去语境化是指将图像从通常的上下文当中抽离出来，从而发现在模糊相关语境背景之后，来源非常不同的图像之间具有意外的视觉相似性。通过去语境化、抽象化的呈现，被表征的内容成为普通的“典型例子”（typical example），而不是特定的、与特定的时间地点相联系的具体事物①，他们进而指出，去语境化是抽象编码取向（abstract coding orientation）的标志之一。生产图像时的抽象编码取向是指图像的有效性不在于它们与可见现实的相似性，而在于它们是否符合所描绘事物的本质或一般性质。梅钦和凡·李文指出全球化加剧了媒体图像的去语境化趋势，网络图片的一个特征便是没有背景要么模糊不清，要么被完全消除，这使得图片可以适应更多的语境，并获得一种概念感（conceptual feel）②。

自拍照是一种去语境化的自我表达，不代表自拍照的分享是去语境的，恰恰因为图片本身呈现去语境的特征，使图片可以嵌入多种语境，因此，对自拍照分享环境的多模态分析才更显必要。视觉化表达是全球化时代媒体话语体系的重要组成部分，其中，自拍照已经成为当代社交媒体不可忽视的文化景观，对自拍照的分析，要兼顾自拍照本身的图像性质和承载自拍照的平台语境。本章接下来的几个小节，笔者将在社会符号学视角下对自拍照及其发布语境展开多模态话语分析。

第三节　全球性的去语境化：自拍照的再现偏向

一、图像分析的视觉框架

系统功能语言学派的语言学家韩礼德（M.A.K.Halliday）认为语言是一种依于语境的社会符号系统，语言主要有概念功能、人际功能和语篇功能三大功能。比照韩礼德提出的语言的三种功能，克雷斯和凡·李文建立了分析图像的视觉语法，以说明视觉性资源如何通过视觉元素的空间配置形成意义的表达和传递。他们将图像的意义构成系统分为意义的再现功能、互动功能和构成功能，其中，再现功能是指对人类所经历世界的各个方面的再现，还要再现意义建构的参与者及过程以及它们之间的关系。

互动功能是指图像的生产者对观看者的观看导向以及他们之间的社会关系，通过接触、社会距离、权势关系等方面体现意义。构图功能是指图像中各视觉元素不同的构成关系可以实现不同的文本含义，构成功能特别适于分析图像和文本的构成关系，更改图文布局将改变图像与文字之间的关系以及图文的整体含义。事实上，克雷斯和凡·李文的视觉语法分析是带有强烈的多模态分析视角的，所以他们的图像解读方法常被用来分析图像与文字的二元构成关系。在后续出版的著作《多模态话语：当代传播方式与媒介》中，他们指出，对图像的分析还是站在单模学科的领域里，因此，需要提出一套针对所有符号模态的当代符号学实践理论，并强调，在给定的社会文化领域内，“相同”的意义往往可以用不同的符号模式来表

① KRESS G，VAN LEEUWEN T. Reading images：the grammar of visual design（2nd ed.）[M]. London：Routledge，2006：161.

② MACHIN D，VAN LEEUWEN T. Global media discourse：a critical introduction[M]. London：Routledge，2007：152.

达，多模态符号也可以通过编辑整合在一起①。

借鉴克雷斯和凡·李文的图像分析及多模态话语分析框架，结合其他学者对自拍的多模态分析②，本书对 Instagram 平台的自拍照分析主要分为视觉模态及非视觉模态，视觉模态指自拍照，非视觉模态则包括文字描述、符号表情及主题标签，符号表情虽在广义上也属于图像，但因其与文字一同发表且与自拍照相互独立，所以把符号表情归于文字模态，并与文字一同分析。对自拍照的主要分析框架如表 3.1。

表 3.1　自拍照的多模态话语分析框架

意义功能模态	再现意义	互动意义	构成意义
视觉模态（自拍照图像）	语境化/去语境化 叙述性/概念性	接触（是否凝视） 社会距离（取景） 权势关系（角度）	表情等元素 人物数量
非视觉模态（文字描述、符号表情、主题标签）	语种、词汇等	标签内容	符号种类和数量
	多种符号的语篇综合分析		

本书对 Instagram 平台的自拍照分析通过以下步骤展开：

（1）使用“#selfie”标签在 Instagram 上进行搜索，随机截取和保存出现的前 220 幅自拍照及其语言表达；

（2）对收集的自拍照表达按照自拍者性别、取景类别、镜头角度、画面构成、符号种类等维度进行整理、编码和归类；

（3）对整理后的图像及自拍照表达的话语特征进行分析，侧重于分析自拍照图像特征、自拍照表达的社交属性以及全球化视角下的自拍表达特征。

需要进行几点说明：第一，发表自拍照是 Instagram 用户最常见的行为之一，且并不是所有用户发表自拍照时都会附加“#selfie”主题标签，但研究使用标签搜索便于集中锁定研究对象，使图像搜集具有更强的随机性和开放性。第二，在用户带有“#selfie”标签的分享中，并不是所有照片都是真正意义上的自拍照，有些图像并非人像自拍，发布者却出于各种原因打上了自拍标签，因此，在按时间顺序随机截取图像时，笔者去掉了没有人物的图像。第三，本研究对图像进行逐个归类编码，除图像外，对每幅自拍照发表时其他模态符号的分析局限于类型分析，受到语言限制，只对使用中文、英文及韩文表达的个案进行重点分析。

二、自拍照发布者的性别倾向

对 220 幅自拍照图像进行分析，发现有 164 个自拍者都是女性，占所有图像的 74.5%（如图 3.1）。由此看来，女性，尤其是年轻女性，是 Instagram 平台发布自拍照的主要群

① KRESS G，LEEUWEN T V. Multimodal discourse：the modes and media of contemporary communication[M]. London：Arnold，2001：1-2.

② 参见 VEUM A，UNDRUM L V M. The selfie as a global discourse[J]. Discourse & Society，2018，29（1）：86-103.HIGHFIELD T，LEAVER T. Instagrammatics and digital methods：studying visual social media，from selfies and GIFs to memes and emoji[J]. Communication research and practice，2016，2（1）：47-62. ZAPPAVIGNA M. Social media photography：construing subjectivity in Instagram images[J]. Visual Communication，2016，15（3）：271-292. MACKEN-HORARIK M. Interacting with the multimodal text：reflections on image and verbiage in art express[J]. Visual communication，2004，3（1）：5-26.

体——这大体符合我们的日常感知，无论是微信朋友圈还是微博，自拍发布者中女性数量要明显多于男性。尽管从图像中无法识别自拍者的具体年龄，但可以分辨出自拍者大都是中青年女性，年龄集中在十几岁至三十多岁。

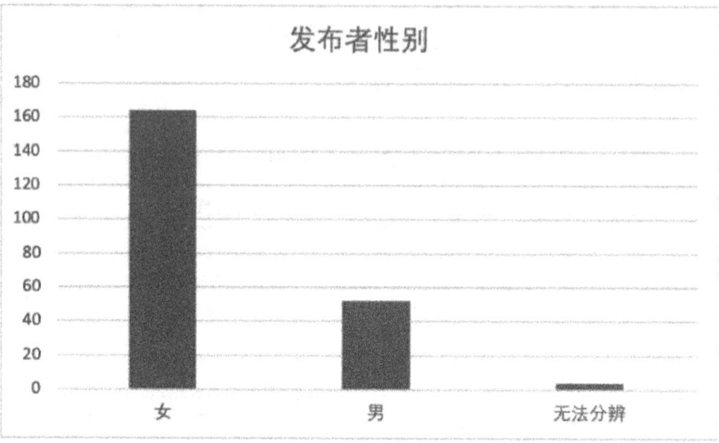

图 3.1 Instagram 自拍发布者性别比例

社交媒体的自我表达行为常常被与自恋心理联系起来解读，自恋者并不专注于人际关系的亲密、温暖或其他积极的长期关系结果，但他们善于快速建立关系，并在短期内看起来很受欢迎[①]，社交媒体的开放环境显然给予自恋者更多表达机会。自恋者不仅可以利用社交媒体发展浅层社交关系，而且对网络空间的自我呈现具有完全的控制权。自拍显然是展现自我形象的有力手段，自拍流行之后，对自拍者自恋心理的批判便不绝于耳，对社交媒体自拍行为的早期研究也大多批判自拍行为的自恋属性，自拍被称为“现代流行病”，有媒体甚至指出自拍是自恋型人格障碍（NPD）的体现[②]，从而将自拍行为妖魔化。

然而，从自拍与自恋的关系出发来解释为何女性比男性更热衷自拍，显然缺乏说服力。没有证据证明女性比男性普遍自恋，甚至有研究指出男性比女性的自恋水平更高[③]。事实上，Instagram 平台的自拍照比例并不能说明女性更爱自拍行为本身，而只能说明女性更爱分享自拍，曼诺维奇和米尔佐夫以及此后的许多研究都反复证明，将自拍照分享到社交网络的女性数量明显多于男性。笔者认为，从文化层面讲，这是一种重视呈现女性美的文化结果。米尔佐夫借用社会学家本·阿格尔（Ben Agger）的观点说明，“自拍就是男性目光病毒式蔓延的产物”，女性装扮一半是为了向同性展示，一半是为了向异性展示，这点同样也适用于自拍[④]。无论是东方还是西方，对于从各个角度、以各种方式展现女性之美的行为都没有任何负担，女性自身也已经习惯这种文化传统，相较于男性更乐于展现自我。

有学者认为自拍赋予女性更多的表达自由，女性通过自拍展现自身形象是一种文化意

① BUFFARDI L E，CAMPBELL W K. Narcissism and social networking web sites[J]. Personality and Social Psychology Bulletin，2008，34(10)：1303-1314.

② SOCIAL MEDIA TODAY. How to spot a narcissist on social media[EB/OL].(2016-11-26)[2021-04-15]. https://www.socialmediatoday.com/social-networks/how-spot-narcissist-social-media.

③ GRIJALVA E，NEWMAN D A，TAY L，ET AL. Gender differences in narcissism：a meta-analytic review[J]. Psychological bulletin，2015，141(2)：261.

④ [英]尼古拉斯·米尔佐夫. 如何观看世界[M]. 徐达艳，译. 上海：上海文艺出版社，2017：39.

义上的解放，昭示着女性自身身体意识的觉醒[①]。年轻女性主动拍摄、美化并分享自己的照片，这种有意识展现自己身体的行为，打破了传统父权社会男性对女性形象描述的特权。女性对自身形象的拍摄和分享借助技术和媒介的发展成为日常，使女性的主体意识得到强化和凸显。

笔者认为，以 Instagram 为代表的社交媒体空间女性自拍照数量占主体的原因是多元的。一方面，是影像技术和智能设备的发展赋予每个个体更强的表达自主权；另一方面，女性自拍照的拍摄及分享仍受到多重文化因素影响。首先是社会文化因素，相比男性，女性对自身形象具有更强的敏感性及关注热情；展现自身形象也更容易获得关注与肯定，从而更容易实现社会交往的目的。其次，是受到资本运营及商业文化的影响，影视作品、广告以及明星的社交账号都在渲染女性自拍照的分享氛围，女性更容易模仿并建构自身形象。总之，通过观察及案例分析，年轻女性是自拍主体这一现象是全球性的，不仅如此，自拍照还表现出许多其他的共性特征。

三、概念性图像——自拍照的去语境化

上文提到，梅钦和凡·李文认为全球网络图像库中的图像具有去语境化特征，即图像突出而背景模糊，图像可以轻易从上下文中抽离出来，并没有障碍放入其他语境中。自拍照具有鲜明的去语境化特征，这一点在本次研究中也得到了验证。如图 3.2 所示，在所截取的 220 幅自拍照中，只有 39 幅可以分辨人物背景环境，从而判断自拍发生的情境；其余 181 幅都是人物占据绝大部分画面，无法判断自拍的环境。

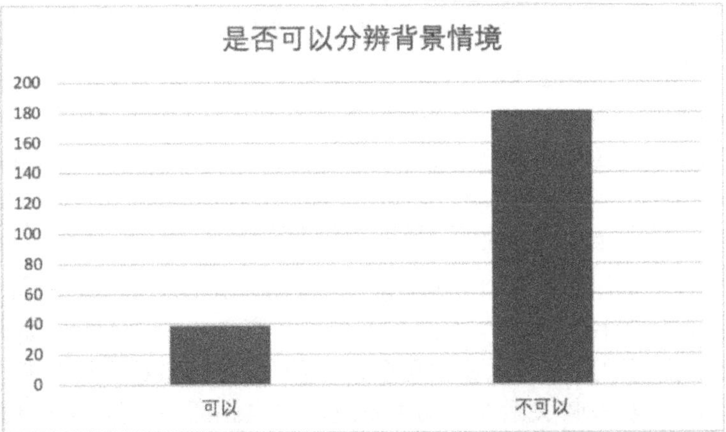

图 3.2　Instagram 自拍照可分辨背景情境比例

这里需要给出一些本次研究的界定说明：第一，对于背景明确的自拍照（如在健身房、酒吧等），认定为可以分辨背景情境；第二，对于可以看出背景环境，但没有明确叙事意义的自拍照认定为不可以分辨；第三，对于背景环境不明确，但有明显物品或品牌标识出现在主要位置，能够判断自拍照目的的图像认定为可分辨。举例来说，如果能看出自拍照在车内拍摄，但图像并没有更多叙事信息，则属于去语境化的；如果自拍照刻意展示了汽车品牌或在

① 王玮，邱鹏. 网络自拍解读[J]. 中国青年研究，2006(4)：70-72.

车内展示了其他明显信息，则不属于去语境化的照片。

分析结果是，82.3%的自拍照都是去语境化的，这个研究也符合日常对自拍照的观感预期。事实上，有些摄影理论认为，照片本身就不适合用来叙事，因为摄影的时间性是通过捕捉瞬间定格的画面显示的，时间摆脱了原来的进程而凝结在空间中[①]，所以摄影艺术的叙事性是受到质疑的。虽然图像的叙事性并未被完全否定，但与表述连续过程、直接产生“矢量”的动态影像相比，静态图像的叙事性是十分有限的。具体到自拍照，自拍照不仅都是静态的，而且人物（面部）占到画面的大幅比例，因此，我们可以说，自拍是去语境化的拍摄方式。

正因为自拍的去语境化，自拍照获得了克雷斯和凡·李文所说的“概念感”，概念感使得自拍拥有适于多语境表达的融入自由度。概念感体现在自拍当中，表现为一种状态或情绪，例如，一张面带微笑的自拍照，可以展现好心情、希望、热情等笼统的感觉。概念感的抽象意义使自拍照几乎可以配上任意文字，表达问候、展现情绪或是指向具体内容。根据对本次截取到图片的观察，即便将两幅不同自拍照的文字描述对调，整体表述也依然成立。自拍照的去语境化也极大降低了不同语言背景个体之间的沟通门槛，自拍成为不折不扣的个人视觉化名片，而接收到名片的人，甚至无须语言回应，只需要“点赞”即可。从这个意义上说，自拍为不同文化背景的个体间互动提供了直接有效的素材。

第四节　跨越时空的看与被看：自拍照的互动意义

用于表示图像中人、事、物之间的相互作用和概念关系的视觉资源之间是有互动关系的，但对于照片来说，另一种无法通过图像内视觉资源体现的互动关系是图像的生产者和观看者之间的互动。克雷斯和凡·李文将围绕图像的参与者分为两类：一类是再现参与者，即图像中描述的人物、地点和事物等；另一类是互动参与者，即借助图像进行交流的人——生产者和观看者。相应的，围绕图像也存在三种互动关系：再现参与者之间的关系、再现参与者与互动参与者之间的关系（互动参与者对再现参与者的态度）以及互动参与者之间的关系[②]。自拍照是一类特殊的图像，其再现参与者与生产者是高度重合的。

由于自拍照的再现参与者与生产者重合，而再现参与者（即图像内描述的事物）之间的关系较为简单，因此围绕自拍照的互动关系主要是生产者与观看者的关系。根据上文自拍照多模态话语分析框架中对互动意义的解析，本研究对自拍照互动意义的考察主要分为三个方面：接触、社会距离、权势关系。互动关系反映在自拍照中，可以通过视线接触来体现，在自拍照中，自拍者与观看者的视线接触表现为自拍者目光凝视镜头。社会距离是发生互动关系双方的空间距离，自拍者与观看者的社会距离在图像中表现为自拍者距离屏幕的空间距离，即取景构图。自拍者与观看者之间的权势关系通过自拍者选取的拍摄角度体现，平视代表自拍者与观看者之间“象征性的平等和对称关系”[③]。

① 龙迪勇. 图像叙事：空间的时间化[J]. 江西社会科学，2007(9)：39-53.

② KRESS G，VAN LEEUWEN T. Reading images：the grammar of visual design(2nd ed.)[M]. London：Routledge，2006：114.

③ VEUM A，UNDRUM L V M. The selfie as a global discourse[J]. Discourse & Society，2018，29(1)：86-103.

一、凝视：与观看者的视线接触

当图像中的人物看着观看者时，目光便传递了一种鲜明的信号。视线将画面中的再现参与者与观看者联系起来，即便是在一个虚拟的空间，以一种假想的形式，联系也已经建立。凝视作为视觉构成有两个相关功能，首先，它建构了一种具有明确地点的视觉形式，其次，它明确地指定了观看者，形成了一个视觉上的"您"①。对于自拍照，由于凝视者存在于画面内，而作为凝视者的再现参与者也是图像的生产者，通过镜头，自拍照中的被观看者也是观看者，所以自拍照中的凝视并未凸显拉康、福柯等人对凝视论述中的权力意味，而是通过镜头与屏幕建立联系。当自拍者凝视镜头，她（他）实际上是在透过镜头和屏幕看着观看者，这种互相观看与视线接触，是人际交往中的目光礼仪的体现，虽然自拍照的互动意义并非建立在面对面交流的基础上，但视线接触开辟了社交媒体的互动空间。

在 220 幅自拍照中，有 162 幅中的自拍者凝视了镜头（或屏幕），占全部自拍照的 73.6%。按照韩礼德的说法，直视镜头代表了一种"需求"：自拍者的凝视对观看者提出需求，邀请观看者进入与自拍者的某种虚拟关系②。一方面，凝视镜头或屏幕形成的虚拟视线接触使自拍者看起来更友好和真诚，另一方面，凝视镜头时往往将脸的正面展现在镜头内，形成一种面对面交流的感觉，呈现出自拍者较好的沟通状态。

虽然凝视镜头展现出自拍者更明显的关系建构意愿，但不凝视镜头并不代表自拍照不具有互动意义。没有视线接触并不意味着对互动的拒绝，笔者发现图像中的动作或表情元素同样可以表明互动邀请。由于有一定比例的自拍照是对镜自拍，为了把握拍摄角度及照片效果，自拍者视线会看向手中的屏幕，这降低了自拍者凝视观看者的比例，但互动意图可以通过表情、姿态以及分享自拍时的文字描述和主题标签来实现。有些自拍者的视线并未与观者发生接触，但其微笑的表情和健朗的姿势同样向观看者展示出友善，就观看感受而言，微笑表情与活跃姿态的互动意义甚至大于没有表情的凝视。另有一些自拍照虽然只展现了人物的侧脸，但与自拍照同时发布的表情和标签则具有非常强烈的互动含义，文字及符号的互动含义将在后文详细分析。

罗兰·巴特说，摄影像一首歌，唱来唱去不过是"您看""你看""在这儿"几句歌词③。视线、表情和姿势等图像中的指示性元素强调了图像和生产者之间的关系，而由于自拍照的再现参与者与生产者是相同的，所以自拍照不仅在说"现在，这里，看这个"，而且还在说"看我把自己展示给你看"，所以保罗·弗罗什（Paul Frosh）指出，自拍指向的是交际行为的表现，而不是自拍对象，自拍照是交际行为的痕迹④。自拍时的视线接触是社交媒体用户通过图像进行社会交往的一个典型表征，视线接触为社交媒体的互动个体建立联系。除此之外，自拍照还可以通过镜头对身体不同程度的展现来建构自我形象，从而通过调节互动时的自我暴露与社会距离实现人际交往的目的。

---

① KRESS G，VAN LEEUWEN T. Reading images：the grammar of visual design（2nd ed.）[M]. London：Routledge，2006：117.

② KRESS G，VAN LEEUWEN T. Reading images：the grammar of visual design（2nd ed.）[M]. London：Routledge，2006：118.

③ [法]罗兰·巴尔特. 明室：摄影札记[M]. 赵克非，译. 北京：中国人民大学出版社，2011：6.

④ FROSH P. The gestural image：the selfie，photography theory，and kinesthetic sociability[J]. International journal of communication，2015（9）：22.

二、接近:看与被看的社会距离

自拍照的最终图像呈现是由摄影设备的技术参数和拍摄者的身体及姿势特点共同决定的,随着分享自拍成为日常行为,拥有前置和后置摄像头成为智能手机的标准配置。根据使用摄像头的不同,我们可以将自拍分为前置摄像头自拍和对镜自拍。前置摄像头自拍是使用移动设备的前置摄像头对准身体或面部进行自拍,此时自拍者可以在手机屏幕中看到自己的图像,较为轻松地调整拍照角度和表情;但由于前置摄像头自拍受到臂长限制,多为身体或面部的局部展现。对镜自拍则是使用后置摄像头拍摄自我图像,其实是拍摄镜中自我,但由于借助镜子的反射,自拍可以有较大的自由度,从而获得身体更多部位的展现,对镜自拍照中能够清楚地看到拍照手机的存在。

对身体不同部位的展现反映出自拍者对与他人社会距离的构建,互动时人与人之间的社会距离则直接反映二者的亲密关系。人视线范围内的人物大小和人物之间的距离有关,当彼此距离近到一定程度时,我们只能看到人的面部或头部。社会距离反映在图像中,便是画面中人物的大小,即镜头取景(frame)的大小,简单可分为特写镜头、中景镜头、远景镜头等[①]。画面中人物的大小反映出拍摄者与再现参与者之间的社会距离,这个关系对应到自拍照中,其实是自拍者通过展现自己身体的大小来建构与观看者的社会距离。本研究对自拍照的特写、中景及远景镜头作如下区分:胸部以上的面部表现或身体某一部位的表现(如手、脚等)为特写镜头;露出手臂、胸部或一半身体的自拍照为中景镜头;露出全身或人物在画面中比例较小的对镜自拍为远景镜头。

对自拍照取景类型进行统计,得到结果如图 3.3。可以看出,中景是自拍照最常见的取景方式,共有 121 幅,而特写与中景镜头的自拍照一共有 191 幅,占全部自拍照的 86.8%。特写和中景取景在所有自拍照中占据绝大比例,这说明自拍者在自拍照中拟定了与观看者较为亲密的社会距离,自拍者乐于在社交媒体展现自身的开放及友善的态度。

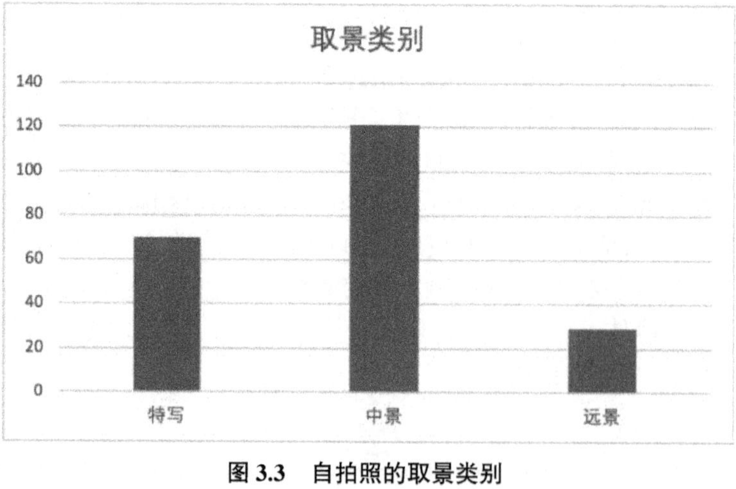

图 3.3　自拍照的取景类别

① KRESS G , VAN LEEUWEN T. Reading images: the grammar of visual design(2nd ed.)[M]. London: Routledge, 2006: 124-125.

陌生人之间下意识保持一定的空间距离，熟人或朋友之间可以有较近距离的互动（如半米之内），而家人或情侣之间的社会距离则更近，爱德华·霍尔曾指出，我们身上带有一套看不见的界线，越过这些界线的空间，我们只允许特定的人进入。他总结了人际交往中的四种空间距离：亲密距离、个人距离、社交距离和公共距离[①]。霍尔通过对美国西海岸原住民的观察和研究，指出空间虽然不像语言一样可听可读，但空间距离的使用同样可以传递信息。亲密距离基本是贴身距离，多见于情侣和亲密朋友之间，亲密距离的个体之间不仅可以触摸到对方，而且可以感受到对方的气息。个人距离指空间上稍有分寸感的距离，较少直接的身体接触。社交距离是指处理公事或者接待陌生人时出于礼仪保持的空间距离，而公众距离指大家共处在一个公共空间内，可以不发生互动关系的距离，如演讲集会等[②]。

参考霍尔对空间距离的划分，结合克雷斯和凡·李文对图像与社会距离作出的解释，我们可以这样看待自拍照的取景。"亲密的个人距离"（close personal distance）是指一个人可以握住或抓住另一个人的距离，因此是彼此亲密的人之间的距离，不够亲密的人如此凑近，会被对方视为侵略性行为。较远的个人距离（far personal distance）是指一个人容易触碰的距离之外延伸到两个人都伸开胳膊可以触碰到手指的距离[③]。这个距离感受不到对方的体温和气息，但可以看到人脸上的表情。特写镜头的自拍照给观看者提供一种亲密的个人距离，营造了亲密关系的虚拟空间感。中景镜头和远景镜头的自拍照处于较远的个人距离，在个体互动的基础上保持了社交的分寸。

霍尔对人际交往中空间距离的研究具有特定文化适用性，不同文化对距离的理解和把握可能存在偏差，霍尔举了许多例子，说明在理解距离时由于文化差异而产生的误解。霍尔的调查研究虽然带有人类学方法的刻板性，但抛开霍尔测量的具体距离数值，"社会距离反映关系的亲密程度"这一点，在不同文化中是共通的。如今，社交媒体将不同文化背景的个体置于同一个图像分享平台，人们逐渐接受和创造了一套属于互联网空间的社会距离感知。特写镜头和中景镜头将自拍者与观看者的社会距离限定在亲密关系和个人关系，拉近了与观看者的距离；而大多数自拍者选择了中景镜头，着重展现自我的自然状态，不给观看者以近距离冒犯的观感。

有一点需要指出，自拍是一种兼具自我展现与社交目的的行为，因此，个体在自拍时选择的景别既有展示自我的需求，也有建构关系的考量，而两者孰轻孰重，显然是存在个体差异的。社交媒体上自拍照的分享作为自我表达行为，既存在图像制作共有的偏好趋向，也因拍摄和发布图像的时机、场合及个体特征的不同而展现出灵活性和丰富性。因此，对自拍表达的分析还需要继续深入，一是分析图像中隐藏的互动关系，二是结合文字、表情和标签及互动情境，进行自拍表达的多模态话语分析。

三、平等：主动开放的互动关系

（一）自拍视角分析

生产一幅图像不仅涉及"给予"与"需求"之间的选择和取景对关系远近的设定，同时还

① EDWARD HALL. The hidden dimension[M].New York：Doubleday，1966：114.

② EDWARD HALL. The hidden dimension[M].New York：Doubleday，1966：116-125.

③ KRESS G，VAN LEEUWEN T. Reading images：the grammar of visual design(2nd ed.)[M]. London：Routledge，2006：124.

涉及角度，观看视角的选择意味着生产者有可能表达对再现参与者的主观态度①。与态度有关的图像视角有两个维度需要考虑：一是水平维度，通过它可以正面或倾斜地展示再现参与者；另一个是垂直维度，通过该维度，生产者可以从上方（俯视拍摄），从眼睛水平方向或是从下方（仰视拍摄）来展现参与者②。由于自拍照的特殊性，在前文与"凝视"相关的分析中，笔者已经考察了水平维度的拍摄视角，本节主要分析自拍者自拍时采用的垂直视角及背后可能的权力关系。

从当前统计来看（如图 3.4），绝大多数的自拍者都选择了平视镜头，这代表了自拍生产者和观看者之间的"象征性平等和对称关系"③。大多数自拍者是用水平视角和正面凝视镜头来展示自己的，这给予观看者一个自然舒适的观看视角，在虚拟空间营造一种类似面对面交流的亲切和平等。也有 21 幅自拍照采取了用镜头的俯视视角进行自拍的方式，若用权利视角解读自拍时的俯视视角，那么俯视抬高了镜头（即观看者）的位置，似乎在建构观看者与自拍者之间的不平等关系。但是，我们不能忽略自拍在摄影中的特殊性——展现图像生产者本身，将自我展现这个因素考虑进去，俯视视角可以使脸部看起来更小，更瘦，更符合大众的审美标准。其实，许多看起来是平视视角的自拍照，自拍者在自拍时也悄悄抬高了摄像头，只是从最终图像呈现的结果来看，拍摄视角仍是平视的，所以，在编码阶段只对明显看出有垂直角度差异的自拍照进行了区分。

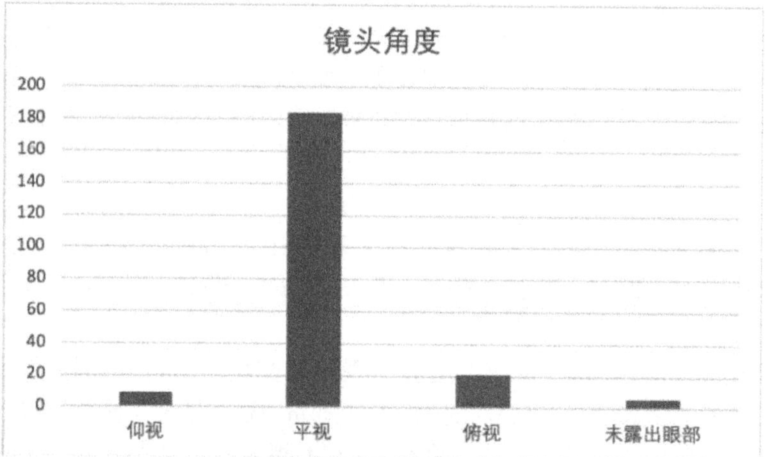

图 3.4 自拍照的镜头角度

若对数量较少的仰视视角自拍照进行个案分析，无论是画面构图还是文字描述与标签含义，都没有明显的权力对比意味。即便自拍者使用了仰视视角，也是出于展示自我或拍摄方便的目的，简单的文字描述也指向自拍时的生活状态，如出行、娱乐、工作等。有的自拍没有特殊的配文，或是只有大众化的主题标签与符号表情，并不存在强烈指向性的文字或符号。自拍者将自我以视觉化的方式展示出来，与其说是为了显示与他人相比的压制感，不如

① KRESS G，VAN LEEUWEN T. Reading images：the grammar of visual design（2nd ed.）[M]. London：Routledge，2006：129.

② MACKEN-HORARIK M. Interacting with the multimodal text：reflections on image and verbiage in art Express[J]. Visual communication，2004，3（1）：5-26.

③ VEUM A，UNDRUM L V M. The selfie as a global discourse[J]. Discourse & Society，2018，29（1）：86-103.

说是通过展现自我获得一定的自我满足，表达一种自我状态或与他人就此产生联结与互动。

笔者认为，自拍者并没有主动展现权力差异，虽然这一初步结论具有一定的风险。无论是自拍时的视线凝视还是拍摄角度，都可以做出许多基于权力视角的解读，但是，对随机截取的自拍表达进行分析发现，与作为观察者的摄影者不同，由于自我图像化的特殊性，绝大多数个体在拍摄自己时并没有批判和彰显权力关系。相反，自拍者极力构建与观看者之间平等的虚拟互视关系，这表明他们想要的视觉化自我表达是友善而和谐的。

需要补充的是，在克雷斯和凡·李文构建的视觉分析框架下自拍者没有体现出主动的权力关系意识，并不代表自拍的个体不受到权力规训。吉登斯说，许多"前现代文化场景中，外表体征很大程度上依据传统标准而被规范化"[①]，在现代互联网环境中，个体对外表特征的呈现依然有规范化倾向，表现出规范化与多元化并存，即吉登斯所谓"统一与破碎"的特征。与前现代社会外表体征主要受到传统标准规训的区别是，社交媒体空间个体对自我外表的呈现受到的影响更加多元。

有很多对镜自拍发生在健身房——这一点甚至没有明显的性别差异，不论男女都乐于展现健身后的身材，对身体某一部位的展现欲望显然受到全球流行文化的影响。同时，仅就截取到的 220 幅自拍来看，对身体部位的展现也存在一定的文化差异，西方女性似乎比亚洲女性更热衷展现自己的胸部和臀部，而亚洲女性更注重借用滤镜对面部进行美化，而男性在这方面的差异则不明显。另外，一部分自拍照中出现了明显的商品或品牌符号，商业因素对个体视觉化自我表达的影响笔者将在后续章节中讨论。

（二）标签的互动邀请

分析自拍照的互动意义离不开用户发布自拍时添加的标签，有一些标签具有强烈的互动意味。有些主题标签用来表明自拍者的身份或是态度，有些用来描述照片的内容，例如上文提到的自拍者添加的标签：

"#yeg #yeggers #loveyourself #photooftheday #selfie"

"#yeg" "#yeggers"指自拍者的地理位置和身份[②]，"loveyourself"表明了自拍者的态度，"photooftheday" "selfie"说明了照片的性质。

而另外一些经常出现在社交媒体的标签则与照片本身以及自拍者的身份无关，标签内容明确指向了社交意图，常见的标签有：#follow（关注）、#like（点赞）、#comment（评论）。这些标签明确指示了观看者的互动路径，提示和鼓励观看者看到自拍时采取某种行为，充当了指示性的互动邀请。这些标签还存在各种形式的变体，举例如下（如表 3.2）。

表 3.2 常见的明确互动意义的标签

标签指示的互动行为	标签变体
#like 点赞	#likeforlike；#like4like；#l4l；#lfl
#follow 关注	#followforfollow；#followforfollowback；#followme；#follow4follow；#f4f；#fff
#comment 评论	#commentforcomment；#comment4comment；#c4c；#cfc

① ［英］安东尼·吉登斯. 现代性与自我认同：晚期现代中的自我与社会［M］. 夏璐，译. 北京：中国人民大学出版社，2016：92.

② Yegger 指居住在加拿大艾伯塔省埃德蒙顿的人，源自国际航空运输协会对埃德蒙顿国际机场（yeg）的识别代码。

续表

标签指示的互动行为	标签变体
混合	#followforlike;#likeforfollow

为了方便查找和排列,标签的单词之间没有空格,“在‘标签语言’中,与拼写、语法和标点有关的传统规范都被忽略”①。这些标签也体现出社交媒体语言变体浓缩化、口语化、谐音化的特征,具有浓重的流行文化色彩。一些互动意图强烈的自拍照发布者会混合使用这些标签(如图 3.5),在这些标签表达互动邀请意义的同时,多个标签的叠加本身成为 Instagram 平台的一道景观。不仅如此,作为全球化的图像社交平台,多种语言的主题标签混用也成为流行现象,本次研究截取的图像来自多个国家,虽然主题标签的主要语言是英语,但多语种标签混合使用的行为表明,这些用户希望被本土以外的用户理解。

图 3.5 标签混用的互动意义

主题标签的互动意义不仅表现为表达互动行为的邀请,还体现着建立关系的诉求。“follow for follow”意味着观看者关注了发布者,发布者也会关注观看者,国内网络流行语“互粉”(互为粉丝)表达了同样的含义,微博上也有“#互粉#”的标签。发布自拍照时附上这些标签,强化了自拍照的互动含义,自拍照作为“视觉名片”的作用在标签的互动邀请中被放大。

第五节 自我美化与关系建构:自拍照的构成意义

正如前文所言,围绕图像存在着复杂多样的再现关系和互动关系。除了上文所言之视线、取景和角度等互动性明显的图像特征,在多模态框架下分析围绕图像的各种关系还应注重第三个要素——图像的构成方式。图像的构成包括图像整体的组成、再现性和互动性元素相互关联的方式,以及将它们整合为有意义的整体的方式②。图像的构成意义通过三个相互关联的系统将图像的再现性和互动性相互关联,分别是:第一,信息价值,图像中各个元素的不同位置(如上、下、中、左、右)赋予它们特定的信息价值;第二,显著性,图像中元素的构成是为了不同程度地吸引观众的注意力,通过对诸如背景位置、相对大小、色调值、颜色对比度等因素的设置来实现;第三,构图,通过一些构图元素(如框架分割)将图像中的元素断开

① VEUM A, UNDRUM L V M. The selfie as a global discourse[J]. Discourse & Society, 2018, 29(1): 86-103.

② KRESS G, VAN LEEUWEN T. Reading images: the grammar of visual design(2nd ed.)[M]. London: Routledge, 2006: 176.

或连接起来，意味着它们在某种意义上是否属于一起[①]。克雷斯与凡·李文也指出，这三个元素对于意义整合的作用不仅仅适用于分析图像，对于分析图文配置也同样适用。

一、表情与姿态：积极的视觉形象

（一）笑容

对截取的自拍照内自拍者表情进行分析，128 位自拍者在自拍时露出了笑容，占比 58.2%，而在凝视镜头的自拍者中，有笑容表情的比例是 65.4%（如图 3.6），在凝视镜头的自拍照中，展露微笑表情的偏好更加明显。通过面带微笑地看向观看者，自拍照展现出社会交往中的亲和力，除笑容外，其他常见的表情和手势还有嘟嘴和“V”字形手势等，这些表情和手势有助于自拍者展现自身可爱、友善、乐观等状态。

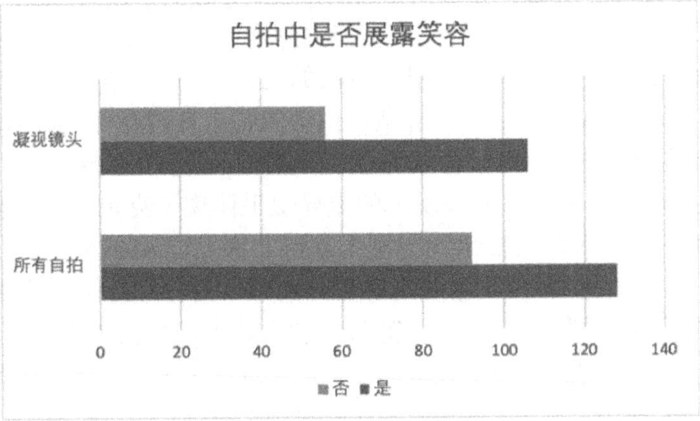

图 3.6　自拍照中是否展露笑容

图像中的表情和姿势首先表达的是互动含义，笑容便是最典型的表情元素。“面部表情和身体其他姿势为场合性（或情境性，contextuality）或指示性（indexicality）提供了基本内容，而后两者恰是日常交往之重要条件。”[②]自拍照中的笑容确认了自拍者与观看者之间轻松和谐的氛围，通过表情这个突出元素，强调了再现元素与观看者的互动关系。

（二）身体姿态

一些自拍者会摆出一个较为健美的姿势展示自己的身体，这些姿势以及服装、造型等都或多或少经过自拍者的精心设计，用以塑造令人满意的自我形象。正如米尔佐夫在书中提到，身体的完美似乎是一个只能通过视觉再现达到的目标，“完美的身体并非仅仅通过想象就能描绘出：它必须要在最恰当的环境中展示出最极致的优势”[③]。在当代媒介环境中，这种“完美”的视觉再现不局限于艺术家对身体的创作，笔者发现，与面部特写或中景镜头自拍显露出的自然状态不同，展示身体部位或是体型的自拍对身体形态的塑造更显刻意。相当比例的远景自拍是对镜自拍，从环境展露比例、镜头内的元素构成到自拍者的动作姿态，完

① KRESS G，VAN LEEUWEN T. Reading images：the grammar of visual design（2nd ed.）[M]. London：Routledge，2006：177.

② [英]安东尼·吉登斯，现代性与自我认同：晚期现代中的自我与社会[M]. 夏璐，译. 北京：中国人民大学出版社，2016：52.

③ [美]尼古拉斯·米尔佐夫，身体图景：艺术，现代性与理想形体[M]. 萧易，译. 重庆：重庆大学出版社，2018：286.

成这些元素在镜头中的配置需要比简单的面部特写花费更多时间。自拍展现了一种自拍者认为美好的身体状态,而自拍者对身体状态的判定受到社会环境的影响。对于最终想要分享图像的自拍者来说,社交媒体环境影响着他们对身体状态展现的认知。

借用吉登斯的语言看待自拍行为,则自拍是"让身体以实践方式参与到日常生活互动之中"的一种实践模式,它是"个体维持一个连贯的自我身份认同感的重要组成部分"[①]。不同文化环境对所谓"完美身材"存在一定的差异性判断,现代人已经在通过健身、减肥等日常"规训机制"打造福柯所谓"驯服的身体",而自拍作为身体在社交媒体空间的视觉化呈现,则承载了现实社会和网络环境双重的文化规训。在什么环境、以何种姿势、配上怎样的文字来制造身体自拍,这些元素的构成形式都受到社交媒体环境的影响,并在模仿与点赞等互动中不断强化。

吉登斯通过对戈夫曼作品的分析指出,在社会互动情境中,个体期望对其身体保持严密、完全及无止境的控制。"想要成为一个有能力的能动者,不仅意味着要保持这样一种持续不断的控制,而且还意味着要让他人见证自己的此种状态"。通过健身塑造身体,通过自拍展现这种塑造行为,已经成为一种世界范围内的流行。在健身房、着运动衣、摆出有规律的姿势;男性显露肌肉、女性形塑曲线,成为展现身体的一套自拍诀窍。

不同性别在展现身体部位方面展现出的差异似乎体现了克里斯·希林(Chris Shilling)对运动态身体的论断:男性"比较强调与别人在一个有待征服的外部社会空间中展开竞争",而对于女性来说,"相关的空间往往意味着更强调改变自己身体的轮廓"[②]。不过,社交媒体的自拍照分享体现了希林说的一个趋势,运动领域内的性别不平等在减小,确切地说,在展示运动后身体的开放性与自由度方面,男女受到的差异性约束越来越少。

社交媒体上的自拍分享对展现身体姿态行为的影响并不局限在性别方面,不同年龄、不同地域、不同肤色的个体都在以自拍的形式展现自己的身体。"对身体保持规训是优秀的社会能动者固有的一种能力,它是跨文化的,而非专门与现代性相连接,而且它是社会生活中行为过程的一种持续不断的特征。"[③] 社交媒体赋予个体展现自我身体前所未有的权力,也使得这种跨文化的身体规训蔓延到媒体层面,生活在世界各地的个体自拍不仅通过实施行为本身体现出跨文化性,而且在媒体文本层面映现出视觉化的趋同特征。

二、群体自拍:关系展现与在场记录

在截取的全部自拍照中,有 33 幅出现了其他人物,这涉及自拍时的一个常见现象——群体自拍。倘按画面中人物数量对自拍照进行区分,单人自拍是自拍者对自我形象的展现,双人自拍一般展现自拍者生活中的亲密关系,多为情侣自拍、好友自拍等,群体自拍则常见于聚会、活动等公共场合,更倾向于展现群体关系或互动状态。在两人以上的群体自拍中,参与者大都露出轻松愉快的表情,乐于展现群体和谐关系。

社交媒体分享群体自拍的历史上有一个著名事件:2014 年,奥斯卡颁奖典礼的主持人

---

① [英]安东尼·吉登斯,现代性与自我认同:晚期现代中的自我与社会[M].夏璐,译.北京:中国人民大学出版社,2016:91-92.

② [英]克里斯·希林,文化、技术与社会中的身体[M].李康,译.北京:北京大学出版社,2011:131.

③ [英]安东尼·吉登斯,现代性与自我认同:晚期现代中的自我与社会[M].夏璐,译.北京:中国人民大学出版社,2016:52-53.

艾伦·德詹尼斯（Ellen DeGeneres）在自己的Twitter账号上分享了一张包括梅丽尔·斯特里普、布拉德·皮特在内的群体自拍照，这张星光熠熠的自拍照中有12位名人，自拍照一经发布就瞬间获得超过300万次转发，导致Twitter的服务器瞬间瘫痪。推文图片发出后不久，艾伦对颁奖典礼的观众说，“我们冲击和破坏了Twitter，我们创造了历史。”[①]这张群体自拍产生的流量使Twitter的服务中断了20分钟，成为Twitter乃至全球社交网络发展史上一个标志性事件，《每日电讯报》（The Telegraph）称这张自拍照“可能是世界上最著名的自拍照”，是“奥斯卡的轰动”[②]。

与其说这个轰动效应是奥斯卡的魅力，不如说是明星自拍和社交媒体的魅力。国外学者不乏对名人群体自拍的批判，有学者认为自拍是一种界限模糊（boundary-blurring）的媒介，是私人与公共、真实与非真实的混合体。“虽然这些照片通常呈现的是名人在后台/私人的一面，但使这些照片看起来真实的效果，往往意味着它们利用了公众人物前台/公共的某些方面——实际上是在迎合观众的期望。”[③]不可否认的是，无论对于名人还是粉丝，群体自拍照的社交功能提供了一个获得群体自我满足的可能，对于参与自拍的各个主体来说，群体自拍成为共同交流和自我形象建设的良好工具。

艾伦说“我们创造了历史”，其中，“我们”蕴含复杂含义：在奥斯卡颁奖典礼现场的自拍，“我们”首先指包括所有观众在内的现场全体人员，其次才是镜头内的自拍参与者。奥斯卡颁奖典礼的自拍为镜头内外的演职人员和现场观众营造了“共同在场”的观看氛围，自拍照分享到社交媒体之后，又为所有观看自拍的用户敞开了这种“共同在场”的大门。这张自拍照模糊的画质、纷乱的人物组合以及明星们轻松搞怪的表情都在昭示着群体自拍的开放性，画面朴实的构成性为镜头内外（尤其是镜头外的观看者）提供了前所未有的参与感。

艾伦发布的奥斯卡群体自拍显然不是社交媒体空间最早的明星自拍照，但它的轰动效应无疑具有全球性的示范作用，此后，随着手机前置摄像头像素的提高，在社交网络分享群体自拍照也成为一种流行文化现象。“行为举止深受多元化环境之影响。个体不仅要时刻准备在公共场合与他人进行互动，保证其行为举止符合日常活动的某种普遍化准则，而且还必须在不同场景和地点保持适当的行为。”[④]群体自拍照为自拍参与者提供一种在场感，而分享群体自拍照成为自拍参与者自我表达与建构多元关系的手段。首先是自我表达，通过公共活动中的自拍照及其分享，“个体可以更充分地呈现自己在公共空间的在场及其态度”[⑤]。“我参与、我见证、我分享”，借助自拍照在社交媒体的分享，发布者展现了自己的社会活动参与度，某些具有特殊指示性的活动如环保组织、读书会等，彰显了发布者的价值观念和生活态度。

其次，是展现和建构多元关系。群体自拍照中的每个参与者都可以通过分享自拍照来

① WRIGHT E. Watch the birdie：the star economy，social media and the celebrity group selfie[J]. Networking Knowledge：Journal of the MeCCSA Postgraduate Network，2015，8(6).

② WALLOP H. Oscars 2014：the most famous 'selfie' in the world (sorry Liza)[EB/OL]. The Telegraph.(2014-03-03)[2021-04-15]. https://www.telegraph.co.uk/culture/film/oscars/10674655/Oscars-2014-The-most-famous-selfie-in-the-world-sorry-Liza.html.

③ COLLINGS B. # Selfiecontrol：@ CAZWELLnyc and the role of the ironic selfie in transmedia celebrity self-promotion[J]. Celebrity studies，2014，5(4)：511-513.

④ [英]安东尼·吉登斯，现代性与自我认同：晚期现代中的自我与社会[M]. 夏璐，译. 北京：中国人民大学出版社，2016：92.

⑤ 彭兰. 自拍：一种纠结的“自我技术”[J]. 新闻大学，2018(05)：45-55+76+148.

展现与画面中其他人物的亲密关系。由于手机摄像头画幅有限，要想将所有人都纳入照片中，参与者需要以呈现亲密关系的身体距离聚集在一起。拍摄行为本身就是一次建立和维护亲密关系的举动，拍照之后，将自拍照分享到社交媒体，用户可以添加"@"符号提示所有的自拍参与者，将现实空间的互动延伸到互联网。除了建立与维护参与者之间的关系，自拍照的分享可以引发网络空间的多层次互动，即便没有参与自拍，参与者们共同的好友或是对自拍场景感兴趣的任何个体，都可以与自拍发布者进行互动，从而建构和维护媒体空间的多元关系。

不仅如此，自拍照向观看者展现了自拍者的社会资本和文化资本。布尔迪厄对社会资本和文化资本做出过论述，主体的社会资本是指主体可以支配的、但在很大程度上不属于主体的素质或资产，即影响力和支持的关系和网络。文化资本指主体所拥有的品质，例如能够赋予主体地位或优势的特定技能或知识①。"在名人群体自拍中，自拍者拍摄的对象不仅向世界展示自己亲密、真实、可识别的形象，而且是与特定群体的其他人联系在一起，每个人都有自己的'意义'"②。不仅仅局限于名人，群体自拍是自拍者社会和文化资本的影像化表达，社会关系展现了个体的群体归属及影响力，而参与某些特定活动时的自拍则意味着个体的能力和品质。群体自拍照中公共空间和人物关系的展现，综合展现了自拍参与者的社会资本和文化资本。

三、自拍表达：多模态的混合语言

前文已经提到，Instagram 上的自拍表达通常有照片、文字描述、表情符号、主题标签几种符号形式的组合。用户在图像类社交平台的自我表达既呈现出以图像交流为主导的视觉化特征，也表现出明显的多模态符号混用的表达形式，特别是主题标签的使用，投射出社交媒体语言表达的独特风格。主题标签是自拍表达的重要构成，本节将对主题标签的构成意义做简要分析。

（一）多模态：叠加使用的语言特点

笔者对截取到的 220 幅自拍照的表达符号种类进行统计发现，只使用一种符号（即图像）的只有两幅，使用两种符号种类（图像+文字描述/表情符号/主题标签）的有 32 幅，使用三种符号和四种符号的自拍表达分别为 97 幅、89 幅，使用三种及以上符号表达的共占比 84.5%（如图 3.7）。绝大部分自拍表达都使用了多种模态的符号。

对自拍表达中是否使用了文字描述、符号表情、主题标签三类文字符号分别进行统计，如图 3.8，分享自拍的表达中使用了文字描述的占总数 75.9%，使用了符号表情（emoji）的占 60%，使用了主题标签的占 86.4%。可见，虽然 Instagram 是个图像社交平台，但用户在利用自拍照进行自我表达的过程中，并非完全只依赖照片，而是使用图像和文字混用的表达方式。事实上，我们处在一个长久的语言经验环境之中，对影像的理解常常以文字符号为背景③，图像社交平台也形成了图像与文字互融的表达环境。其中，主题标签的使用情况最为

① BOURDIEU P. The forms of capital.（1986）[J]. Cultural theory：an anthology，2011，1：81-93.

② WRIGHT E. Watch the birdie：the star economy，social media and the celebrity group selfie[J]. Networking Knowledge：Journal of the MeCCSA Postgraduate Network，2015，8(6).

③ 刘成付. 论视觉文化传播的哲学根基[A]. 孟建，[德]Stefan Friedrich 主编. 图像时代：视觉文化传播的理论诠释[C]. 上海：复旦大学出版社，2005：71-72.

普遍，标签的使用体现了社交媒体平台的表达氛围。

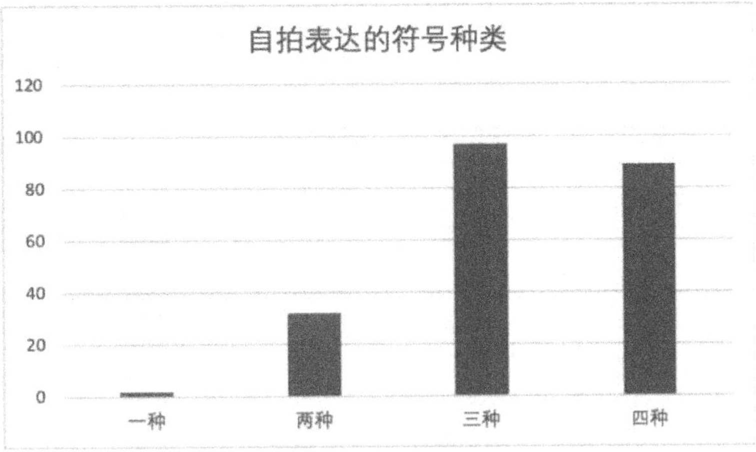

图 3.7　自拍表达的符号种类

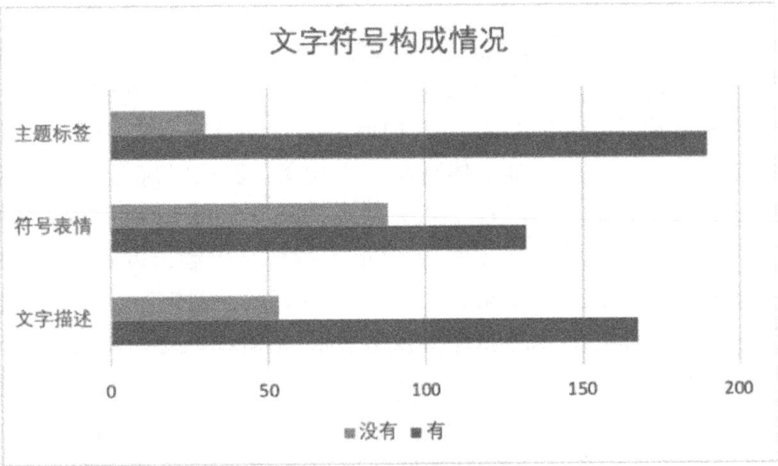

图 3.8　文字符号构成情况

（二）多标签：去语境化的加强

在截取到的自拍表达中，一个明显的标签使用特征是：一次发布，多个标签。对每幅自拍照使用标签的数量进行统计，发现 73.2%的统计用户在发布自拍照时使用了 5 个以上标签，使用两个以上标签的用户占比 80.9%（如图 3.9）。多个标签连续使用已经成为自拍表达的一个突出特征，这与自拍照的去语境化及社交媒体的互动环境均有联系。

这里有两点需要说明：一是因为本次研究在选择样本时设定了以“#selfie”作为搜索关键词，所以截取到的自拍发布者可能本身具有标签的使用习惯，但这与 Instagram 平台用户偏好连续使用多个标签的环境氛围并不矛盾。二是统计发现有 13.6%的用户并没有在发布自拍时使用标签，故统计时标签计数为 0。但既然这些自拍能以“#selfie”标签被搜索到，就一定使用了标签，进一步探究发现，一些用户不会在发布自拍时使用标签，但会在发表后立即自行回复，在回复内容中使用多个标签，这也是 Instagram 平台的一个耐人寻味现象，更加说明多个标签连续使用具有明显的社交意味，一些用户不希望在发表自拍时表现出渴望被关注或点赞的急切，但却在回复时设置了易于被搜索到的关键词。

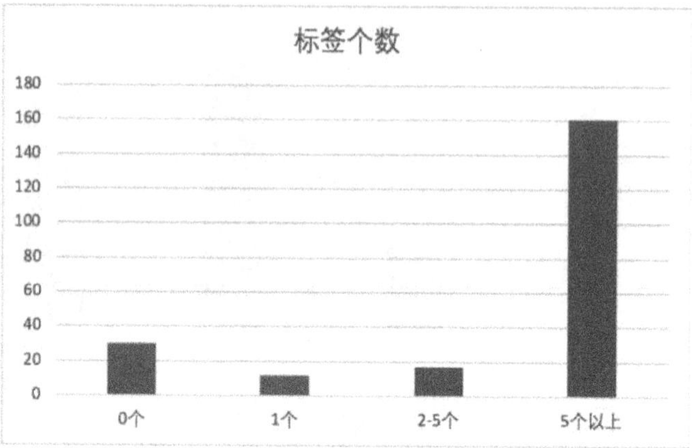

图 3.9 自拍表达中使用的标签个数

前文已经提到过多个标签连续使用已经成为 Instagram 平台的典型语言现象，特别是在表达强烈的互动意愿时，从构成意义的角度讲，多个标签混合使用利用并强化了自拍照的去语境化特征，表现照片属性、自拍者属性、自拍情境或自拍诉求等多种含义的标签被同时添加于一幅自拍照之上，使自拍照也随之体现出多重含义。归根结底，这些标签在强化自拍照去语境化特征的同时，使分享自拍的社交意图得到凸显，自拍表达进而成为一种数字时代的社会资本或文化资本。其实，图像与文字、标签的这种混杂与渗透的关系并不局限于自拍照一种形式，自拍表达的特征是 Instagram 为代表的图像社交媒体空间表达方式的一个侧面，对于图文互动以及 Instagram 平台的图像化表达风格，笔者将在下一章进一步展开论述。

进入智能移动媒体时代，自拍成为个体建构自身形象最便捷有效的方式，在图像类社交媒体上分享自拍也成为个体展现自身形象并建立社交关系的实践活动。自我主体性在拍摄和美化自拍照的过程中被放大并获得了满足，这使人们越来越注重自我形象在社交网络的呈现状态。视觉化的自我形象建构和自我表达方式可能会带来社交媒体中语言文字使用的缩减，从而推动社交媒体空间以影像为主的多模态符号混杂化表达。本章采用克雷斯和凡·李文提出的视觉分析框架，选取 Instagram 平台的用户自拍及生活图片分享作为研究素材，对自拍照及其表达时的再现意义、互动意义及构成意义进行分析。

我们不妨借助前文的视觉分析框架做一个总结：

表 3.3 自拍照的多模态分析数据汇总

意义功能模态	再现意义	互动意义	构成意义
视觉模态	女性（74.5%） 去语境化、概念感（82.3%）	接触：凝视（73.6%） 社会距离：特写及中景（86.8%） 权势关系：平视（83.6%）	微笑、嘟嘴等表情，身体姿态； 群体自拍（展现和建构关系）； 装饰物（贴纸滤镜等）

意义功能模态	再现意义	互动意义	构成意义
非视觉模态（主题标签）	缩写化、口语化、谐音化； 多语种混合； 明确的互动邀请		多种符号混杂使用；多个标签连续使用

结合表3.3可知，Instagram平台自拍照的制作和分享呈现较为明显的趋同性：大多数自拍者为女性，自拍照呈现出去语境化特征，这使得自拍照可以嵌入多种语境，与文字描述、主题标签一同实现多种话题指向性的可能。从图像中人物与观看者的接触、社会距离、权势关系三个方面分析，自拍者大多凝视镜头，与观看者保持较为亲密的个人距离或社交距离，绝大多数自拍采用平时视角，故笔者认为自拍者无意构建权力关系，而是更趋向于展现自我友善阳光的一面。另外，从画面构成上看，自拍者会利用表情、身体姿态和添加贴纸滤镜或是通过展现与他人共同在场的亲密关系来建构自身形象。结合主题标签对自拍表达做多模态话语分析，发现用户使用标签呈现多标签、多语种混合使用的特征，而且许多标签直接指向互动诉求，用户添加多个标签向观看者提出了明确的互动邀请。

无论是分析图像还是标签，Instagram上不同国家用户的自拍照体现出以下两个特征趋势：一是表达方式表现出较强的互动属性和关系建构的意愿，这与自拍者建立和维护社会关系的意图以及社交媒体平台的属性有关。二是在制作和分享自拍照的过程中，图像构成、镜头使用、标签设置都呈现出雷同的趋势，这种雷同不是完全一致，而是建立在个性化表达诉求基础上的呈现结果相似性。这种视觉相似性使得自拍制作和分享的表达体现出全球性的趋势，媒体环境、技术赋权以及商业平台的引导等因素共同参与了自拍表达相似性的形成，个体在追求个性化的形象建构与表达，却可能走向被设置的雷同。

第四章 视觉风格的全球化:日常生活的视觉化表达实践

上一章笔者分析了社交媒体时代最直观、最便捷的视觉化自我表达手段——自拍,拍摄并分享自拍涉及自我形象的视觉化呈现以及媒体空间的多模态表达。人们的自我表达并不局限于对身体形象的表露,日常生活中,我们以多种方式表达自己:通过语气、姿势、面部表情和语言,“在更微妙的情况下,通过绘画、音乐、雕塑和其他形式的艺术来表达自己。”[①]将这些不同的现象联系在一起是一种行为模式,可以满足人们表达自我的实际需求。可以说,在视觉文化盛行的社交媒体空间,“自我图像化”只是人们自我表达的一小部分。除了自拍,人们在 Instagram 平台的视觉化自我表达还体现在对日常生活的展现之中,本章将以对案例进行多模态话语分析的形式探讨个体日常生活中的自我表达行为,同时,由于生活展现的图像内容较之自拍更加丰富和多元,本章还将继续深入探讨社交媒体空间的多模态表达,特别是图像与文字的关系。

第一节 Instagram 图像的意义建构

在克雷斯和凡·李文的社会符号学视觉分析框架下,对图像的分析主要体现在再现意义、构成意义和互动意义三个方面,对图像这三重意义的分析既可以分析图像本身的视觉特征和美学意义,也可以通过图像透视其制作和传播的主观诉求和社会环境。由于对个体在图像类社交平台对生活的展现是一个琐碎复杂的过程,图像内容涉及生活的方方面面,故本章开始不就某一具体事物的视觉化表现进行分析,而是结合案例对 Instagram 平台的生活图像进行综合把握。

关于被分析案例的选择,大体上遵循两个标准:一是在 Instagram 手机客户端页面相关分类下随机选择用户主页或图片进行收集和分析;二是挑选具有 Instagram 平台风格的代表性名人或笔者关注用户发布的图片进行具体分析。尽管多模态话语分析难以完全刨除分析者的主观性因素,但本研究力求案例选择建立在长期经验观察和辩证思考的基础之上。

一、生活图像的组成及类型

散布在社交媒体空间的图像不仅数量繁多,而且类型庞杂,但由于 Instagram 平台的社交属性,用户在 Instagram 上的图像分享是有一定内容选择性的。有学者对 Instagram 平台的照片进行分类编码,指出 Instagram 上的图像可分为八个类型,分别是:朋友、食物、小工

① MITCHELL S. G. Self-expression[M]. New York: Oxford University Press, 2007: 1.

具、带有标题的照片、宠物、活动、自拍及时尚[①]。其中，展现朋友的照片及自拍照的比例接近50%，是各类照片中占比最高的，这也符合 Instagram 平台的社交属性及其自我形象建构功能。结合第三章的分析，展现朋友的照片中有很大一部分是群体自拍，且不是自拍的群体照也大多具备上文所提的展现共同在场与建构关系的特点，因此，本章对生活展现的分析，将不包括自拍和朋友两个类别。

许多照片虽没有展现时尚元素，但却明确凸显了商业符号或消费场景，故在进行本章分析时，将时尚类照片归入消费类别；将展现工具、电子产品、家居摆件等的照片归为器物类别。另外，Instagram 用户发表照片中包含一部分风景照，此类照片将在下一章的“旅居-在地”视角下进行分析。综上，结合笔者的经验性观察，对生活展现中自我表达的图像分析主要以六个类别为主，分别是：食物、器物、包含文字的图片、活动、宠物以及消费，范畴及示例如表 4.1 所示。这些类别并不能完全囊括 Instagram 上所有展现生活的图像，但它们反映了个体利用图像类社交媒体分享生活片段的大体倾向。

表 4.1　展现本土生活的照片类型[②]

类型	范畴	示例
食物	菜品、原料、饮料等	
器物	电子产品、工具、私人交通工具、家居摆件等	
包含文字的图片	带有标题的图片、以文字为主的图片、文字模因（memes）等	
活动	展现室内和室外的所有活动及活动场景的照片	

① HU Y, MANIKONDA L, KAMBHAMPATI S. What we instagram: a first analysis of instagram photo content and user types [C].Eighth international AAAI conference on weblogs and social media. 2014.

② 图片来源：“Cherrytreetree” Instagram 主页，https://www.instagram.com/cherrytreetree/? hl=zh-cn.“suanpieveryday” Instagram 主页，https://www.instagram.com/suanpieveryday/? hl=zh-cn.“thisisdongdongqiang” Instagram 主页，https://www.instagram.com/thisisdongdongqiang/? hl=zh-cn“su_nuan” Instagram 主页，https://www.instagram.com/su_nuan/.

续表

类型	范畴	示例
宠物	图片中的主要对象是宠物的照片	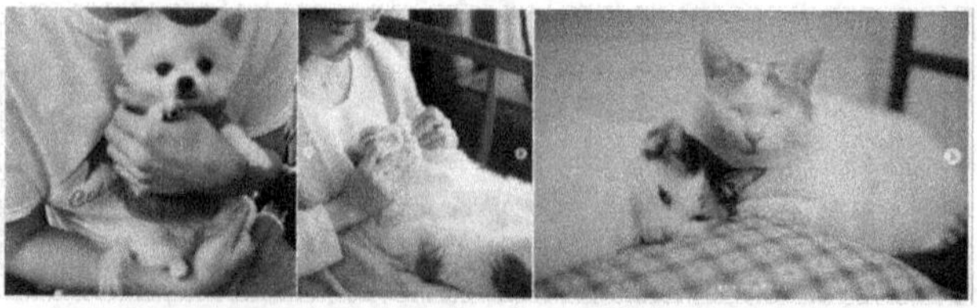
消费	消费品、品牌标志、消费场景等	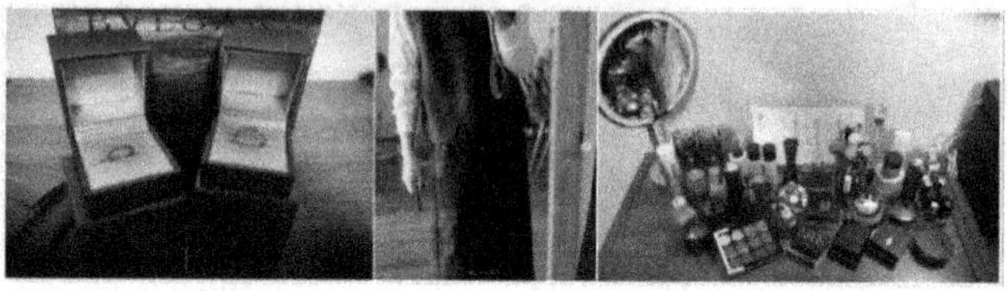

对 Instagram 平台中展现生活的图片进行分析，有三点需要特别指出：第一，本次研究针对的是社交媒体环境中个体的自我表达行为，所以偏重于对展现私人生活图像的研究。互联网媒体平台具有内容融合的特征，所以一些媒体、机构和名人等账号将 Instagram 视作一个移动相册，其发布的图片与它们在别的媒体平台发布的内容并无不同，例如一些模特会将他们的杂志封面照发表在自己的个人主页中，这些使用专业设备拍摄的宣传图片不在本次研究范围。第二，对于画面元素较多可能导致类型重合的图像，根据其画面侧重确定图像类别，如画面中既有食物也有器物，那么看哪个物体占的比重较大，从而确定图像类型。第三，对于依靠图像无法分辨类型的图像，则结合文字描述和主题标签以及评论互动等文字内容来确定图像类型。

二、生活图像的再现意义

克雷斯和凡·李文提出的多模态话语的再现意义中，认为图像有两种再现模式——叙事再现和概念再现。叙事再现以图中的矢量为标志，矢量是图中元素形成的斜线（如对角线），矢量的存在说明图像参与者有行为过程，具体又可分为行动过程、反应过程、言语和心理过程三个方面[①]。在 Instagram 平台展现生活的图像中，活动类型的照片可能存在矢量，即存在叙事再现意义。但存在矢量的图像在 Instagram 平台的静态照片中数量并不多，其他类别的图像都以展现静态事物或相对稳定的空间结构为主。

对展现生活的图像的叙事再现意义进行分析，较为有代表性的图像是画面中有人物参与活动的图像。用户分享的图像中，有一类具有明显的叙事性特征，用来体现他们对于某一活动的参与过程或对某一事件的跟进状态。在风靡全球的“炫富摔”挑战中，用户会摆出看似不小心摔倒的姿势，因为“摔倒”而不经意间掉落的奢侈品透露了主人的身份。这一“挑战”最初由 Instagram 平台的一名俄罗斯模特发起，并为这个动作定格瞬间的图像捕捉加上“#Fallingstars”的标签，本来是单纯展示摔倒的姿势和身材（如图 4.1.1）。这种趣味性的摔

① KRESS G, VAN LEEUWEN T. Reading images: the grammar of visual design(2nd ed.)[M]. London: Routledge, 2006: 67-68, 74.

倒方式迅速引发其他用户的参与热情，化妆品、名牌包、豪车、游艇都成为用户的炫耀内容，而“Fallingstars”也成为2018年度的热门标签。

在参与“炫富摔”活动的图像中（如图4.1.2），摔倒的身体位于整幅画面最突出的位置，“摔倒”的个体成为一个动作者，倾斜着趴在地面的身体形成矢量，引导观看者意会摔倒的动作过程，进而对散落四周的物品作出解读。值得一提的是，由于摔倒这个姿势本身的戏剧性以及“暗中炫富”的趣味性，“炫富摔”挑战在全球各个社交媒体引发病毒式传播，国内微博相关话题也成为热门，微博用户衍生出通过掉落物品暗示职业、爱好等不同内涵属性的表达方式，使“炫耀”内容不局限于奢侈品。这个趋势又影响到Instagram等平台，扩充了这个热点事件的参与群体（如图4.1.3），“摔倒”图像能不断玩出新花样，足见这个戏剧性姿态的吸引力。

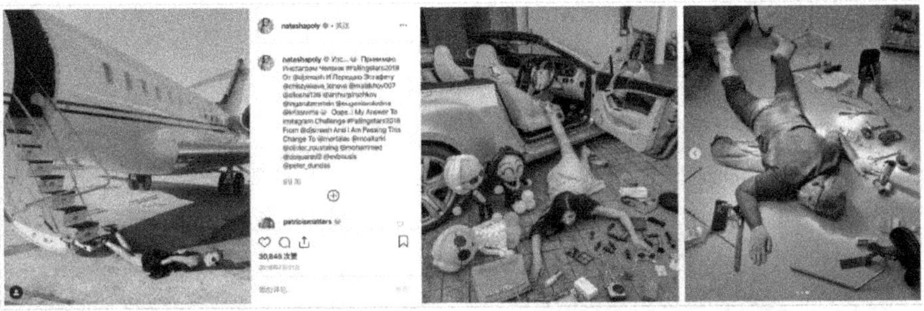

图4.1.1/4.1.2/4.1.3　炫富摔挑战

概念再现的图像中没有矢量，表示更稳定的性质和意义，包括分类过程（classificational processes）、分析过程（analytical processes）和象征过程（symbolic processes）[①]。分类过程以一种分类法（taxonomy）将再现参与者（图像元素）彼此联系起来，再现参与者扮演上下级角色关系。分析过程以部分-整体的结构将（再现）参与者联系起来。分析过程涉及两种参与者：一种是载体（整体），另一种是任意数量的所具备的属性（部分）。符号过程与参与者的意义或特性有关：有的图像中存在两个再现参与者，即载体和象征属性，前者在再现参与者的关系中确定了意义或身份，后者本身代表着意义或身份；有的图像中只有一个再现参与者，即载体，这类图像的象征过程倾向于营造一种“情绪”或“氛围”。前一种象征过程被称为象征归属过程，后一种则被称为象征暗示过程，象征暗示过程再现的意义和身份来自其内部，源于载体本身的性质；而象征归属过程再现的意义和身份是通过部分属性与整体的关系赋予载体的[②]。

由表4.1中的图像分类及示例可知，用户在Instagram平台分享的照片是静态的，是对于生活片段的截取和展现，大部分都属于概念再现意义的图像。由于展现生活的图像具有一定的随机性，个体在拍摄图像和分享的过程中很难遵循统一的技术和审美标准，同时又由于Instagram平台的社交媒体属性，这些图像或多或少体现出一定的媒体偏好，因此，需要将概念再现的图像在整合分类、分析及象征过程的视角下进行分析。

---

① KRESS G，VAN LEEUWEN T. Reading images：the grammar of visual design（2nd ed.）[M]. London：Routledge，2006：59.

② KRESS G，VAN LEEUWEN T. Reading images：the grammar of visual design（2nd ed.）[M]. London：Routledge，2006：79，87，105-106.

如图 4.2，照片的主体是一对放在盒子中的戒指，一大一小表明这是一对婚戒，两只戒指相互印证形成一种与约定俗成的符号意义的呼应。这幅图像的象征意义是非常明显的，戒指体现了图像发布者的生活进程，这对戒指的主人马上就要结婚了。但这幅图像的象征意义还不止于此，戒指盒背后的包装袋上有清晰的宝格丽（BVLGARI）品牌字样，戒指作为载体与品牌标志的指示属性形成了互动，它们共同表征了戒指的价值，它既是奢侈品又具有婚姻永恒的象征意义。戒指和奢侈品品牌共同表达了拍摄者的富裕而欣喜的生活状态。

图 4.3 中的餐具和宠物都是 Instagram 平台用户展现个人生活片段的常见元素，拍摄者将它们组合，形成一个略带新奇的生活场景的捕捉。分类过程并不仅仅反映“真实的”、“自然的”分类。参与者被放在一个建立分类的结构体中，这意味着它们被判断为同一类的成员，并被这样解读[①]。在类似图 4.3 这样的生活照片中，宠物和器物这两个原本不属于一类的元素提供了组合性的意义表达，它们共同建构了拥有者平静清爽的生活。类似以上两幅图像表现生活状态的图像在社交媒体中十分常见，而生活图像的再现意义并不是孤立存在的，对再现意义的解读，也需要结合图像的互动意义及构成意义来完成。

图 4.2　宝格丽婚戒

图 4.3 餐具与宠物

三、生活图像的互动意义

正如笔者在第三章中着重分析的那样，图像的互动意义通过接触、社会距离、态度、情态等特征的表现来实现。由于本章分析个体展现生活照片的六个类别中含有人物的图像较少，故不能延用视线、表情等元素来分析图像的互动意义，但在相关元素的参照下，可以对生活图像的互动意义进行综合分析。

自从在社交媒体分享食物成为日常，人们在用餐前拍摄食物成为生活一景，这直接推动了饮食美学在个体表达中的普及。过去，色彩诱人的食物多出现在电影电视和广告镜头中，在专业级别打光和拍摄之下，对食物的视觉展现引发观看者的食欲，产生艺术创作和鉴赏中的“通感效应”——眼与听、嗅、味、触这些感官对接起来，各种感觉打通相互借用[②]。手机的便携性及图像类社交平台的滤镜功能满足了普通用户的拍摄和分享需求，于是，借助美食展现美好生活成为个体生活中自我表达的重要组成。在一份 2014 年的相关研究中，Instagram 上有超过 10%的图片表现食物[③]，笔者认为，随着近年来美食博主的增加及轻食主义消费趋

① KRESS G，VAN LEEUWEN T. Reading images：the grammar of visual design（2nd ed.）[M]. London：Routledge，2006：79.

② 高志明. 通感研究[D]. 福州：福建师范大学，2010：33-34.

③ HU Y，MANIKONDA L，KAMBHAMPATI S. What we instagram：a first analysis of instagram photo content and user types [C].Eighth international AAAI conference on weblogs and social media. 2014.

势的兴起，美食照片的新近比例还要更高。

我们发现近景和特写是 Instagram 用户展现生活最常见的照片取景，特别是拍摄食物时。如图 4.4，从食物占据整幅画面的比例来看，有些摄像头距离食物的距离比实际吃饭时人对食物的观看距离还要近。近景和特写不仅拉近观看者与食物的距离，使食物显得唾手可得，而且有助于排除环境干扰展现食物的色彩，从而使食物看起来更加诱人。

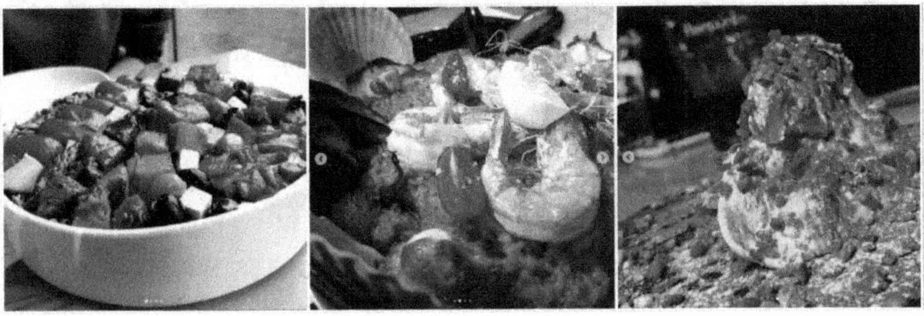

图 4.4　Instagram 上的食物近景

拍摄食物时，大部分拍摄者选择了俯拍视角，有一些图像与食物形成斜视角度，但整体上依然呈现俯视效果（如图 4.5）。有趣的是，对一些手持食用的食物或饮料（如冰淇淋、咖啡等），拍摄者会使用平视镜头，这大体与生活中人们享用不同食物时的实际视角相一致。对食物采取俯视镜头拍摄，一方面符合人们日常就餐时的视角，另一方面使得食物呈现一种被拥有、被享用的姿态，自然地将观看者带入拍摄者的生活场景之中。

图 4.5　拍摄食物的视角

展现食物的图像的互动意义还不仅仅表现在食物与观看者的距离上，许多拍摄食物的照片旨在暗示就餐的人数、档次和场景。如图 4.6，这些图像展现出两人就餐的温馨愉悦的感觉以及多人分享的社交场景。通过画面中的食物数量及构图方式，观看者不仅可以看到拍摄者食用了美好的食材，还可以感受到拍摄者展现的社交活动及社会关系。这些照片体现了再现意义中的分析过程，食物的整体画面作为载体，食物的分享属性赋予了画面中的食物更多的内涵。正如克雷斯和凡·李文所说，在特定的语境中，载体的某些属性或特征被挑出来作为评判标准，而其他属性或特征则被忽略，被视为非本质和无关紧要的[①]。就餐环境通常是复杂的，人们的日常餐桌也不总是整洁悦目的状态，通过对拍摄内容和角度的选择，拍摄者实现了一种精心设计后的表达效果。

---

① KRESS G，VAN LEEUWEN T. Reading images：the grammar of visual design（2nd ed.）[M]. London：Routledge，2006：88.

图 4.6 食物图像中的就餐人数、档次和场景

另外，展现食物的图像的互动意义需要结合文字描述及主题标签进行多模态分析，拍摄和分享食物更多时候是以食物为载体的一项自我表达，因此，需要将食物图像置于更加复杂的社交媒体语境中进行考察，笔者将在后续小节完成这项工作。

四、生活图像的构成意义

图像的构成意义通过三个元素来实现：信息价值、显著性以及构图。信息价值通过图像中物体摆放的位置来体现，放在中间的元素具有提供核心信息的功能，放在边缘的元素则起到信息提供的辅助作用。显著性意指突出度，指图像中元素吸引观看者注意力的程度。构图指通过设计的或者实际的分割框架或线条，割断或连接图像中的元素，表达更进一步的含义。个体拍摄的生活图像并不是每一幅都具备充足的构成意义，但有意或无意的元素选择和画面设置则传递出拍摄者的表达诉求或重点。

在许多消费类图像中，拍摄者有意无意地让品牌标志居于画面的核心位置（如图 4.7），与图 4.2 中宝格丽标志起到的辅助作用不同，居于核心位置的品牌标志具有明显的提示性，也即意味着显著性。奢侈品的标志自不必多言，所有奢侈品的高端消费背后都指向社会阶层和身份象征。另一些品牌本身象征某种生活方式，例如，星巴克的美人鱼标志并不仅仅代表着美国的连锁咖啡品牌，更象征着一种时尚、都市的文化生活，一段闲暇或商务的咖啡时光，或是一个专属的饮用空间。

图 4.7 生活图像中居中的品牌标志

从再现意义上说，时尚照片是分析性的，而分析过程总是涉及选择[1]，在图像整体营造的氛围中，展现什么以及如何展现透露出拍摄者的表达原则。如图 4.8，所有零散元素显示

① KRESS G，VAN LEEUWEN T. Reading images：the grammar of visual design(2nd ed.)[M]. London：Routledge，2006：87.

了“化妆品（护肤品）”的组成部分，而作为载体的化妆品与作为所拥有的属性的各个品牌标志构成了一个分析过程，化妆品营造了生活精致时尚的整体氛围，品牌标志则显示了生活层次与品位，这种位置摆放暗含了罗兰·巴特所称的时尚的华丽语言，表征着拍摄者生活的精致与奢侈。从构成意义上说，包含时尚图像在内的消费类图像，在画面元素位置的排列及构图方式都在替拍摄者完成一次内心隐藏信息的自我表达。这些数量众多、一一排开的物品表达了一种拥有者的自我满足或是自我调侃，对于观看者来说，却是一种象征意味浓厚的暗示，这些物品仿佛在对观看者说：“看，我的生活多么充裕/精彩/有趣……”

图 4.8 化妆品的空间摆放与画面呈现

具有显著性的图像元素类似罗兰·巴特所称的“刺点”（punctum），刺点是一个表示细节的元素，但它们“从照片上的场景里像箭一样射出来”①，射中观看者。刺点常常是一个细节或者局部，但它“或多或少地潜藏着一种扩展的力量”②。对于并不复杂的生活图像而言，画面中的刺点并不像新闻摄影一样捕捉正在发生的醒目事实，也不像艺术摄影一样具有鲜明的设计特点和艺术风格，大多数生活图像中的元素并不复杂或难以理解，刺点的突出性展现的是一定布置之下的生活状态。

不可否认，展示生活事物的画面布置和空间结构是受到流行文化影响的，这种影响主要体现在两个方面。一是平台整体的视觉氛围，由于 Instagram 平台页面设置以观看静态的图像为主，局部的、静置的事物展现成为生活图像的主流，在本章着重分析的六个类别的生活图像中，从食物到器物，从宠物到消费品，都是对事先摆放好的事物的图像化呈现。二是图像类社交媒体发展催生出各种各样的“网红”，这些网红博主有选择性地展现他们在某个领域的特长，如美食博主、时尚博主等。这些网红和名人充当了图像类社交媒体意见领袖，并起到一定示范作用，他们的图片风格对普通用户产生很大影响。

现在，只要打开 Instagram 平台，各式各样的图像如琳琅满目的商品一般陈列在用户面前。Instagram 平台在开拓个体的自我表达空间和手段的同时，其生活图像的整体风格也开始影响整个社交媒体环境，图像的内容、取景、色彩以及分享图像时的表达方式逐渐成为一股潮流，蔓延到其他社交媒体，甚至在重新建构人们对生活的观察和记录模式。因此，需要跳出细致的视觉分析框架，在更大的语境下对生活图像的整体风格予以分析。

① ［法］罗兰·巴尔特. 明室：摄影札记［M］. 赵克非，译. 北京：中国人民大学出版社，2011：34.
② ［法］罗兰·巴尔特. 明室：摄影札记［M］. 赵克非，译. 北京：中国人民大学出版社，2011：58-59.

第二节 “Ins 风”——生活图像的表现风格

最近几年，在国内的人像摄影、餐厅装饰及家居设计等领域，有一个词正悄然流行：Ins 风。特别是在社交媒体空间，作为一种视觉风格，“Ins 风”在火爆的同时也引起跨文化传播领域颇多的争议和讨论。什么是“Ins 风”？Ins 风是 Instagram 风格的简称，顾名思义，是指具有 Instagram 平台风格的视觉图像[①]。为什么全球性社交媒体的图像风格会在国内如此受到关注？而 Instagram 平台的视觉风格又是怎样的呢？

百度百科对 Ins 风的解释是“色调饱和度低，整体风格多偏向复古冷调或者清新干净”。这个解释提到了 Instagram 平台图片对色调的调整，但不够全面。在对自拍及生活图像进行多模态话语分析的过程中，我们已经发现，无论是拍摄人物器物还是景物，个体在利用 Instagram 平台分享生活并进行社交的过程中，制作的图像是存在趋同性的，这表现在取景、色调、画面构成和整体氛围等多个方面。本节，笔者将对 Instagram 平台图像的整体风格进行概述。

一、非叙事性的呈现与感受

美国新媒体研究学者列夫·曼诺维奇（Lev Manovich）在 2017 出版的著作中对 Instagram 平台图像进行了专门研究，他通过大数据分析及历史文化语境对 Instagram 平台的图像进行了统计分析和美学批判。他将 Instagram 上的照片类型分为休闲照片（Casual Photos）、专业照片（Professional Photos）和设计照片（Designed Photos）三大类型[②]，并指出这个分类并不旨在详尽无遗，它不能涵盖 Instagram 上的所有图像，但可以描述个人照片的不同风格（如图 4.9）。

图 4.9 曼诺维奇示例的休闲照片、专业照片和设计照片（左、中、右）[③]

其中，休闲照片是指人们记录和分享普通生活中的时刻的图像，休闲照片的总体目的是直观地记录和分享经验、情境或描绘个人和群体[④]。用户会对休闲照片的对比度、颜色、色调、焦点和构图等特征有一定的设计，但这些照片总体上没有经过对以上因素的严格控制，

① Ins 是国内网民对 Instagram 的简称，Instagram 在不同国家和地区的简称不同，如 Ig，Insta 等。

② MANOVICH L. Instagram and contemporary image [EB/OL]. New York，2016:42.

③ MANOVICH L. Instagram and contemporary image [EB/OL]. New York，2016:43-44.

④ MANOVICH L. Instagram and contemporary image [EB/OL]. New York，2016:52.

因此从一个较为严苛的指标来评判的话，休闲照片并非都是优质图像，但这些照片以及伴随照片的文字描述很好地承担了记录生活的功能。曼诺维奇指出，尽管休闲照片可能没有“优质摄影”的精致视觉特征，但它们的制作确实也遵循了一组流行图像的制作和社交惯例。这些惯例在本次研究中也得到了体现，比如自拍占比非常高，自拍时应显示全脸，最好直视镜头并保持微笑；个人或群体要出现在画面中央；食物和宠物格外受欢迎，拍摄食物时应该选取一个角度（如俯视）等等。

专业照片不一定来自学习摄影或以摄影为职业的摄影师，但它们的拍摄都使用了单反相机等专业设备，并遵循了专业的摄影规则，例如三分法、适当的曝光度和色彩平衡、体现透视关系和较高的分辨率等。这些照片符合所谓“优质照片”的特征，事实上，在 Instagram 平台发布这些照片的用户中，有相当比例的专业媒体机构或个人。笔者认为，专业照片体现的不是 Instagram 平台和当代视觉文化的特点，而是自摄影发明以来长久沉淀的技术要求和美学准则。

设计照片是曼诺维奇研究的重点，他认为设计照片是经过整理和编辑的照片，具有独特的风格外观，这些图像在保留现代摄影基本属性的同时，还具有现代图像的设计特征①。这些照片将拍摄对象小心地放置在取景框中，消除了物体周围不必要的细节，并建立强烈的灰度或者色彩对比度。曼诺维奇认为设计摄影代表了 Instagram 平台最为独特的摄影美学，并将这种媒体形式和特定内容的组合称为 Instagramism②，他认为-ism 的后缀不仅将 Instagram 的图像置于摄影、设计和视觉文化的历史之中考察，而且是将其置于社会历史、经济和文化意识形态以及相对应的生活方式之中进行探讨。

根据曼诺维奇及其实验室的一次调查，在 9 个月时间内定位于伦敦的超过 15 万张照片中，80%是休闲照片，11%是专业照片，9%是设计照片，这说明，普通用户对于生活的展现是 Instagram 平台的主体。刨除职业摄影师和专业设备拍摄的专业照片，休闲照片本就是用户对自己日常生活的记录和表达，设计照片也有许多是呈现日常生活中的常见元素，因此，休闲照片和设计照片的内容基本符合笔者所称的“生活图像”，其内容及风格对本次研究具有对照和参考意义。

且不论 Instagramism 这个词是否成立，我们可以从 Instagramism 中得到对国内“Ins 风”的一些启示。总结一下曼诺维奇描述的 Instagramism 的特点，它们是：图像拒绝叙事，只呈现一种情绪或感觉；图像由数量较少、清晰而有区别的元素组成，以实现强烈的视觉对比度和画面节奏；注重留白和元素排列，受到当代极简主义设计的视觉语言的影响……概括如下：

提高亮度；

提高对比度；

提高或降低饱和度；

降低饱和度或创建单色照片；

画面中亮的区域面积大，暗区面积小；

白色背景；

① MANOVICH L. Instagram and contemporary image[EB/OL]. New York，2016：67.

② MANOVICH L. Instagram and contemporary image[EB/OL]. New York，2016：73.

负空间（大量留白），没有渐变或细节；

细节部分被限制在与其他空白部分相区隔并列的清晰区域；

构图围绕对角线排列，而不是垂直和水平线；

使用从上方俯视的视角[①]。

可以看出，这些图像特征与传统的纪实摄影或艺术摄影是不同的，Instagramism 的特征也解释了国内对"Ins 风"最初的理解——留白，定格，高亮度等，这解释了 Instagram 图像风格开始风靡国内的时候，"Ins 风"总是与小清新、北欧风、极简主义等词语相联系（如图4.10）。这些词语传达出 Instagram 图像带给人们的总体特征：营造一种清新的氛围，这些图像的重点不在叙事，而在于通过营造的氛围带给观看者一种感受——清新美好，简洁自然。所以无论是空间管理、服饰搭配、饮食选择还是展现与朋友相处的场景，都可以套用"Ins 风"来理解，它们通过氛围渲染呈现特定的生活方式，不讲故事，而是通过视觉实现情绪的交流。

图 4.10　国内最初的"Ins 风"图像风格

随着 Instagram 应用的普及和发展，平台图像的风格从色调上发生了拓展，国内的"Ins 风"词语本身也被商用和滥用，含义随之泛化。但通过"Ins 风"的流行以及 Instagramism 的风格分析，可以看出，虽然图像风格的内涵外延并不严格固定，但 Instagram 图像独特的设计风格是存在的。这当中，一些设计师和视觉风格强烈的用户引领了平台的视觉风潮，也就是说，"设计照片"的风格深深影响了"休闲照片"。普通用户在视觉冲击与点赞数的引导下，拍摄的休闲照片风格受到设计照片的影响，呈现去语境化、调整色调、近景取景、富有设计感等特征，其中，滤镜的频繁使用，对普通用户照片中的"Ins 风"起到关键的作用。

二、滤镜：氛围营造与色彩调节

Instagram 的图像滤镜可被应用于图像，以创建各种视觉效果。智能应用通常为用户同时提供多个滤镜，用户可以从一系列代表各种模拟摄影风格的滤镜中进行选择，添加滤镜的图像可以瞬间改变外观，实现风格的转换。滤镜功能可以轻松地将手机拍摄照片的对比度和颜色更改为模仿胶片相机、宝丽来、黑白照片等不同类型的胶卷质感，使最终生成的图像质感在视觉上优于原本的照片。如图 4.11，Instagram 的滤镜功能界面非常简单，用户只需滑动页面底部的滤镜行即可选择滤镜的名称，点击使用便可实时查看画面的变化效果。如

① 参见 MANOVICH L. Instagram and contemporary image[EB/OL]. New York，2016：85-102.

今，几乎所有的图像处理软件都加载了数十种滤镜效果供用户选择，“拍摄—添加滤镜—分享图片”成为许多用户分享日常生活的常见步骤。

图 4.11　Instagram 的滤镜功能界面

滤镜改变了照片的亮度、颜色和对比度，从而改变了原始图像的构成意义，这使得手机捕捉的平凡场景可能向更有质感的方向转换。正如摄影理论学者弗拉瑟（Vilém Flusser）提到的，我们处在一个被颜色编码的世界里，生活在当代社会，各种各样的颜色围绕着我们并且向我们传递信息。颜色是事物表面（surface）呈现给我们的信息，“如果编程给我们的大量信息以色彩显示，则意味着表面作为信息的载体变得重要了。”[①] 首先，不同的颜色代表着不同的含义，例如红色代表热情或集体，蓝色代表冷静或浪漫，不同的文化风俗可能对颜色也有不同的理解。其次，不同色调也会给观看者不同的整体感觉，例如，调低或调高照片的饱和度都可能给人以复古的感觉，不同的是，低饱和度的照片观感更加简洁淡雅，而高饱和度的照片观感相对浓烈，更有视觉冲击力。

滤镜的选择关系到拍摄者对所见世界的理解及其渴望构建的生活面貌，涉及观看、创作及再观看的互动过程。滤镜是一种非物质的装饰，能够使照片看起来与之前不同，通过色彩的冲击使照片成为被关注的对象。米尔佐夫借用观看中人眼与大脑的关系指出：“观看世界其实并不是我们如何看见，而是我们对所见的东西做了怎样的处理。”[②] 他进而指出，“视觉是我们主动的行为，而不是一些被动的、自然而然发生的事情。”[③] 技术的发展提升了人对

① VILÉM FLUSSER. The codified world[A]. ANDREAS STRÖHL(EDS.). Writings[C]. Minneapolis: University of Minnesota Press, 2002:35.

② [英]尼古拉斯·米尔佐夫. 如何观看世界[M]. 徐达艳，译. 上海：上海文艺出版社，2017:50.

③ [英]尼古拉斯·米尔佐夫. 如何观看世界[M]. 徐达艳，译. 上海：上海文艺出版社，2017:63.

视觉呈现的主动性，滤镜的供给赋予个体选择展示或修改现实的权利，个体选择是否添加滤镜，使用什么样的滤镜与分享图片时的心情、环境以及愿意展示给观看者的生活色彩有关。大部分时候，滤镜的选择由瞬间的观感决定，但这种观感不是盲目而凌乱的，它与大脑习惯处理的视觉信息有关，也与个体想要呈现的生活整体状态紧密相关。

图 4.12 复古色调的图像

最常见的“Ins 风”照片是图像看起来清新或者复古的，这可以使拍摄者的生活看起来“小资”、优雅或者有品位。图 4.10 展示了清新的效果，即画面大量留白，这也代表了国内对“Ins 风”的最初理解，但随着 Instagram 平台应用的用户数量增多，Ins 风已经不再拘泥于某一种固定的色彩模式，清新或浓艳、小资或复古的图像都会受到欢迎。笔者对图 4.10 中的图像统一添加“X-Pro II”滤镜，便得到一系列复古氛围的图像（如图 4.12，色调更暗，白色部分泛黄，画质有颗粒感）。所谓复古，是指滤镜模拟了胶片相机成像效果：调暗整体的色调，添加画面颗粒感，增加暗角、灰尘、锐化等特效，使数字图像呈现出纸质老照片的视觉效果。

滤镜的瞬间做旧功能十分强大，不仅增加了照片的历史感，而且可以任用户在电影、戏剧、胶片相机等各种复古场景中切换，展现不同质感的当代生活。为新近拍摄的照片添加时间元素，使得滤镜的使用更像一种游戏，惯于使用滤镜的 Instagram 用户似乎沉迷于将各种历史结合到自己的照片中以理想化自己的生活[①]。社会学家内森·于根森（Nathan Jurgenson）称这种复古情结为“当下的怀旧”（nostalgia for the present），并认为图像的内容可以通过借鉴过去的美学来获得当下的情感和价值。复古滤镜的使用说明拍摄者试图让自己的照片看起来更重要、更真实或是更有意义，这有助于实现前文所言“优质摄影”的拍摄与分享。

个体拍摄和分享生活图像是对自己日常生活的媒体呈现，滤镜的使用一定程度上修改了现实的呈现，使之更贴近个体想要展现的生活样貌。在戈夫曼的拟剧理论中，人们在日常生活中充当表演者时，会有意识地将自己的生活神秘化，即通过限制接触，与观看者保持一定的社会距离，从而将自己的生活和形象神秘化。“如果我们把知觉看成接触和交流的一种形式，那么，控制了被感知的东西，也就是控制了接触，对感知的限制和调节，也就是对接触的限制和调节。”[②] 使用滤镜是个体对生活视觉呈现的一种调节手段，它通过改变生活图像的颜色调整图像的氛围，进而调节观看者对拍摄者生活的感知。

① WENDT B. The allure of the selfie: instagram and the new self-portrait[M]. Institute of Network Cultures, Hogeschool van Amsterdam, 2014.

② [美]欧文·戈夫曼. 日常生活中的自我呈现[M]. 冯钢，译. 北京：北京大学出版社，2008：54.

三、片段：细微差别与整体一致

通过对 Instagram 平台图像的整体分析可以得知，大部分的 Instagram 图像集中于展现生活中的某些事物或某个场景；上一章笔者分析自拍照时也指出自拍照的去语境化特征，综合这些分析不难发现，Instagram 上展现自我与生活的图像是片段式的，即这些图像并非连续性地记录生活，而是在拍摄者的挑选与设计之下，呈现出生活的某些片段。一方面，由于片段式展现生活的图像中元素类型和数量较为局限，这些图像在制作和修饰方面表现出一致性；另一方面，相较于复杂连续的生活场景，个体片段式的生活展现更容易创建理想的观感和氛围。

（一）平铺有序的画面设计

正如我们在图 4.10 中看到的，片段式展现生活的图像呈现出以下画面特点：静态，浅空间，一种颜色铺满较大区域，很少或没有足够的细节。特别是在两个要素方面表现出区别于传统摄影的明显特征：一是关于视角，Instagram 生活图像并不追求精巧或猎奇的视角，而是采取俯视或平视的日常观看角度（俯视还是平视根据再现元素的特性而决定）；二是关于平面度，与艺术或纪实摄影不同，生活图像不强调景深的重要性，哪怕是特写镜头，画面也强调平铺而非纵深的感觉。另外，在艺术或纪实摄影中，我们可以看到自然景观的各种复杂曲线，而在经过设计的生活图像中，画面线条是非常清晰甚至刻板的，因为这些照片通常意在表现经过设计的环境或摆放好的物品，而非自然状态的人或物。

片段式地展现生活，Instagram 平台图像表现在以下几个方面。

（1）构图：元素简洁，以元素居中为主；呈现的事物经过精心摆放和设计；较少细节，画面边缘和暗处没有细节分布。

（2）取景：一般采用近景或特写；更强调平面呈现，减少景深；一般聚焦在中心元素或整幅画面没有明显焦点，画面主体和背景不一定存在清晰度的区分，平铺直叙呈现事物状态。

（3）光线：拍摄时尽量保证光线充足，大部分图像会在后期通过应用调整画面亮度，使其更加清晰；可添加滤镜改变画面亮度，增加暗角等。

（4）氛围：通过物品摆放或环境设计呈现简洁有序的画面以营造清新的氛围，或通过添加不同滤镜营造复古、热烈等图像氛围。

（二）简洁现代的审美风格

片段式地展现生活代表了 Instagram 生活图像的视觉风格，事实上，这种风格不仅出现在 Instagram 平台的图像中，也出现在视频网站或以互联网用户为受众的电视电影中。在谈及 Instagramism 的设计风格时，曼诺维奇使用“设计电影/照片/图像”（design + cinemato/photo/graphy）的形式来形容这种视觉风格，称其与 Instagramism 具有同样的审美特性，并与 20 世纪中叶以来现代主义与极简主义美学，以及 20 世纪 90 年代之后 Photoshop 引领的平面设计风潮均有关系[①]。通过拍摄或制作影像时对以上四个元素的设计利用，这些影像呈现出充满现代感的、简洁的审美特征。

这种视觉风格不仅反映出后现代美学范式以及平面设计主张，而且是受到当代商业文化和媒体文化影响的一种视觉文化形式。橱窗陈列、宣传海报以及广告影像中的模特造型

① MANOVICH L. Instagram and contemporary image[EB/OL]. New York, 2016:73-76.

和商品陈列形式都在加剧这种简洁风格对个体的影响，这些包围在个体周遭的媒体影像都指向一个共性特征：氛围和情绪胜过画面细节。这些影像通过取景、色彩对比、留白等简单直接的手段给予观看者视觉刺激，在视觉刺激带来的情绪中传递信息。尽管 Instagram 上的个体图像并不像商业影像一般喧嚣，尽管社交媒体空间的视觉流行风潮具有动态性，但个体和商业影像风格之间的相互影响和借鉴是显而易见的。

如果我们对当前流行的生活类短视频博主发布的视频内容进行分析便会发现，这种视觉风格并不局限于 Instagram 平台，简洁、色彩、氛围等已经成为当代视觉文化图像风格的代表词。李子柒是典型的生活方式博主，她发布的描述乡间生活的视频在国内视频网站、微博和 YouTube 上均有不俗播放量。笔者对李子柒 2017 年及 2019 年的两段视频进行画面分析发现（如图 4.13.1，4.13.2），短视频中展现器物及食物的镜头设置与 Instagram 上的生活图像具有很高的相似度。

基于本章的分析内容，笔者去掉了李子柒视频中拍摄山村风光以及含有人物特写的镜头，就器物与食物的生活展现来说，这些定格镜头具有以下特点：画面内容简洁，没有多余杂物；色彩色调干净不凌乱，表现食物时对比度强，利用室内暗角展现食物的鲜美，展现器物时色调偏冷，但整体氛围一致；多采用近景和特写取景，大量采用俯视视角拍摄食物等。特别是展现进食画面时，视频镜头并没有专注于女主角如何吃饭，而是将镜头对准食物，露出手部和筷子特写，方便观者将自己代入食用的场景中。不论是 2017 年还是 2019 年的视频，我们发现，李子柒视频的色调氛围和画面风格是相对稳定的，偏冷调的风格，去掉了乡村生活的凌乱和不规则，展现"绿映红"的生活景象。

图 4.13.1 李子柒视频中的器物及食物画面镜头（2017）[①]

① 截图来源：李子柒古香古食."驱散湿气的暖胃汤锅 番茄牛腩带来的味觉盛宴". 2017：https：//v.youku.com/v_show/id_XMzczMjA0MDE2NA==.html? spm=a2h0k.114 173 42.soresults.dselectbutton&s=efbfbdefbfbd58d69fef.

图 4.13.2　李子柒视频中的器物及食物画面镜头（2019）[①]

视频中的这些视觉元素特点与笔者前述分析 Instagram 生活图像的特点颇为一致，相当大比例的画面若直接分享到 Instagram，则十分符合曼诺维奇所称的设计图像特征。尽管用特写镜头表现影视文化并不是社交媒体时代的产物，《舌尖上的中国》等纪录片的成功已经证明了食物作为“美色”的诱惑。但与纪录片不同，李子柒的短视频不涉及风土人情，没有旁白，鲜少对白，大部分视频都只配上简单的纯音乐作为背景。少了文化铺垫和故事叙述，李子柒的视频一样获得了世界范围的喜爱。这些视频用全球通行的视觉语言呈现中国乡间风貌和饮食文化，不论李子柒的视频中包含了多少中国传统文化，这首先是流行于社交媒体空间的视觉文化和表现风格的胜利。李子柒的成功或许不可复制，但李子柒视频的叙事模式及视觉风格却有可能获得同样多的关注，为社交媒体空间的文化传播提供启发。

（三）细微差别处展现个性

片段式的生活展现既反映了人们乐于捕捉的生活内容，又反映出在社交媒体环境中哪种呈现方式能够使生活片段看起来自然。现代社会的个体享有更充裕的自由以选择生活方式，吉登斯说，生活方式是个体惯例化的实践，进入社交媒体时代，展现多元的生活方式也成为个体“惯例化”实践的一部分。“这些惯例被整合进服饰、饮食、行为模式以及为遇见他人而设计的舒心环境等习惯中……所有这些细微的选择不仅是有关‘如何行为’的决定，而且是有关‘要成为谁’的决定”[②]。一个个生活片段的展现背后是个体的自我表达，个体通过视觉呈现在社交媒体空间展示自我的生活方式并构建出个人形象。

然而，这种自我形象的展示和构建并不是完全独立的。通过这两章的分析我们已经发现，自我和生活图像尽管展示的都是个体的私人生活，却还是在画面构成、镜头运用、色彩设置等方面表现出一致性。也就是说，虽然个体享有拍摄和分享生活的自由，但分享什么、如何分享能够更受欢迎还是遵循了一些默认的社交媒体原则。

生活图像具有曼诺维奇所称的对摄影艺术的颠覆性：过去，艺术家摄影的原则是，如果你看到与之前所见相似的图像，则不要按快门；如今，社交媒体分享的图像似乎遵循以下原

① 截图来源：李子柒视频：“Let me ask you, what would you eat on snowy days if not hot pot? Snowy days go well with hot pot”. 2019: https://www.youtube.com/watch? v=vcSGNu18AdA.

② ［英］安东尼·吉登斯，现代性与自我认同：晚期现代中的自我与社会［M］. 夏璐，译. 北京：中国人民大学出版社，2016: 76.

则:"如果你的图像与之前看到过的许多图像看起来相似,则将其捕获。"① 可以说,当前社交媒体的视觉文化表现出个体与环境互融的混杂性,即"今天的文化认同是通过微小的变化和差异建立的,同时也是和已经确立的立场之间的混杂。"② 社交媒体的发展加快了流行文化表征符号的更迭频率,使得这种混杂性愈发明显。所以,当个体企图在社交媒体展现自我时,较为便利的选择是:于细微处展现个性,在整体风格上趋于流行。

第三节 "Ins 风"的全球化:自我表达的图文模式

简洁明朗、凸显氛围的图像特色使得"Ins 风"(或 Instagramism)成为当前流行的视觉风格,但"Ins 风"的全球流行并不只源于图像。作为连通世界的社交媒体平台,用户在 Instagram 平台展现生活时的语言模式及互动方式都在助力"Ins 风"图像的扩散传播,甚至图文配置已经成为"Ins 风"的一部分。上一章已经探讨过分享自拍时标签的构成意义及互动意义,本节,笔者将深入探讨 Instagram 平台的图文关系及互动模式。

一、图像与文字的互动关系

在 Instagram 平台分享图像时,用户会添加文字描述、主题标签或符号表情,由上文分析可知,同为文字符号,标签的使用不具备完整的语意连续性,因此,我们首先对图像和文字描述构成的图文关系进行分析。社交媒体平台的图文布局并不如传统纸媒那样具有位置关系,特别是在移动端,用户发布内容后,图片和文字的配置关系是由平台属性和界面设计决定的,如 Twitter 是文字在图片之上,而 Instagram 更注重图像,所以是图片在文字之上(电脑页面为图片在左、文字在右)。因此,我们只分析图文构成在意义建构方面的互动关系。

受到系统功能语言学的影响,多模态话语研究者主要还是从图文话语的概念功能、人际功能、语篇功能出发对图文关系进行论述探寻,马丁内克和萨尔维(Martinec & Salway)总结出图文并茂的话语中四种图文关系的状态系统:一是彼此独立,没有关联;二是图文意义相互补充;三是图像对文本意义起到辅助作用;四是文本对图像意义起辅助作用,其中,前两种图文是平等关系,后两种图文是不平等关系③。从 Instagram 平台用户发表的生活图像来看,文字描述和图像之间这四种关系都存在。

因为 Instagram 平台图像社交的特性,许多用户在分享自己的生活片段时甚至不添加文字,用户主要靠图片的分享来记录生活并与观看者互动,文字辅助图像成为展现生活图像时越来越常见的表达方式。图像承载了记录生活、展现生活并与观看者打招呼的作用,文字退居意义生成中的辅助地位。

将语言学的理论和方法借鉴应用到媒体及社会问题的研究很多,这些研究往往从对符号的阐释出发,并将符号置于宏观的社会文化环境中考察,他们把话语看作支撑或建构某个

---

① MANOVICH L. Instagram and contemporary image[EB/OL]. New York, 2016:53.

② MANOVICH L. Instagram and contemporary image[EB/OL]. New York, 2016:89.

③ MARTINEC R, SALWAY A. A system for image–text relations in new(and old)media[J]. Visual communication, 2005, 4(3): 337-371. 文中对图文关系系统进行了详细的论述,又分为图文关系的状态系统和扩展系统两大部分,相互之间还有交叉。本书剔除了论文中涉及位置关系的部分,借用了论文论述图文关系的角度,但简化了论文中提到的图文关系。

特定主题的一组观念、形象和实践活动[①]。贝特曼（John Bateman）认为图文关系的确立与话语类别有关，他通过对比纸质报纸和电子报纸在图文布局上的差别，指出不同类型的媒介在内容生产和传播上的差别会影响媒介话语中的图文关系，特别是图文布局和模态选择[②]。不论是上述哪种图文关系，Instagram 平台的文字总体上是简洁的，除了表达信息，图文互动关系的主要意义还表现在与观看者的互动中。观看者可以就画面内容或是文字意义发表评论，从而借由图文符号实现彼此间的互动与交往。

二、Instagram 风格的标签化

作为全球最具影响力的图像社交媒体，Instagram 平台的图像风格对个体的图像生产过程和风格有很强的感染力，人们在 Instagram 分享图像时的表达风格也在逐渐重塑社交媒体的话语环境，可以说，"Ins 风"的全球流行，不仅只局限于平台的图像本身。其中，用户在交流时使用的 Instagram 平台特色明显的主题标签对其表达模式的传播起到了关键作用。

在分析自拍照表达时笔者已经指出，多个话题同时使用，并不表达连贯的语意已经成为 Instagram 分享图像时的常见话语方式。就标签内容本身而言，具有"Ins 风"的标签可以分为两类，一类是在 Twitter、Facebook 等平台通用的，但在 Instagram 平台与图像结合表达获得了更广泛的传播；一类是 Instagram 平台独有的标签，在用户频繁的使用中强化了图文混杂的表达风格。笔者将分别举例分析这两类标签在 Instagram 平台的使用，以及它们对"Ins 风"在表达方面的助推作用。

（一）社交媒体标签的图像化

Instagram 用户分享生活图像时的一个惯用标签是#tbt，其含义为"复古星期四"（Throwback Thursday），表达了一种鼓励人们分享美好回忆的社交媒体趋势，是社交媒体使用最广泛的主题标签之一[③]。正如我们之前提到的"炫富摔"一样，"复古星期四"其实是一种带有游戏性质的社交媒体主题标签发布趋势，区别是"炫富摔"是生命周期较短的热点流行事件，而"复古星期四"的使用更加常态化。来自世界各地的人们使用"#tbt"在网上分享并深情回顾他们喜欢的一些记忆，回溯的复古内容几乎可以应用于过去发生的任何事情。

"复古星期四"这个词语本身来源于博客时代，一个名为 Nice Kicks 的运动鞋博主从 2006 年开始，在每周四定期发布旧篮球鞋的照片，并将这些照片命名为"复古星期四"[④]。但这个标签真正开始大规模流行还是因为 Instagram 平台的兴起，当用户在周四发布照片时，只要加上这个标签，哪怕没有任何文字描述，都可以使照片获得意义，更重要的是，添加"#tbt"标签可以帮助发布的照片获得更高的曝光率，只要观看者搜索或点击这个标签，哪怕没有关注发布者，也可以看到这些照片。

不可否认的是，不论人们来自哪个国家或地区，有着怎样不同的文化背景，怀旧都是一

---

① 汪燕华. 多模态话语中的图文关系[J]. 外国语文，2010，26(05)：73-75+121.

② BATEMAN J, DELIN J, HENSCHEL R. Mapping the multimodal genres of traditional and electronic newspapers[J]. New directions in the analysis of multimodal discourse, 2007: 147-172.

③ ELISE MOREAU. What does tbt mean? throwback thursday explained[EB/OL].(2020-12-20)[2021-04-15]. Lifewire. https://www.lifewire.com/throwback-thursday-meaning-and-why-its-so-popular-3485860.

④ BEN SIN. From hardwood to hashtag: how NBA culture gave rise to "throwback thursday"[EB/OL]. Sports Illustrated. https://www.si.com/extra-mustard/2013/08/22/from-hardwood-to-hashtag-how-nba-culture-gave-rise-to-throwback-Thursday.

种共通的情感。童年记忆、人际关系、曾经的流行文化趋势、过往的旅行或假期，以及所有能带来快乐回忆的事情都可以成为怀旧的素材，“#tbt”的意义还不止于此。即便是几天前发生的事情，只要人们想，都可以成为“复古”回忆。强烈的情感反应是社交分享的催化剂，人们发布回忆过去的图像，不仅可以为自己带来美好感觉，而且会以点赞和评论的形式吸引观看者的注意。

“#tbt”标签的广泛应用还延伸出与发布日期相关的其他标签：“#fbf”（Flashback Friday）代表发布旧照片的“闪回星期五”。目前，Instagram 的“复古星期四”标签下已经有超过 5 亿张图片，“闪回星期五”的标签下也有超过 2000 万张图片。可见，图像与标签形成的意义建构共同体在吸引注意力及展开互动方面的功能已经被充分实践。

类似“#tbt”这样简短的标签还有很多，这类标签在 Instagram、Twitter、Facebook 上都十分受欢迎，例如#yolo（You Only Live Once），#wcw（Woman Crush Wednesday）等。这类标签有几个共同特点：一是简短，标签是某个词组的缩写，使用起来简单快捷，方便记忆；二是构词上有英文的韵律感，采取谐音或字母重复的方式，带有明显的网络流行语色彩；三是这些标签的使用具有极强的参与感和游戏性质，其趣味性能够吸引世界各地的用户参与，并打破语言的藩篱，成为世界范围的社交媒体流行模因（meme）。原本在社交媒体空间已经流行的主题标签，因其简洁性、趣味性而获得了与图像结合表达的先决条件，又在图像的叠加下得到对意义的立体阐释。

（二）Instagram 平台的独创标签

为了记录自己的生活，或是为了获得更多的关注，Instagram 用户可能在分享图片时打上体现平台特色的专属标签，从而赋予照片更鲜明的属性和含义。这些标签都以“insta-”为前缀，体现出浓厚的媒体平台话语风格。典型的这类标签与其对应的图像数量如下表①：

表 4.2 Instagram 平台标签及其图像数量

主题标签	标签含义	图像数量
#instadaily	发布者每天都使用 Instagram，喜欢分享自己的照片；或指这是发布者 Instagram 的日常景象	4 亿 1900 万
#instagood	发布者认为拍摄质量很高或者很满意、很喜欢的图像	10 亿 7100 万
#instalike	认为图像会受到 Instagram 欢迎或具有其风格	3 亿 5400 万
#instafashion	图像代表了 Instagram 的时尚潮流	1 亿 2300 万
#instamood	照片反映了发布者的情绪	2 亿 3100 万

“Insta-”前缀的一系列标签已经成为用户查找内容的一种方式，因此，使用这些标签意味着发布的图像有可能被更多人看到。同时，因为这些标签具有强烈的 Instagram 构成标示，所以使用这些标签也表明了用户对 Instagram 的媒体文化较为强烈的认同感。这些标签几乎可以使用在任何图像的分享中，自拍和生活图像在标签的使用方面并没有大的区别，上述举例的所有标签既可以用来显示用户自己的形象，也可以用来标记自身的生活状态。

另有一些标签虽然没有“insta-”前缀，但标签中的元素具有明显的图像化特征，例如，

① 图像数量截至 2019 年 12 月 12 日，为了数量更加直观，笔者对数量做了取整处理。

“#photooftheday”（当日照片）是 Instagram 上最常使用的大众主题标签 ①，在这个标签下有超过 7 亿 4000 万张图像，使用这个标签的目的非常简单：用图像记录当天的生活。“#ootd” “#wiwt”（outfit of the day，what I wear today，当日穿搭）等标签与流行时尚紧密相连，图像中服饰的视觉展现是图文表达中的重点，这些标签共同主导了 Instagram 平台特色图文关系及其表达风格的流行。

三、图文混杂成为一种表达习惯

与发布自拍照时使用标签的习惯一样，用户在 Instagram 分享生活图像时也习惯于同时添加多个标签。一方面，这些标签组合在一起，可以指示图像意义、表明分享意图、邀请互动关系等多重含义，省去过多的文字描述，使分享图像的行为变得更加便捷。另一方面，组合使用标签成为 Instagram 图文表达的惯例后，使用多个标签确实可以使自己的图像更容易被搜索到，从而扩大图像的传播范围。如图 4.14，即便是在亚洲国家的用户当中，多标签多语种标记生活图像的自我表达方式也已经很常见。

图 4.14 Instagram 平台特色的多标签多语种生活图像

Instagram 平台充分视觉化的特征，使图文的混杂使用不同于其他社交媒体的状态。借用韩礼德的功能语言学的概念，有学者对 Twitter 平台用户的主题标签使用进行研究指出，

① ANA GOTTA. Instagram hashtags：how to find the most popular hashtags and connect with new followers[EB/OL].Shopify. https://www.shopify.com/blog/instagram-hashtags.

主题标签具有标记经验主题、建立人际关系和组织文本三种功能[①]。另有研究表明，在 Twitter 中，标签可以非正式地用于表示一个特定消息的上下文，而不打算对消息进行分类供以后搜索、共享或其他原因，标签充当了反身性的元注释（meta-commentary）[②]插入完整的句子中，充当指示性短语的作用，扮演类似面对面交谈中非语言线索（如表情、动作等）的角色。例如，“Hey #Media，are you going to chase Corby forever？ Looks like it to me. Get over it morons，#MOVEON. Focus on more serious issues.”在以上表达中，“#Media”和“#MOVEON”两个标签既充当了句子意思的一部分，又作为指示性短语突出显示。

与 Twitter 不同，Instagram 作为图像类社交平台，其语言文字的使用更加简洁和松散，文字表述并非 Instagram 的主体，正如上文所述，文字占主导作用的图文关系仅占 Instagram 平台的一小部分。因此，作为句子的一部分插入其中的表达方式，并非 Instagram 上标签的主要使用方式。结合对自拍照“去情境化”的特征可知，主题标签的情境和语义作用是弱于其标记作用的。

主题标签作为一种“对话式标记”（conversational tagging）支持各种形式的环境交流，这种交流是由于能够以“实时”的方式找到其他人正在谈论的内容而产生的[③]。因为整个平台的用户都可以通过搜索标签看到这个标签下的实时照片，显而易见，用户频繁地使用标签使得他们的图像分享带有明显的推广性质。通过在发布照片或评论时留下各种主题标签，他们意图增加自己照片的浏览量，进而获得更多的点赞和评论。特别是多个标签同时连续使用，这种方式破坏了文字的连续性，却更加凸显出标签的互动意义。

经由 Instagram 平台这种图文混杂的表达风格，我们不仅思考，社交媒体和视觉技术的发展重新定义的并不仅仅是技术本身以及人们使用它们的方式，还通过对文化系统的渗透来重新定义人们的文化偏好和语言习惯。这里的语言并不单指语言文字，而更接近社会文化环境中的话语系统，当代视觉文化与流行文化的交织已经影响到人们生活中语言使用——“视觉语言”成为自我表达的常见工具。

“视觉语言”（visual language）代表在被认为与创作者和观看者相关的每个视觉维度上作出的系统选择[④]。这里的“系统”一词并不意味着单纯的结构主义倾向——话语中的每个元素并不仅相对于系统中的其他所有元素的刻板地位才有意义。相反，不同维度上的语言表达选择并不总是孤立存在，而是系统地联系在一起，各个表达元素是相互关联的。在语言使用的专业领域，这些联系是作为技术或规则而存在的，而在生活中的自我表达层面，这些表达元素的选择、使用和联系是隐性存在的、常识性的，我们可以借鉴布尔迪厄的惯习概念来理解自我表达中的元素选择。

影像技术的发展和社交媒体的盛行持续推动当代视觉文化占领人们的日常生活，图像社交媒体的表达风格也会蔓延至整个社交媒体环境。当图像为主、文字为辅、图文混杂、标

① ZAPPAVIGNA M. Searchable talk：the linguistic functions of hashtags in tweets about Schapelle Corby[J]. Global Media Journal. Australian Edition，2016(10).

② WIKSTRÖM P. # Srynotfunny：communicative functions of hashtags on Twitter[J]. SKY Journal of Linguistics，2014，27：127-152.

③ ZAPPAVIGNA M. Searchable talk：the linguistic functions of hashtags in tweets about Schapelle Corby[J]. Global Media Journal. Australian Edition，2016(10).

④ MANOVICH L. Instagram and contemporary image[EB/OL]. New York，2016：18.

签指示等语言元素的选择和搭配应用成为越来越多人的表达习惯，视觉化社交习惯的影响便从言语层面扩展至借由表达发展的各种社会关系，进而反馈至整个社会文化环境。

第四节　图像化的生活展现与自我表达

全球文化的视觉化赋予个体更多元的自我表达方式，经过此两章的分析我们也看到，个体自我表达时的符号运用习惯和话语模式也随媒介形态及文化的变迁处在一个动态平衡的系统之中。行文至此，我们有必要对个体借由图像分享实现的日常生活中的自我表达做一个小结。

一、能动性：丰富的个人风格

图像社交媒体为个体自我表达提供了更便利的方式和更丰富的手段，个体的视觉化自我表达在整体上呈现多模态特征的同时，也表现出丰富的个人风格。以@cherrytreetree 与@su_nuan 两位用户为例，笔者将她们个人主页截至 2019 年 12 月的前 51 张图像截图保存，然后将图像导入 Photoshop 进行初步的色彩分析，得到结果如下图所示。

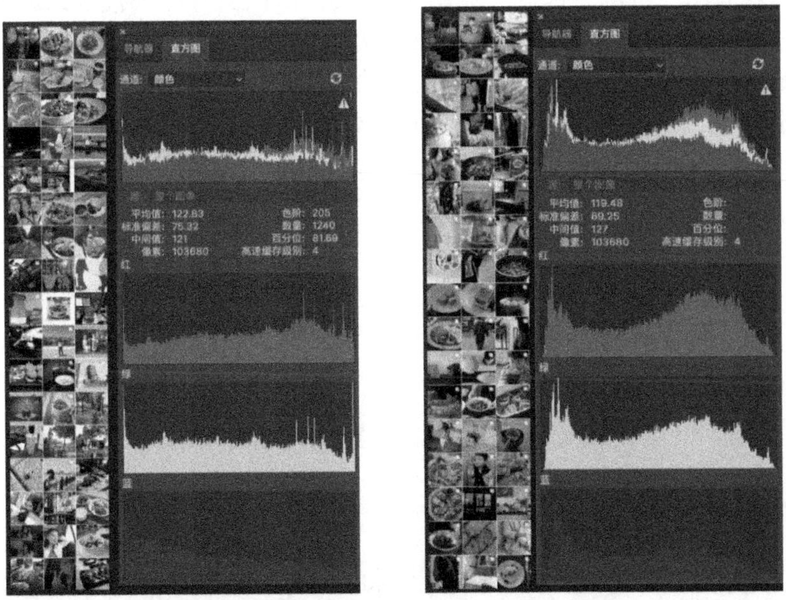

图 4.15.1/4.15.2　两位博主个人主页的直方图

对两个用户主页形成的图像进行色彩的直方图分析，直方图横轴从左到右代表图像中从暗部到亮部的像素数量，我们可以看出，图 4.15.2 的博主图像页面在暗部的像素更多，有明显的色彩溢出，说明用户@su_nuan 发表的图像整体暗部阴影和细节较多，图 4.15.1 色彩的平均值也更高，说明图 4.15.1 的博主发布的图像整体上色彩确实比图 4.15.2 博主的更亮。而且从直方图上看，图 4.15.1 博主的三原色曲线差别较大，明暗对比明显，色彩更为浓烈，而图 4.15.2 博主三原色曲线起伏状态更相似，说明整体用色更加和谐平淡。图 4.15.1 的标准差大于图 4.15.2 的，也说明图 4.15.1 博主的图像亮度整体高于图 4.15.2 博主。

个人主页图像色彩和色调的区别显示了个体生产图像时的个人偏好，这种偏好又与个体渴望营造的个人形象直接相关。图 4.15.2 中的博主是一个倡导简约生活方式的博主，所以图像整体风格相对清新淡雅；图 4.15.1 博主更偏向记录和分享多姿多彩的阳光生活，所以图像饱和度高，色彩更加鲜艳。另外，分享图像时的图文模式也有区别，图 4.15.2 博主基本上没有文字描述，也不喜好添加标签，绝大部分分享都是只放制作精美的图像；而图 4.15.1 博主的自我表达符号更加多元，符号表情、简单的文字描述以及主题标签都有涉及。

戈夫曼关于个体在日常生活中自我呈现的论述指出了一个关键问题，个体不仅存在人性化自我（all-too-human selves）和社会化自我（socialized selves）的差异，而且“作为一个社会角色，在观众面前表演，我们必须保持相对稳定的状态”[①]。在日常生活中，个体往往尽力营造一个较为稳定的外在自我形象，同样，在社交媒体空间，个体也通过一次次自我表达建构一个较为稳定的媒体间自我形象，图像类社交媒体因其内容的直观性，这种自我形象建构的差异首先反映在图像风格上，其次反映在图文混杂的表达风格中。

戈夫曼将个体在日常生活中表演的地方称为前台，将为表演做准备并确定观看者不会闯入的地方称为后台，社交媒体扩展了个体表演——自我展现的区域，媒体空间也一定程度成为个体自我表演的前台的一部分。如图 4.16，“在以社交媒体为代表的新媒体技术不断普及的今天，自我展示的场域也不局限在线下文本，而形成了在线上与线下的文本之间反复转换的二元互动结构”[②]，个体在现实生活中的前台表演与在社交媒体前台的自我展现既有形象一致的部分，也有为线下和线上不同场合各自营造的表演空间形象。

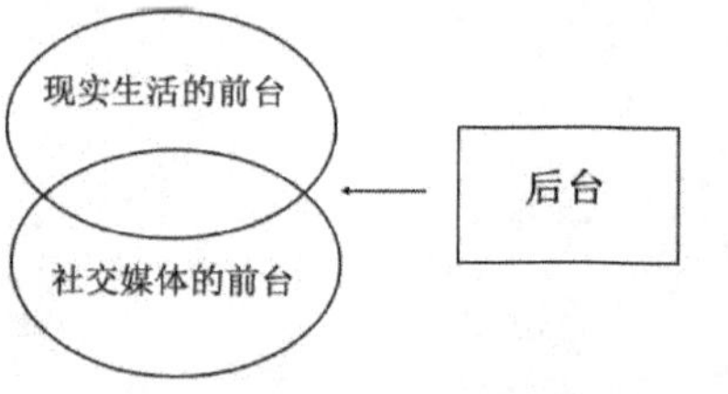

图 4.16 社交媒体和现实生活中的前台和后台

二、相似性：个性与流行风格

生活在工商业文明占主导的现代社会，个体一方面不可能彻底脱离与群体的联系，一方面又极力想在越来越趋于大众化的快节奏现代生活中保持个性，加入某个亚文化群体或是选择某种生活方式成为个体追逐和彰显个性的途径。西美尔早就说过，“通过某些生活方式，人们试图在社会平等化倾向于个性差异魅力倾向之间达成妥协，而时尚便是其中一种特殊的生活方式。”[③]“Ins 风”的流行本质上与流行音乐、动漫、时尚运动有相通之处，社交媒体流行的视觉风格赋予个体——特别是年轻人打造个性的力量。

① ［美］欧文·戈夫曼. 日常生活中的自我呈现［M］. 冯钢，译. 北京：北京大学出版社，2008：45.
② 郭羽. 线上自我展示与社会资本：基于社会认知理论的社交媒体使用行为研究［J］. 新闻大学，2016（04）：67-74+151.
③ ［德］西美尔. 金钱、性别、现代生活风格［M］. 刘小枫，选编. 顾仁明，译. 上海：华东师范大学出版社，2010：96.

与创作流行音乐和动漫相比，通过视觉风格体现个性更加容易。滤镜和标签为个体分享图像提供了便利的方式和选择的自由，以 Instagram 为例，为了建立属于自己的视觉风格，个体可以选择的主题、构图、视角、滤镜等元素空间相当大。虽然要创建和形成稳定的属于自己的风格需要一段时间的挑选和摸索，但 Instagram 及其他图像类社交媒体的兴盛，向我们展示了创建不同视觉风格的可能性。

遗憾的是，笔者认为个体视觉风格的独立与创新是很有限度的。正如前文分析中提到的，个体创建的视觉风格以及相关的自我表达模式表现出"独立"与"大众"的混杂性，并在更抽象的层面呈现出趋同的特征。这主要受到两方面因素的影响，一是平台技术功能的引导，二是普通用户对社交媒体"网红"的风格模仿。而平台的功能设置又在很大程度上服务于其商业属性，这一点，在大量介绍如何利用 Instagram 平台进行品牌推广和商业活动的书籍与文章中可以得到印证。

相当多的 Instagram 用户分享图片时并不添加标签，有很多用户也不使用滤镜编辑照片，这些举动都是力图建构相对真实的自我形象以及保持相对独立的个人风格。有些讽刺的是，Instagram 平台添加#nohashtag（不加滤镜）的图像已经超过 40 万，包含各种"style"（风格）的标签图像数量更是数以亿计。正如我们所看到的，尽管个人风格与商业风格之间的区别仍然存在，但个人风格与商业风格之间的界线却时时模糊。个体对生活的呈现永远不会像商业图像那般整齐与周密，而且新一轮的风格流行往往来源于某个个体不经意间的创新。但不可否认的是，个体独立的视觉风格与流行的商业风格正在不断相互影响和借鉴，个体所追逐的绝对个性不仅不存在，而且对"个性"的追逐往往陷入一种尴尬的境地：个体追求的是被设计出来的个性，却往往陷入难以抵挡的平庸。

流行风格来自外部，"它达到特殊的社会化效果，而社会化是通过与位于外部世界的某个点的共同关系而出现的。"① 每一种流行风格都体现了特殊的统一性，Instagram 所引领的社交媒体视觉风格也不例外。生活方式、食物偏好和时尚风格给人们提供了基本的工具来建立和表现他们的文化认同，而"今天的文化认同是通过微小的变化和差异建立起来的，同时也是在已经确立的定位之间的混杂"②。在社交媒体空间，一个人可以拥有多重身份，例如美食家、旅行者、运动达人等。但这些身份的叠加不是没有限制的，如果这些热门身份出现在同一个用户的媒体空间，那么这个个体的风格事实上已经走向流行的大众化。基于本章的分析，笔者想重申一个结论：个体在微小的方面呈现不同，却使用更大众的风格寻找认同，这种风格的创新与趋同趋势是全球性的。

---

① ［德］西美尔. 金钱、性别、现代生活风格［M］. 刘小枫，选编. 顾仁明，译. 上海：华东师范大学出版社，2010：97.

② MANOVICH L. Instagram and contemporary image［EB/OL］. New York，2016：89-90.

第五章　凝视"他者":流动中的观看实践与自我表达

作为图像类社交媒体,用户在 Instagram 平台的传播行为投射出围绕观看的多种关系,在本书的研究中,自拍凸显出观看、展现自我形象以及被他人观看的关系,生活图像凸显出个体对自我及他人日常生活的观看与呈现。而在跨文化的视野中,还有一个重要的观看问题,即观看世界。视觉文化研究学者米尔佐夫曾断言:"在全球散居和互相联结的时代,所有的文化都是跨文化。"① 这种说法难免陷入相对主义的陷阱,但的确说明一个事实——媒介的发展使跨文化交流变得前所未有的频繁。以视觉化的方式分享旅居见闻,恰是 Instagram 平台的重要内容,旅居中实时的图像分享,不仅改变了人们观看世界的方式,而且正在改变旅居本身。

旅居者是跨文化传播最常见的研究对象,如旅居者的跨文化适应等问题是近年的研究热点;而旅居中的观看问题不仅是视觉文化研究关注的焦点,也蕴含着跨文化视角下"看与被看"权力关系的变迁。随着智能手机定位与摄影功能的普及,在社交媒体环境中,流动与观看成为两个常态化的问题。旅居者在 Instagram 平台的图像分享中,交织着异地体验、景观拍摄及自我呈现,本章将结合主题标签及定位信息对旅居图像进行收集和解读。

第一节　适应与冲突:旅居中的看与被看

旅居者之所以成为跨文化研究者最热衷的研究对象之一,其本质原因便是其地理位置的空间跨越行为将不同文化的碰撞直接加诸人本身,旅居者接触异质文化后的心理和行为可以直接反映不同文化表征符号及社会关系的差异。这里有必要对旅居者做一个界定,旅居者(sojourner)是指暂时居住在一个地方的人,包括学生、技术人员、游客、商人、军事人员、外交人员等多种类型的身份②,他们出于工作或是休闲的目的,到达物理空间意义上的"异乡",成为与本地人相对应的他者。旅居者的身份界定包含两个关键要素,一是这种旅居是短期的,旅居者经历一段时间的游历,最终会回到原本的居住地;二是旅居者从态度上并没有完全融入当地文化生活的愿望,"临时居住"的想法使得旅居者依然保持原有的文化传统和生活方式。旅居者虽然是齐美尔所谓"陌生人"中的一种,但却与罗伯特·帕克提出的"边缘人"(the marginal man)不同,"旅居者的本质特征是他依附于自己民族的文化,而不是边缘人的双重文化情结"③。

① [美]尼古拉斯·米尔佐夫.视觉文化导论[M].倪伟,译.南京:江苏人民出版社,2006:196.

② BREIN M, DAVID K H. Intercultural communication and the adjustment of the sojourner[J]. Psychological Bulletin, 1971, 76(3): 215.

③ SIU P C P. The sojourner[J]. American Journal of Sociology, 1952, 58(1): 34-44.

旅居者接触异地文化最直接的方式便是观看。因为旅居者对原本的属地文化的高度保留，旅居者对旅居地的观看带有文化层面的审视意味，同时为了使自己的旅居生活获得更多的便利，旅居者又会不断调整自己的言行，尝试接受和适应当地的文化传统和生活模式。尽管这种文化适应是表层的，但短暂的旅居依然会产生异质文化间的冲突和融合，这些冲突、矛盾或融合亦会借助旅居者的观看及表达得到呈现。解读旅居者的观看问题，有两种常见的理论视角，一是在后殖民理论体系下彰显权力差异，二是将凝视理论与旅居结合起来，同样是立足“看与被看”的视觉关系，二者的落脚点却有不同，本节将做简要分析。

一、“看与被看”中的权力差异

涉及不同文化背景的主体之间进行的传播活动，一个经典的论述视角是凸显文化及权力差异，如文化帝国主义，异质文化之间的影响力差距使得“文化霸权”成为不可避免的传播现象。具体到视觉文化层面，则涉及一方对另一方在观看世界的特定方式、观看的权力关系、“他者”形象塑造等多方面的普遍性支配。刨除殖民时代漫长的历史，视觉文化中涉及观看的主体性以及“看与被看”的视角差异及权力对弈等问题，在后殖民理论中得到较为深刻的展现与批判。

20 世纪中后期，世界范围的殖民体系开始瓦解，在 20 世纪 70 年代西方学术界反霸权运动与八九十年代去中心化的后现代主义浪潮的先后冲刷下，后殖民主义异军突起，形成了一套批判理论体系。后殖民主义是指一些西方理论家对殖民话语的研究，与后现代主义、后结构主义有不少一脉相承之处①，后殖民主义是一系列复杂而不僵化的理论体系，融合了解构主义、马克思主义、女性主义等理论主张，将“被殖民”扩展成为“一种描述被压迫经验的普遍范畴”②。长久以来，西方学者在对殖民主义和西方中心主义进行批判时，总是面临着一种明显的内在矛盾：既对资本主义和白人中心主义有明显的批判，又难以摆脱身为白人对所谓“第三世界”潜在的傲慢和偏见。正是西方学者面临的如此困境，成为后殖民主义学者的理论突破点③，被称为后殖民理论“圣三位一体”的学者中，萨义德（Edward W. Said）是巴勒斯坦人，斯皮瓦克（Gayatri C. Spivak）和霍米·巴巴（Homi K. Bhabha）是印度人，正是这些出身“第三世界”又熟悉西方理论话语的理论家开辟了真正意义上的后殖民主义批判体系。萨义德的东方主义，霍米·巴巴对第三空间、少数族群及文化杂糅的论述，斯皮瓦克在解构主义及女权主义视角下对第三世界、边缘群体的研究都对当代文化批判产生了重要影响。

由于“后殖民”中的“后”在某种程度上暗示了殖民主义灭亡之后的一个阶段，因此，它还被赋予了一种模糊的时空性。“后殖民”往往与二战后获得独立的“第三世界”国家联系在一起，但它也指“第一世界”大都市中存在的“第三世界”移民，甚至有学者指出，后殖民主义研究的范围包括整个地球，因其包括了一个多样化的、异质性的理论和实证研究领域，后殖民主义理论可以被看作一种全球性的批判策略④。

透过后殖民主义的理论视角，可以给我们思考跨文化传播中的视觉问题以启示。首先

① 王宁. 东方主义、后殖民主义和文化霸权主义批判——爱德华·赛义德的后殖民主义理论剖析[J]. 北京大学学报（哲学社会科学版），1995(2):54-62+128.

② 孙英春. 跨文化传播学[M]. 北京：北京大学出版社，2015:430.

③ 罗钢. 关于殖民话语和后殖民理论的若干问题[J]. 文艺研究，1997(03):23-31.

④ KERNER I. Postcolonial theories as global critical theories[J]. Constellations，2018，25(4)：614-628.

是关于他者的再现和意义的生产问题，后殖民理论的视角更注重影像中呈现的文化差异以及意义何以通过这种差异性表达而确立。进入互联网时代，虽然许多影像的制作者已经很具有国际视角，但视觉再现中最明显的差异还是东西方文化之间的差异，例如许多好莱坞电影中的亚裔角色不仅身形瘦小，而且言行怪异，便反映出差异化表达背后的文化偏见。

霍米·巴巴谈到殖民话语中"他性"（otherness）的意识形态构建具有"固化"特征，"固化作为一种文化、历史和种族区别的符号，其实是一种自相矛盾的表征手段。"刻板印象是一种包含了知识和权力的模式，其话语造就了主体化的过程，通过他者的形象确立自身的主体地位。"'他性'既是人们内心渴望和嘲弄的对象，也是对区分种族起源和身份认同的幻想的一种表述。"[①] 后殖民理论视角下西方影视作品中对于他者的再现反映了明显的权力关系，视觉主体通过他性来界定自身形象，即殖民者话语体系中通过他者形象的对比，确立和实现自身的意义。

后殖民理论视角下另一个视觉问题，是看与被看（seeing/being seen）之间的矛盾关系。在殖民-被殖民的二元权力关系中，因为殖民者掌握了话语权，所以在西方文艺作品中，被殖民者是被看的对象，这种看与被看的关系形成了西方话语中对于东方的刻板印象。霍米·巴巴在分析作家弗朗茨·法农（Frantz Fanon）的著名作品《黑皮肤，白面具》时提到的那样，"一旦'白人的眼睛'唤起这个'他者'的存在……他就被迫处于一种异化和碎片化的现实之中"[②]。但看与被看的矛盾性在于，殖民者作为观看者的同时，也在被观看，成为被殖民地的广大人群时刻关注着的异域人士，并通过巴巴所称的"模拟"来改进自身形象，无论是殖民者还是被殖民者，都将观看的客体置于一种与自身想象性的联系之中。

跳出殖民和种族的限定，我们发现，后殖民理论提供了一种差异性视角，用话语建构西方与东方，进步与落后，文明与野蛮之间的差异，依然是当代文学艺术和商业作品的惯用手段，即便在流行文化全球混融的社交媒体也不例外。

之所以我们可以从后殖民主义的理论出发，获取一些理解当代视觉文化的参照，是因为与后现代社会联系在一起的碎片化、流动化、混杂化的全球视觉体验和感受，在后殖民主义的描述中均有所反映。由于被殖民的国家在20世纪几乎都已脱离殖民地身份，因此，在分析权力和文化差异时，不能只偏重它们前殖民时期的思考方式，还必须把因为挪用和融入殖民者的话语和文化导致该地区的文化表现形式发生变化的情况考虑在内。另外，许多跨文化的视觉艺术表明，跨文化交流早已不再是发生在前殖民地国家这样的"边缘"地带，而是扩散到了整个世界。需要指出的是，几乎所有国家都受到殖民主义的影响，不论它们是殖民者、被殖民者，还是接纳了被殖民地移民，殖民语境的文学艺术作品也拥有世界范围的影响。西方历史上，最早有关跨文化的视觉经验来自人类学用来反映一个历史文化时期的图像，也正是由于这种传统，殖民主义视角下旨在引领被殖民者"走向现代"的视觉文化总是跨文化的——这使得视觉文化诞生之初便难以与跨文化经验剥离。用米尔佐夫的话说，现时的跨文化研究，要寻找"新的方式用时间和空间去与视觉相交叉……视觉文化应该在不断变化、

① [美]霍米·巴巴. 他者的问题：刻板印象和殖民话语[A]. 罗岗，顾铮，主编. 视觉文化读本[C]. 桂林：广西师范大学出版社，2003：218-219.

② [美]霍米·巴巴. 塑造法农[A]. 张颂仁，陈光兴，高士明，主编. 全球化与纠结：霍米·巴巴读本[C]. 上海：上海人民出版社，2013：90.

流动的意义上而不能在传统人类学的意义上使用文化”①。

从当代文化的角度来看，后殖民理论非常有效地处理了一个由人口和文化产品在全球流通中产生的文化矛盾，即在一个相互关联的世界中产生的，导致了一种商品化的、大规模中介化的文化融合②。后殖民理论也研究散居主体的文化和政治表现，即目前身为移民或客居他乡的散居人群，大规模的散居人群经常通过互联网和祖国保持联系，网络社群也成为新媒体时代的“新散居”人群，这种散居状况可以被视为一种后殖民语境。后殖民语境导致了混杂文化的产生，用文化帝国主义或文化单向流动的概念来理解当今世界的全球文化流动未免失之于片面，用一种混杂性视角打破二元对立的文化对抗显得十分必要。

正如巴巴所说，因为图像作为识别点，标志着一种矛盾心理的场所。它的表现总是在空间上分裂的——它使现在的东西是不存在的——而在时间上被推迟：它是一个时间的表现，总是在其他地方重复③。图像不仅容易被识别，而且容易被创建，这种碎片化、流动化的特征正是典型的后现代经验。在互联网世界，每个人都流徙居住在世界各地，又都在世界中心，而视觉，成为个体自我表达和确认意义的最好素材。

巴巴关于视觉艺术作品的提问，也值得在本研究过程中不断思考：“当我们将一种形式的审美时间转换成另一件艺术品或文化的形状，是否需要尊重或打破某种国族或社群的界限？文化源头和传承之间的区别在哪里？在这个充满全球性断裂和无所归依的世界里，文化的传播有无历史的、美学的条件规则可循？”④

二、游客凝视：视觉主导的流动性社会实践

游客（tourist）是旅居者中一个特殊的群体，因旅游休闲观光的性质，游客对世界的观看更具有目的性。英国学者约翰·厄里（John Urry）借用福柯在《规训与惩罚》中提到的“医学凝视”概念，提出人们在出游时满怀好奇和兴致的观看是一种游客凝视（tourist gaze），凝视指的是一种“话语决定”（discursive determinations）⑤，是社会建构而成的观看或马丁·杰伊所称的“视觉政体”（scopic regimes）（即关于可见与不可见以及整个社会观看方式的生产和实践系统）⑥。游客凝视不是简单的个人心理状态，而是“由社会塑模、后天习得的‘观看方式’，是动态影像和再现技术建构而成的视野”⑦，凝视不仅仅指人们观看一个事物，还包括看到的事物和人的关系。

游客凝视是被建构的，当人们在凝视不同景观时，不仅会受制于个人的经验与记忆，而且被当时的社会文化、技术和资源框架所约束。更进一步，厄里指出，“人类是通过差异性来建构游客凝视的”，游客凝视怎么被建构，“与所有不属于旅游范畴的社会经验和意识形

① ［美］尼古拉斯·米尔佐夫. 视觉文化导论［M］. 倪伟，译. 南京：江苏人民出版社，2006：165.

② ELLA SHOHAT，ROBERT STAM. Unthinking eurocentrism：multiculturalism and the media（second edition）［M］. London and New York：Routledge，2014：41-42.

③ HOMI BHABHA. The location of culture［M］. London and New York：Routledge，1994：51.

④ ［美］霍米·巴巴. 另一个国度［A］. 张颂仁，陈光兴，高士明，主编. 全球化与纠结：霍米·巴巴读本［C］. 上海：上海人民出版社，2013：26.

⑤ “discursive determinations”在《游客的凝视》中文版译著中被翻译成“论述性决定”，本书采用“话语决定”的译法，参见李拉扬. 旅游凝视：反思与重构［J］. 旅游学刊，2015，30（2）：118-126.

⑥ ［英］约翰·厄里，乔纳斯·拉森. 游客的凝视［M］. 3版. 黄宛瑜，译. 上海：格致出版社，上海人民出版社，2016：2.

⑦ ［英］约翰·厄里，乔纳斯·拉森. 游客的凝视［M］. 3版. 黄宛瑜，译. 上海：格致出版社，上海人民出版社，2016：3.

态有关”。也就是说，游客凝视的形成有一个先决条件，那便是必须有一个惯常的社会活动与符号体系与之参照，才能够标示游客凝视的地位，凸显旅游与日常生活的差异①。因为出游时人们不仅摆脱了规律而重复的日常事务，而且将感官带入一连串的稀奇体验，这些都与大多数人平凡无奇的日常生活形成强烈对比。

怀着对与日常生活形成差异性景观的观看期待，视觉成为旅游活动的统筹感官。厄里总结了游客在出游时愿意观看到的景观：第一，一个独一无二的可供凝视的目标物，如故宫、埃菲尔铁塔、某个历史事件的发生地等；第二，某个有特殊时代或文化含义的符号标志，如东方庭院、美国摩天大楼等；第三，换个角度观看自己习以为常的事物的陌生部分，例如参观博物馆，游客可以观看到普通人生活中他们不熟悉的部分；第四，观看游客认为的“不寻常场景”中人们的日常社会活动，例如到不发达国家观看民众的日常生活；第五，特意凝视不寻常的特殊符号，例如月球岩石、画家的名号等②。

厄里认为这些“游客吸引物”（tourist attraction）很大程度上是被建构的，而游客的属地文化和旅游目的地共同参与了这些吸引物的建构。旅行工具、媒介传播以及摄影技术同样影响游客凝视对象的建构，因此，厄里说，“游客的凝视，堪称是某个时代的特殊产物。”③不同的时代，游客属地文化和旅游地文化的差异程度和维度都可能不同，这会影响游客凝视的观看期待。旅游地为了实现游客凝视，也会精心策划，让游客遇见文化意义上的“他者”，并为旅游本身提供更丰富的结构和体验。

在世界范围流动的媒介文本及影像，也会影响游客凝视的框架，并且随着互联网的发展，媒介内容对游客凝视的影响变得愈发重要。科学技术的飞速发展使得当前物质和信息流动日益频繁，厄里将技术带来“空间压缩”之后的旅游分为三种模式：身躯之旅、视觉之旅和想象之旅④。发展中国家的经济崛起使实现身躯之旅的群体构成更为丰富，游客的多向流动也在逐渐消解传统凝视模式中西方观看东方的权力关系。传媒的发展不仅使散落在世界各地的个体能够享受炫彩多样的视觉之旅，而且视觉内容带来的愉悦感受会直接影响想象之旅的体验构成。游客凝视受到既有媒体景观（mediascapes）的塑造，正如阿帕杜莱所言，媒体景观与现代社会的个体想象直接相关，因其为全世界提供着丰富而庞杂的影像、叙事及族群景观，模糊了观众眼中现实与虚拟景观之间的界限，观众距离异地生活的直接经验越远，越能建构出奇特美妙的想象——这种想象已经成为现代社会普通人群日常精神生活的重要组成部分⑤。虽然视觉之旅和想象之旅并不能取代身躯之旅，但媒介对个体日常生活的浸润确实使这三种旅游模式之间的关系日益复杂，视觉和想象不仅会使人们对一个地方产生好奇，而且在观看期待产生之后，视觉和想象仍不断更新人们“抵达”异地的多种方式。

游客凝视不免使人联想到视觉中心主义，不可否认，视觉主导了人类对不同文化的感知，但人对异地的体验并不只有视觉，“旅游体验是涉及多样的肉体和感官的实践活动”⑥。单一感官的理论假设和研究受到越来越多的质疑，旅游者的具身性行为（embodied behav-

① [英]约翰·厄里，乔纳斯·拉森. 游客的凝视[M]. 3版. 黄宛瑜，译. 上海：格致出版社，上海人民出版社，2016：3-4.
② [英]约翰·厄里，乔纳斯·拉森. 游客的凝视[M]. 3版. 黄宛瑜，译. 上海：格致出版社，上海人民出版社，2016：18-19.
③ [英]约翰·厄里，乔纳斯·拉森. 游客的凝视[M]. 3版. 黄宛瑜，译. 上海：格致出版社，上海人民出版社，2016：16.
④ [英]约翰·厄里，乔纳斯·拉森. 游客的凝视[M]. 3版. 黄宛瑜，译. 上海：格致出版社，上海人民出版社，2016：27.
⑤ [美]阿尔君·阿帕杜莱. 消散的现代性：全球化的文化维度[M]. 上海：上海三联书店，2012：7，46.
⑥ PONS P O. Being-on-Holiday：tourist dwelling，bodies and place[J]. Tourist Studies，2003，3(1)：47-66.

ior)和身体的多感官(multisensory)研究成为近年的趋势[①]。毛兹提出"凝视并不一定只有视觉,也不是像某些人说的只涉及景观,它也取决于心理知觉"[②]。事实上,从游客对旅游媒介叙事手段也可以知晓,游记、绘画、摄影、音乐创作等对异乡体验的记录方式说明,异乡体验一直是多重感官参与的,数字媒介的发展只是充分延展了游客的表达手段。

毛兹提出"相互凝视"的概念来发展游客凝视,指出不只是游客在凝视当地人,当地人也在凝视游客,流动中的观看是双向的。厄里在对游客凝视理论进行补充修正的时候提到近年来旅游研究的"表演转向",表演论者利用戈夫曼拟剧论中的表演隐喻解释旅游的发展,表现在三个方面:一是旅游景点的主题化和舞台化;二是游客的身体本质上是在演戏,依据事先获知的剧本进行表演;三是游客体现的身体动作在传递信息[③]。无论是相互凝视,还是表演论,都蕴含着近年来在视觉框架下研究个体流动及信息传播的两个趋向:第一,围绕观看的权力关系从二元走向多元,权力的消解、建构和转移使观看关系更为复杂;第二,对游客的考察偏向个体的传播行为,同时注重考察个体的身体、心理、行为背后的社会关系建构。

厄里指出应该以"全球混杂"(global hybrid)的概念来理解近来的人群和影像的流动[④]。个体是社会化的产物,当全球化的发展使"流动的现代性"已悄然成形,个体和影像的流动便需要被置于一个更加具有关联性和矛盾性的系统中考察。倘若要思考个体身处变幻莫测的全球秩序中的位置及意义,个体在流动中的视觉实践及自我表达便是当前媒介环境中的一个切入点。

第二节　现实与虚拟:流动中观看方式的转变与交融

在 2011 年出版的《游客的凝视》第三版(*The Tourist Gaze* 3.0)中,约翰·厄里引入约翰·伯格著名的"观看之道"的说法来补充游客凝视理论,这便将游客凝视置于一个社会建构主义的关系视角。伯格说:"我们从不单单注视一件东西,我们总是在审度物我之间的关系。"[⑤]旅居中的个体不仅身处各种各样的景观当中,而且会将所见所闻记录下来便于回忆与分享。进入移动社交媒体时代,旅居者在外出时继续使用社交媒体,这使得关于旅居的媒介文本创建与旅行实践并不是分离的,媒介使用深度嵌入旅行实践中,成为日常旅游体验的一种惯例。"社交媒体强调幻想和想象力在流动的旅游体验中的作用。这暗示着虚拟、情感和想象力的出行方式,及其与实际身体旅行的平行运行。"旅居者在社交媒体上记录旅居内容的做法不仅反映了身体的旅行,还参与了一种在线旅行的建构。

图像类社交媒体的兴起赋予旅居者更加便捷的生活记录手段,人们对图像的兴趣还影响了人们关于旅行的种种决定。智能手机的使用可以通过改变旅游规划、构建或破坏一个人的旅游意识以及重新配置游客、地方和他人之间的关系来显著改变旅行体验。作为全球最大的图像类社交平台, Instagram 对旅游的影响引发媒体的广泛关注,一个地方的某种景观一旦在 Instagram 上成为流行,就会迅速吸引到来自全球的游客。为《国家地理》杂志提

① 李拉扬. 旅游凝视:反思与重构[J]. 旅游学刊,2015,30(2):118-126.
② MAOZ D. The mutual gaze[J]. Annals of Tourism Research, 2006, 33(1): 221-239.
③ [英]约翰·厄里,乔纳斯·拉森. 游客的凝视(第三版)[M]. 黄宛瑜,译. 上海:格致出版社:上海人民出版社,2016:220.
④ URRY J. Globalising the tourist gaze[J]. Tourism development revisited: Concepts, issues and paradigms, 2001: 150-160.
⑤ [英]约翰·伯格. 观看之道[M]. 戴行钺,译. 桂林:广西师范大学出版社,2005:2.

供过封面照片的摄影师科里·阿诺德（Corey Arnold）曾经感叹，人们现在的日常生活更多地埋在手机里，所以会产生“逃往美丽风景，做些真实的事情”的愿望，但是他们从哪里得到旅行的灵感呢——Instagram。现实的旅游数据也在证实这一点，2015年，新西兰的小镇瓦纳卡开始接待Instagram上具有影响力的人（influencers），这些人拥有大量的关注者，他们发布的旅行经历会引领社交媒体的潮流，结果是该小镇获得了新西兰最快的旅游业增长率——14%[①]，这种旅游地的发展思路接近国内的网红经济，利用社交媒体强大的辐射能力，将个体裹挟进观看、旅行与传播的循环潮流中。

一、在线旅游：便捷的异地观看与出游选择

（一）清晰识别的异地景观

在身体抵达异国的土地之前，浏览社交媒体已经成为观赏新奇文化和联结遥远地方的方式。在一家旅游社交网站对78 994人进行的调查中，48%的Instagram用户使用Instagram来选择度假目的地，而35%的用户使用Instagram来发现新的地方，这一现象在千禧一代（Millennials）中更为明显[②]。与传统媒体时代查阅旅行手册或咨询旅行机构相比，Instagram的媒介属性和功能为观看全球图景、引发出行愿望、了解异地信息以及制定出游计划提供了更为便捷的途径，其中，地理位置标记和主题标签设置起到尤为关键的作用。

作为图像类社交平台，富丽妖娆的异地照片对用户的吸引力自不必赘言。除了拍摄、编辑和分享照片，Instagram平台的地理位置标记功能对于用户由观看异国景观而产生兴趣至关重要。地理标记功能不仅可以使分享图像的用户轻松地指明拍摄景观所在的位置，而且使观看者一目了然地识别出图像的地点，即便拍摄者分享图像时并未多加说明，观看者也可以通过点击或搜索地理位置信息了解更多的地方信息。另外，如同前两章中笔者提到的一样，主题标签已经成为极具Instagram特色的信息识别符号，无论是地理位置还是景观名称，抑或是文化特色和旅行体验，都可以作为主题标签与图像同时发布，添加标签不仅可以使分享的内容更具识别性，而且可以获得更多的关注和互动机会。

（二）意见领袖的视觉影响力

社交媒体打破了传统媒体机构（如电视台、出版社）对于旅游观点和建议的掌控，却催生了一大批具有影响力的自媒体，这些账号拥有数量可观的关注者，借助社交媒体的人际传播特征和病毒传播效应，它们更新的内容对于普通用户有着越来越强的影响力。经过十余年的进化，自媒体在内容类型和风格方面逐渐成形，在时尚、美食、家居、教育等诸多与日常生活密切相关的领域呈现聚集趋势。在互联网经济的助推之下，“网络红人”（influencer，或直译为影响者）扮演了各个领域意见领袖（opinion leader）的角色，被称为关键意见领袖（KOI）。

旅游类博主便是近年在Instagram平台兴起的一类“网红”，他们或以旅行为职业，或因工作需要常常游走各地，或常年旅居异国，在Instagram上发布的图像绝大部分都与旅游景

① CARRIE MILLER. How instagram Is changing travel[EB/OL]. National geographic.(2017-01-27)[2021-04-15]. https：//www.nationalgeographic.com/travel/travel-interests/arts-and-culture/how-instagram-is-changing-travel/.

② DAVID COHEN. Instagram is the modern-day travel agent[EB/OL]. ADWEEK.(2015-11-17)[2021-04-15]. http：//www.adweek.com/digital/misstravel-instagram-travel-survey/.

观相关，他们对旅行充满热情，并保持着极高的出游及更新图像的频率。Instagram 上的旅行类意见领袖通常具备以下特点：首先，他们有能力比一般用户获得更多的旅行机会和消息；其次，他们乐于分享对于旅游的体验和媒体文本，并且熟知社交媒体的流行文化；最关键的，他们知道如何拍摄和处理照片能够营造出最佳的视觉效果，以及怎样的传播方式能获得更多用户的关注。

由于意见领袖在社交媒体空间持续的影响力，企图发展旅游经济的地方开始注意到“网红”身上的商业价值，意见领袖产生的注意力经济越来越受到普遍重视，“网红”逐渐成为旅游地与个体用户之间的桥梁。有学者将普通社交媒体用户积累足够的社会资本以达到影响大量受众的能力称为社交媒体的“扩音器效应”（megaphone effect）[①]，而与现实社会中的主流名人不同，社交媒体中的意见领袖需要通过真实性和联系性来建立价值[②]。一方面，这些意见领袖需要提供真实可靠的信息获取用户的关注和信任，另一方面，大量用户的关注能够为他们创造商业价值，与地方或企业的合作能够进一步提升他们的知名度，实现影响力提升的正向循环。“网红”的体验身份让旅游地看起来真实，用户获得了在线游览的满足感，他们还利用合作链接的形式，为感兴趣的用户提供特定的访问渠道[③]。越来越多的旅游地开始与大大小小的意见领袖合作，他们拍摄的视觉内容在社交媒体获得广泛传播，影响观看到的个体奔赴视觉体验美好的异乡。

二、观看期待与再现冲动：媒介景观的双向互构

致力于发展旅游业的地方在社交媒体空间的视觉建构远不止意见领袖的照片。约翰·厄里认为，游客的目光是由包括旅游业在内的社会主导机构所引导的，“从事观光旅游业，最重要的就是视觉凝视，所以，整个产业念兹在兹的全是奇观的营造跟高度去分化的文化实践。”[④] 意识到 Instagram 为代表的图像社交媒体的影响力，各个可能的旅游目的地都在思考自己所在的地方如何在 Instagram 上受到欢迎，哪些景观如何拍摄能够在 Instagram 上看起来更美。除了天然美好的自然景观，旅游地还会用心打造更适合拍照的景点或设施，比如在海边修建长长的海滨步道，在广场增加灯光设施等。

有一些文化特色浓厚的元素会被凸显，成为地方名片，使游客观看和拍摄到的景观更符合到达之前的视觉观感和想象期待。厄里用“旅游反身性”（tourism reflexivity）来形容游客的流动和凝视带来的旅游业发展，每个地方都在全球隐然形成的旅游模式中监控、评估和发展自身的旅游潜力，并挖掘其地方现有或蕴藏的物质与符号资源[⑤]。移动社交和实时图像分享将从前不可能被看到的地方卷入全球性的凝视之中，使原本分散的偏僻角落有可能成为流动中的世界中心，一方面竭力保持和凸显原本的文化特色景观，满足游客对“东方”或“西方”、“古典”或“现代”的期待，另一方面又不可避免地走入互联网覆盖下的现代化世界，参

① MCQUARRIE E F, MILLER J, PHILLIPS B J. The megaphone effect: taste and audience in fashion blogging[J]. Journal of Consumer Research, 2012, 40(1): 136-158.

② JERSLEV A. In the time of the microcelebrity: celebrification and the YouTuber Zoella[J]. International Journal of Communication, 2016(10): 19.

③ GRETZEL U. Influencer marketing in travel and tourism[A]. SIGALA M, GRETZEL U(ED). Advances in social media for travel, tourism and hospitality[M]. Routledge, 2017: 147-156.

④ [英]约翰·厄里，乔纳斯·拉森. 游客的凝视[M]. 3版. 黄宛瑜，译. 上海：格致出版社：上海人民出版社，2016：113.

⑤ [英]约翰·厄里，乔纳斯·拉森. 游客的凝视[M]. 3版. 黄宛瑜，译. 上海：格致出版社：上海人民出版社，2016：28.

与正在发生的文化交融和世界景观重建。

在各个地方不遗余力地打造媒介景观的同时,游客作为个体的自主性也被社交媒体挖掘,游客对旅居生活的再现欲望与旅游地共同建构了社交媒体空间的媒介景观。社交媒体空间信息对人们生活方式的入侵以及摄影和图像分享对旅居本身的改造,共同作用于流动中的个体,使其出游更具目的性和实践性。对于熟悉社交媒体流行文化的年轻人群,从信息采集到出游表现的每一个环节都可以有更多自主的选择,而且有多种方式建构出游记忆,同时在旅程中获得更多展现自我的机会。

近年来,旅居者的旅程见闻和文化差异的体验被频频上传至网络空间,供全世界的观众使用,这意味着两方面的转变:首先,旅居者不再仅仅满足于被动地扫视那些由媒体或机构指示给他们的地点,现在可以通过在网上分享自己的经验轻松地参与到旅居地点的符号意义建构当中;其次,根据福柯对圆形监狱(panopticon)的解读,旅居者意识到他们分享的旅游信息有无限的在线观众,他们的旅游行为会对潜在的观看有所反映①。也就是说,旅居者在异地的行为表现被两个层次的观众所观看,一是如前文所言的被当地人观看,即线下的相互凝视;二是旅居者的自拍等个人形象以及分享的旅居图像等信息会被更大范围的线上观众观看,因此,旅居者会有意识地选择观看并建构自己对异地的再现内容。

正如詹克斯所说,视觉是熟练的文化实践②,旅居图像彰显出这个时代的文化交流的实践方式及媒介文本。数字化时代的旅居者面临着越来越多的在线观众, Instagram 成为旅居者表达自我感受、展示世界景观及文化体验的重要舞台。Instagram 平台千千万万的地理定位和图像景观含蓄地反映出人与空间的潜在联系,这些联系围绕着视觉,为个体灵感迸发和文化碰撞提供了短暂的途径,标记了一种集体交流的方式③。本章将在地理位置标记功能的基础上,选取 Instagram 平台的旅居图像进行多模态话语分析,探究身体和信息双重流动中的跨文化传播现象及个体表达趋势。

第三节 图像社交:景观呈现与自我表达

如前所述,曼诺维奇将代表 Instagram 平台媒体形式和设计美学的图像风格称为 Instagramism,随着 Instagram 成为人们日常生活的重要信息来源,社交媒体的用户创造出一个词语——"Instagrammble",用来形容生活中比较"上镜"、容易拍摄出吸引人的照片的地方④。旅游网站 Big 7 Travel 评选了 2019 年全球最"Instagrammble"的地方,澳大利亚排名第一,

① MAGASIC M. The 'selfie gaze'and 'social media pilgrimage': two frames for conceptualising the experience of social media using tourists[M].Information and Communication Technologies in Tourism 2016. Springer, Cham, 2016: 173-182.

② JENKS, C. 'The centrality of the eye in western culture: an introduction', in C. Jenks (ed.), Visual Culture. London: Routledge, 1995:10.

③ MAGASIC M. The 'selfie gaze'and 'social media pilgrimage': two frames for conceptualising the experience of social media using tourists[M].Information and Communication Technologies in Tourism 2016. Springer, Cham, 2016: 173-182.

④ 与 Instagramism 在学者笔下的学术性相比, Instagrammable 更具有网络流行语的口语化特征, wiktionary 的解释是"Lending itself to being photographed and posted on social media; photogenic; attractively wholesome."指事物具备吸引人拍照的属性。参见 https://en.wiktionary.org/wiki/Instagrammable.

中国北京排名第 31 位[①]。同一个网站推选的 Instagram 上北京最受欢迎的七个景点分别为：什刹海、故宫、星光 SOHO、北京胡同、颐和园十七孔桥、鸟巢和景山公园[②]。

这个统计与笔者对 Instagram 的观察感受大体一致，在为期三个月的观察中，笔者通过搜索#chinatravel、#Beijing、#explorebeijing 等标签，或搜索定位在中国及北京的图像，发现故宫、长城、颐和园等景点确实在关于游览北京的图像中出现较为频繁。最终，笔者决定收集带有主题标签#forbiddencity 及地理位置标识为故宫的图片进行图像内容分析，并锁定三名游览过故宫的外国旅游博主进行针对性的话语分析。这些博主的粉丝人数都在一万以上，长期居住在中国或多次发布关于北京的图像，对他们的图像内容、文字语言、互动方式的观察与分析，能够反映出外国旅居者对中国的观看方式及相应表达；对其不局限于故宫及中国的图像表达分析则进一步窥探不同地方的文化风貌呈现异同，以及不同语言文化背景的观者互动交流时的状态。

一、景观和自我的视觉呈现：观看、融入与建构

笔者以主题标签#forbiddencity 作为关键词在 Instagram 进行搜索，此标签下共有图像 32 万余幅。结合对地理位置“故宫”进行的搜索，笔者分三个阶段共随机截取图像 530 幅进行分析[①]。这些图像中，有 48.1%出现了旅游者自身的形象，正如厄里所总结的：“游客最想拍两种相片：一是旅游景点的相片，二是自己现身在当地的影像。”[②] 就外国游客对故宫的游览来说，展现故宫代表的典型中国古典建筑风貌是证明他们身处异地的重要标志，除此之外，在社交媒体展现自身形象依然是 Instagram 用户分享图像的关键目的。

（一）“打卡”——文化符号的观看与拍摄

在笔者的观察和统计中，故宫的宫殿、石狮子、红色宫墙等文化特色明显的景物是在“#forbiddencity”标签下出现频率最高的图像。对于带着游览目的并重视视觉体验的游客来说，与自身国家“异质化”的景观最能直观地体现出游的价值。从东道主国家文化传播的角度讲，也许我们并不希望外国游客对中国的印象只有传统建筑的亭台楼阁，但 Instagram 上大量的图像证明，对故宫、长城、天安门等历史建筑的兴趣，确实是外国人打开了解中国之门的一把钥匙。正如前文所言，游客对景观的观看和捕捉，一方面是自身见到不同景观的观看体验的直接反映，另一方面源于出游之前的观看期待——相比现代建筑的高楼大厦，紫禁城和园林艺术更符合外国人对中国的观看期待。

拍摄代表性景观是一种便捷的证明置身某地的方式，而“证明身处某地”最简单有效的方式是发布图片时添加地理位置标识，许多旅居者游览故宫时会添加“故宫”或“Forbidden City”的地理位置标识，这样不论图像内容是否直观，观看者都可以瞬间判断发布者置身于故宫之中。除此之外，拍摄观看者熟悉的代表性元素也是“身处某地”的有效证明，例如故

① BIG 7 TRAVEL. The 50 most instagrammable places in the world 2019[EB/OL].(2019-01-07)[2021-04-15]. https://bigseventravel.com/instagrammable-places-world-2019/.

② BIG 7 TRAVEL. The 7 most instagrammable spots in Beijing[EB/OL].(2019-01-06)[2020-03-20]. https://bigseventravel.com/the-7-most-instagrammable-spots-in-beijing/.

① 笔者进行图像分析时，大体是按照发布时间随机收集图像，但去掉了添加故宫标签或定位，但图片包含与中国及旅居无关的杂乱内容。另外，由于涉及后续的多模态分析，因此笔者选择使用中文、英文以及韩文表述或使用其他语言但文字较为简短的图像。

② ［英］约翰·厄里，乔纳斯·拉森. 游客的凝视（第三版）［M］. 黄宛瑜，译. 上海：格致出版社；上海人民出版社，2016：245.

宫的红墙金瓦、大殿全貌、石狮子、宫门等都是易于外国人识别的文化符号。不论是添加地理位置标签还是拍摄代表性的文化符号，游客拍摄并分享热门景点图像的方式被国内社交网络称为“打卡”，打卡一词最初表示上班族在设备上记录上下班时间，后被泛用成为网络流行语，表示完成某个特定目标之后的记录，或表示向他人展示拥有某物或抵达某地。将含有文化符号的图像分享至社交网络也包含了“打卡”的性质，既便于自己记录生活，又能够建构积极健康的个人形象。

另外，由于考虑到会把图像分享到社交媒体，游客会选择符合社交媒体观众观看期待的图像进行拍摄。旅行者意识到受众对其旅行的印象，并试图在他们的在线旅游内容创作中满足观众的期望[①]。正如同到达埃及不能不表现金字塔的宏伟、在马尔代夫要展现海滩的闲适一样，中国古代紫禁城的建筑艺术、风格和规模都会成为被优先表现的元素。与前述章节中展现自拍的视角选择相比，更多的游客选择使用平视或仰视的视角来表现紫禁城（如图5.3）。自拍图像中，采用平视镜头的图像占比83.6%，而表现建筑物的图像中，这一比例为71.7%。在自拍照中，仅有4.1%的图像采取了仰视视角，而表现故宫建筑的图像中，这一比例为16%。仰视镜头不仅能表现出故宫的屋顶与房檐等建筑艺术特色，而且能够凸显出古代皇家建筑的气魄与威严。

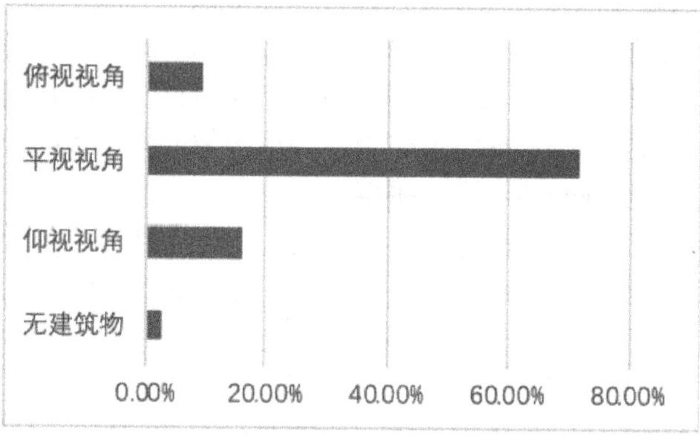

图 5.3 展现故宫图像的拍摄视角[②]

在景山俯视故宫也成为一个常见的拍摄视角，这一角度更能体现故宫的整体规模，更具视觉冲击力。景观本身给人带来的视觉震撼能够引发拍摄和记录的动力，这自不必赘言，除此之外，社交网络用户拍摄照片的内容和形式还受到网络环境及关键意见领袖的影响，对景观地的“打卡”行为存在明显的模仿倾向。

（二）自我呈现——文化符号的组合与社会资本的建构

定位在故宫以及使用#forbiddencity的图像中，有一半是展现景观中的自我，这证实了厄里的一个观点，即游客拍照不仅仅关乎地方消费，还牵涉到自我呈现及“策略性印象管理”[③]，在线旅程是根据实际旅程中捕获的时刻构建的，这些时刻的编辑方式应符合旅行者

① MAGASIC M. Travel blogging: an auto-ethnographic study of how online interactions influence a journey[J]. First Monday, 2014, 19(7).

② 有少量图像是在故宫的人物自拍，背景中建筑物虚化严重虚化，无法明确看出建筑物角度，这一比例占到2.8%。

③ [英]约翰·厄里，乔纳斯·拉森. 游客的凝视（第三版）[M]. 黄宛瑜，译. 上海：格致出版社；上海人民出版社，2016：245.

的理想自我形象以及观众的反馈意见①。通过在线旅程中的自我呈现,旅行者在线身份建构的实践被循环回到实际旅程中,因为网络使用和自我展示的实践是在旅行的实际空间中进行的,是社交媒体整合旅行的一部分。也就是说,包含自我形象的照片及附带的文字描述不仅要符合“出游”或“旅居”的身份,而且要与自己一贯的社交媒体形象相一致,这时,旅居中的图像化自我呈现确实考虑到印象管理的因素,带有一定的“表演”成分。

正如戈夫曼所言,个体在“前台”呈现自己的举止和行为能够适应某些情境,而“由一个特定的参与者所做的情境定义,是由多个参与者亲密合作建立并维持的情境定义的一个组成部分”②。在 Instagram 平台分享旅居图像的情境中,包含这样几层情境因素,一是分享图像的个体对旅居地的凝视和拍摄,一是社交媒体的观看者通过分享者的图像对旅居地的观看,观看者对身处于异地的分享者自身的观看也蕴含其中。在这样多维度的凝视与体验中,其实是个体与家人、恋人、朋友以及可能的陌生人等群体共同完成了观看的实践,“尽管个体摄影似乎是在描绘私人的世界,但它其实是在经过整理的姿势和姿态的‘前台’中进行的”③,观看异质文化的新奇体验背后,还包含着建构社会关系的深层动机。

随着游客的旅程图像越来越多地上传到广阔的社交媒体空间并受到他人的审视,游客将更主动地寻找“上相的”(Instagrammable)景观元素,这些元素便于取景和拍摄,并被认为能够得到想象中的在线受众认可。游客的在线自我呈现具有利益最大化和风险最小化的趋势,这意味着游客很可能会尝试通过在线旅行的呈现来满足和安慰受众。值得注意的是,旅游内容通常是作为积累社会资本的一种方式上传的,尤其是在个人社交媒体平台中,一些全球旅行者在旅行时使用社交媒体,是为了向他们的社交媒体联系人炫耀自己的旅行经历④。旅游图像是展现旅居生活的精彩片段以及个体积极生活能力的良好中介,旅居中的自我呈现带有表演性质,不仅可以展现个体生活状态、还可以迎合社交媒体观看者对异质文化的观看期待,通过营造共同在场的观看关系将观者纳入时空旅行的体验中,进而建构社会资本。

二、以图为媒:文化体验的直观化、全球化表达

在 Instagram 平台,图像无疑是最为重要的传播符号,分享图像赋予传播者便捷的传播方式,也带给受众直观的信息感知体验。但是,图像(特别是静态的照片)片段式、碎片化的记录方式并不能完全记录发布者想要传达的信息,特别是在旅途中,并不是所有的见闻感受都可以通过照片呈现给观看者。因此,相比前文分析的自拍照和在地的生活图像,旅居者更愿意在发布图像时添加更多的文字信息。在旅行图像的传播中,图像成为一个意向明显的媒介,不仅邀请受众观看自身承载的信息,而且借由图像的直观性,文字信息能够实现更好的传播效果。

(一)凸显自我:自我形象的维护与自我意识的强化

在笔者进行分析的 530 幅包含故宫主题标签或地理位置标记的图像中,有 72.6%的图

① MAGASIC M. The ‘selfie gaze’and ‘social media pilgrimage’: two frames for conceptualising the experience of social media using tourists[M].Information and Communication Technologies in Tourism 2016. Springer, Cham, 2016: 173-182.

② [美]欧文·戈夫曼. 日常生活中的自我呈现[M]. 冯钢译. 北京:北京大学出版社,2008:69.

③ LARSEN J. Families seen sightseeing: performativity of tourist photography[J]. Space and culture, 2005, 8(4): 416-434.

④ MAGASIC M. The ‘selfie gaze’and ‘social media pilgrimage’: two frames for conceptualising the experience of social media using tourists[M].Information and Communication Technologies in Tourism 2016. Springer, Cham, 2016: 173-182.

像在被发布时添加了文字描述。有将近三分之一的图像在发布时并未添加文字描述，只添加了标签或地理位置，这是图像本身视觉传播力的体现。对添加文字描述的385幅图像的文字描述类别进行梳理，发现文字描述的内容可以简要分为几个方面，如表所示。

表5.1　Instagram故宫图像文字描述内容分类及数量

类别	文字描述内容	图片数量	占比	举例
1	描述自身旅居及生活感受	167	43.4%	**n1k1morgan** 🖤 Travel, learn the history, be inspired by the culture, love on the people and where they come from 🖤 ••••
2	描述风景、建筑等景观	125	32.5%	**creaturesaturn** Frozen Moat at Forbidden City
3	介绍故宫历史、文化	58	15.1%	**jjjanover** Like the Sphinx in Egypt, the Fu Dogs that guard the entrance to The Forbidden City in China are guardians of information, of knowledge... the Fu Dogs may be
4	感叹中国现状（经济发展、人民热情等）	12	3.1%	**souldencin** Can't put into words how amazing China is #forbiddencity #history #travelbug
5	与中国相关的其他内容（雾霾、交通等）	30	7.8%	**sherhwan** 📍 Landmark 📍 officially announce being low season but experience crowds around...
6	提及同伴或@朋友	55	14.3%	**taylor_pasq** China day one! And a lot more coming at you. With @sylviapasq at the Forbidden City
7	提及商业组织或活动	11	2.9%	SELECTED BY ADMIN | @myintermezzi THANKS FOR FOLLOWING US | @LOVES_UNITED_CHINA

不难看出，作为个体表达的“自留地”，即便是身处异质文化与新鲜事物碰撞的旅途之中，社交媒体空间自我感受的表达仍是发布图像时文字描述的最主要内容。自身感受的描述有些与旅行目的地相关，描述抵达某地的期盼、兴奋、快乐等感受，这类表达是比较感性和直接的，与旅行当下的情绪直接相关。还有一些用户会精心营造自己的图像描述，虽然也在表达个人感受，但其感叹的是旅行本身的意义（如表5.1），有的用户会挑选文学作品或名人

名言作为图像的文字描述，以替代口语化的自我表达，以此塑造自身的网络形象。如@dwaynekalani 在发布自己在故宫拍摄的照片时，引用了马克·吐温关于旅行的文字来印证自己：

“*TRAVEL IS FATAL TO PREJUDICE, BIGOTRY, AND NARROW MINDEDNESS, AND MANY OF OUR PEOPLE NEED IT SORELY ON THESE ACCOUNTS. —MARK TWAIN*”（旅行对于偏见、偏执和狭隘的思想是致命的，我们许多人都非常需要旅行。）①

无论是发布包含自我形象的照片还是用文字描述旅行的自我感受，我们能够看到，除了实际的旅程，个体还在社交媒体建构一趟“在线旅行”。“在线旅行”是个体“自我呈现”的一部分，“这种媒介化的旅行是在旅行者的‘自我呈现’中上演的，旅行者通过这个过程组合他们的数字角色”②。凝视及对凝视对象的展现成为自我呈现的一部分，并且通过对社交媒体的分析可知，这种普遍趋势是全球性的。与媒介组织或以往人类学家、外交人员描述的异地体验不同，拥有社交媒体账号和智能手机摄像头的个体用户更愿意表达私人的感受，这种自我意识的凸显既赋予个体更多观看世界的权利，也使我们可以通过个体的自我表达透视跨越传统文化边界的信息流动状态和社会交往行为。

（二）评述他者：奇观凝视与网络表达

根据笔者的初步统计，有超过三分之一的游客会简单描述故宫的景观，有 15.1%的游客会写一些文字介绍故宫的历史和文化，例如故宫的建成时间、房间数量、建筑特色等都是常见的描写内容。与常见的社交媒体表述方式不同，介绍故宫历史与文化的文字描述往往需要发布更多字数，这些文字来自对于故宫的官方介绍或民间传说，分享旅游图像时添加详尽的文字描述有两层含义：一是建构“在线旅行”，二是维护社交媒体的互动关系。充分的文字介绍是游客融入旅游地景观的证明，抵达某地并了解其历史和文化是游客经济、文化和社会交往能力的综合呈现，“在线旅行”的建构其实是通过文化资本展现的一种象征性的能力。除了在旅行中自我呈现，游客对旅游地历史文化的详细描述也能够为其 Instagram 账号的关注者提供信息和建议，并在与观看者的评论互动中维护社会关系。

一个有趣的现象是，由于故宫的英文翻译为 forbidden city（紫禁城），“forbidden”在外国游客心目中天然带有一种神秘的禁忌感，而进入故宫旅行，为游客个人提供了一种打破禁忌感的新奇体验。尽管对这种禁忌感的解构并不是由游客个人完成的，但描述这种新奇感对于游客以及浏览社交媒体的在线观看者都具有足够的吸引力。一些游客用“adventure”（冒险）来形容故宫之旅，许多游客会用“inside”“go into”等词语来描述图像，表明能够“进入”紫禁城——中国传统文化中禁止普通民众进入的场所，这使得故宫的古代建筑不仅是一种视觉奇观，进入故宫也成为体验这种奇观的一个重要组成部分。

作为国际知名度最高的中国景观之一，故宫在外国游客眼中是带有神话色彩和寓言性的，因此也获得了一种超越时间的、永恒的符号意义。现代性带来的流动性使游览故宫的游客得以进入一个处于现代和古代边界的神秘处境，对故宫的观看是对一个过去不为人知的奇观世界的凝视，带有对文化“他者”的审视意味。许多呈现天安门、天坛、长城、传统手艺

① 材料来源：@dwaynekalani Instagram 主页，https://www.instagram.com/dwaynekalani/.

② MAGASIC M. The ‘selfie gaze’and ‘social media pilgrimage’: two frames for conceptualising the experience of social media using tourists[M].Information and Communication Technologies in Tourism 2016. Springer, Cham, 2016: 173-182.

人甚至北京胡同现代生活的图像都被打上“#forbiddencity”的主题标签，这一方面说明紫禁城的国际知名度和影响力，另一方面也说明，在西方人眼中，中国景观的形象是混杂的、模糊的，添加包括故宫在内的多个标签既能够明确中国之旅的地理标识，又能够提升图像被检索和观看到的概率。

虽然外国游客对故宫的游览摆脱不了奇观凝视的成分，但社交媒体环境中的景观观看和分享却不是排斥在“现代性”之外的封闭化行为。游客分享的图像是凝固的、片段化的，但游客的旅行及分享行为是连续的、网状的，在线旅行不仅构筑了个体的自我呈现，而且将个体与来源地、旅游地的景观和人联结在一起。景观通过游客呈现给更多的观众，个体也在流动、观看与分享中强化或转变自身的认知。而对于互联网空间的观看者而言，景观和游客都成为观看对象，一次次观看与信息互动也在建构不同个体的世界观。

（三）观看与理解：文化体验的在线认同

正如表 5.1 所示，一些游客会在分享故宫图像时发表对中国的感叹（3.1%），更多的游客会提到中国相关的其他内容（7.8%），也就是说，约有十分之一的游客会在分享中国的某一景观时发表对中国的评论。鉴于来到中国的游客一般不会只游览故宫，而游客对建筑景观的描述中涉及旅游地的评论会比在人文风情图像中涉及的比例低，笔者观察统计的这一比例已经相当可观。游客在社交媒体分享景观时使用的话语，是混杂了对景观本身和景观所处国家、所在地文化的自我表达，背后蕴含着旅居中的文化体验、自我认同和文化认同。

Instagram 上分享故宫图像时的文字描述中，大部分涉及中国的描述和评价都是正面的，毕竟游客对异国景观及文化的评价是以对景观的凝视为前提的。“游客凝视的一切，其实是他们从各种媒体上吸收与内化的理想再现。”① 为了在社交媒体呈现自己及关注者满意的图像使之接近旅行之前观看到的景象，游客要不断在景观空间中发现美，并且永远带有摄影取景以及社交媒体分享的内容思维。优美壮丽的景观是优化旅居体验的重要元素，对景观历史文化的观看也可以加强游客对旅游地文化的理解与认同。

借助图像这一中介，游客也会发表旅居生活中不和谐的体验感受，这些感受可能会转化为对旅游地的负面评价。例如，有的外国游客提到中国的雾霾天气、拥挤的交通以及对旅游业的抱怨等等。但是，几乎没有评价是完全负面的，游客在提到旅行中不尽如人意的事情时，仍然会感叹景观之美、热情的招待或是美味的中国食物。也就是说，故宫的建筑景观和象征意义将其定位于传统文化之中，但游客具身性的游览和全方位体验又会将其置入一个综合性的现代视野。旅居过程充满了新奇与差异，也充斥着落差与暗示，但更填满了尝试与沟通，正是在时空交错的混杂体验中，个体开启了求同存异的理解甚至认同。

约翰·厄里在其另一部著作《消费场所》（*Consuming Places*）中提到过旅居构筑的一种“美学世界主义”，并指出美学世界主义是建立在某些视觉规范之上的，他借用赫布迪基（Hebdige）的主张，即“当很多人直接去旅行，或是在他们的客厅以看电视的方式而成为世界旅行者时，‘世俗的世界主义’（mundane cosmopolitanism）已成为许多人日常生活经验的一部分”②。厄里认为旅居代表的美学世界主义包含以下的模式：①每个人都有权利到世界各地旅行，并能到各种环境消费，在这样的想法下，发展出大范围真实或模拟的流动形态；

① ［英］约翰·厄里，乔纳斯·拉森. 游客的凝视（第三版）［M］. 黄宛瑜，译. 上海：格致出版社；上海人民出版社，2016：115.

② ［英］约翰·厄里. 消费场所［M］. 江千绮，译. 台北：书林出版有限公司，2013：216.

②对所有地方、所有族群的所有文化有好奇心,至少能描绘出这些场所和文化的历史、地理与人类学发展的基本能力;③对其他族群与文化敞开心胸,并且愿意或能够欣赏所到之处的语言或文化因素;④愿意承担在游客环境保护罩以外的地区移动所产生的风险;⑤能够依据广博的地理和历史知识,找出个人在社会与地方文化的定位,而能够针对不同的自然、场所与社会产生反思,并对这些事物有美学的评断能力;⑥某种程度的符号语意技能——能够诠释观光符号,看出它们所欲呈现的事物,并确实知道某些讽刺意味,以客观中立的方式来运用这些符号。[①]

数字时代摄影技术及社交媒体的发展无疑加剧了厄里所言的流动性,不仅如此,这种流动性是具备现代性的反身性的。可以看出,厄里所谓“美学的世界主义”并不是建立在某种高标准的传统美学理念之上,而是以个体流动为基础的世俗化的视觉审美能力的世界化。世俗化的审美并不代表个体被动地接受,个体在发现、捕捉和分享景观之美的过程中也表达了自身的观点,建构了自身形象。个体发挥了审美和理解文化的主体性,社交媒体空间的图像分享带来身体和信息的双重流动,个体的图像分享成为文化交流与融合的桥梁,构筑了一种虚拟的在线理解和认同。

三、旅居视频:联结的强化与适应的弱化

Instagram 上线之初是一个纯粹的静态照片分享网站,但短视频应用迅猛的发展势头和用户分享动态视频的需求使 Instagram 在此后做出内容类型调整。为了和 Vine 等当时流行的视频分享应用竞争, 2013 年 6 月,它加入了 15 秒的视频分享功能。2015 年 8 月, Instagram 增加了对宽屏视频的支持, 2016 年 3 月, Instagram 将 15 秒的视频长度限制提高到了 60 秒。2016 年 8 月, Instagram 推出了 Instagram Stories 功能,允许用户将视频、照片分享至“故事”功能,这些图像将在 24 小时后失效。这个功能被认为与风靡一时的私密社交软件 Snapchat 相似,随后, Instagram 不断完善故事功能,不仅可以直播、添加滤镜,而且可以将故事视频设置为永久保存。近期发布了“Instagram 故事”的用户头像周围将显示一个彩色圆圈,其他用户可以随时观看用户的故事。据媒体报道,2018 年 6 月,Instagram 的每日活跃故事用户达到 4 亿,月活跃用户达到 10 亿[②]。

短视频功能的加入使 Instagram 的功能更加强大,在一段时间内保持了用户对视频功能的新鲜感,增强了平台的社交属性。Snapchat 引发的私密分享热潮稍微冷却之后,普通用户对于 Instagram Stories 的热忱有所下降, Instagram 的核心功能还是分享照片,并非人人都要利用故事的永久显示来提升关注度。但是,对于依靠分享旅居图像与关注者交流的博主来说,短视频的使用便成为提升用户连接度的重要手段。

(一)创新表达:景观中的个人风格

成为影响者(网红、influencer)需要打造个人的视觉风格,尽管风光、建筑、博主自身形象等元素构成的图像有相似之处,但为了吸引和维护更多数量的关注者,影响者还是会尽量凸显其视觉风格,既不能脱离互联网用户的大众审美,又要与其他影响者及普通用户区分开来。因此,通过制作短视频、直播等动态影像呈现更加立体的旅途景观和更加丰富的个人生

① [英]约翰·厄里. 消费场所[M]. 江千绮,译. 台北:书林出版有限公司,2013:217.

② WIKIPEDIA. Instagram. https://en.wikipedia.org/wiki/Instagram#Instagram_Stories.

活片段，便成为影响者常用的自我表达方式。

Instagram 平台网红账号@peepy_and_mother_lee 发布的在故宫游览的照片获得了 2400 多个赞，成为 Instagram 平台故宫主题标签下的热门图像。这幅照片符合@peepy_and_mother_lee 一贯的照片风格，包含了个体风格极其凸显的四个元素：旅游地、奇装异服、奢侈品包以及冷漠的表情。@peepy_and_mother_lee 的账号拥有者是来自泰国的一对母子，在 Instagram 上拥有 15 万 9 千名来自世界各地的粉丝，在这张故宫拍摄的图像下面的评论中，便夹杂了多种语言的网友留言。大部分留言都是夸赞博主奢侈、有趣、好看，有网友用汉语留言"嗯嗯嗯，很皇家"，也有网友用英文留言"Welcome to Beijing"[①]，博主自身的服饰风格与旅游景观的风格组合形成了视觉冲击，促使人们关注、点赞和评论其图像。

虽然他们发布的照片以故宫为背景，而且在发布时添加了故宫的地理位置标签，但仅从视觉上感受，这幅图像与博主之前在其他地点发布的图像相似度很高。"冷漠的奢华"已经成为这对母子的图像标志，仅从静态照片并不能体现他们旅行中的其他亮点。@peepy_and_mother_lee 在游览故宫时发布了一则 5 分 22 秒的短视频，连续的视频内容更能体现旅游地的景观特色（如图 5.4）。

图 5.4　@peepy_and_mother_lee 发布的故宫游览视频截图

可以看出，视频的拍摄更具有灵活性，不受固定图像风格的约束，能够动态展现旅游地景观。在@peepy_and_mother_lee 发布的这则小视频中，两人从冷漠的漫步开始，但几十秒之后，视频便呈现了更为丰富的拍摄内容，不仅呈现了更为广阔的故宫全貌，而且存在很多博主母子与观众的互动对话和手势，更具亲近感。

值得一提的是，这则短视频的背景音乐是中国歌曲《夜来香》，中文歌词、故宫景观与视频主角戏剧性的装扮糅合在一起，呈现出一种新奇和趣味，甚至带有一些荒诞。这则视频共获得 30 万次播放，网友也充分肯定了这种视觉创意，有网友评论"Super cool and great music choice"（超级酷和超好的音乐选择），也有中国网友直接回复了背景音乐的歌名[②]。@peepy_

① 参见@peepy_and_mother_lee 本幅照片后的评论，https://www.instagram.com/p/B6Sn2SkBPwg/.

② 参见@peepy_and_mother_lee 故宫视频后的评论，https://www.instagram.com/p/B6fPl8ahfmF/.

and_mother_lee 作为时尚和旅行博主，其静态照片中的名牌包和奢侈的装扮带有非常强烈直白的消费符号意味，而短视频通过镜头画面、音乐、对话语言、人物姿态等多种模态符号的随机呈现，在消解“炫富”带来的距离感的同时，又有利于构建亲切自然的人物形象，从而形成冷酷却友善的个人风格。

（二）参与感：实时联结与在线融入

如前文所述，Instagram 平台拥有具备快拍功能的 Instagram Stories 可以在用户头像周围显示博主是否有 24 小时内的故事动态，而当 Snapchat 掀起的“阅后即焚”风潮退去之后，许多用户并不会隐藏故事内容不可见，而是会保留在故事库之中。如此一来，Instagram Stories 便成为一个旅居者旅途中的动态记录，保留了用户认为值得分享的一个个动态瞬间。这些片段小视频通常只有几秒钟的长度，有的甚至是照片和贴纸的组合，但其发布比精心挑选和修饰的景观照片更为随意，成为社交媒体用户观看博主旅居生活片段的实时动态窗口。

@saltyhan、@bucketlistbums 两名旅行博主在北京期间分别发布了 47 段和 17 段故事动态，而@peepy_and_mother_lee 没有按地点分类自己的故事动态，但其动态更新也十分频繁。与旅行博主颇具技术风格的主页照片不同，他们的故事动态内容更零碎、拍摄更加随意，几乎涵盖了博主旅居中衣食住行的每一个片段。

视觉上给人以轻松、随意之感的故事动态给观者提供了一种参与感，目睹博主实时发布的旅行细节，观看者在短小的视频中获得了更加逼真的在线旅行体验。实时动态的分享将观看者引入一个共同在场的虚拟空间，观看者见证了由不断更新的动态拍摄带来的“真实”体验。

如今，人和信息的双重流动愈加频繁，当旅居者身处异国，同时面临身体的跨文化处境和社交媒体中的旧有空间，这时，旅居接触到的新的朋友、原有的社会关系和个体自身都被纳入到社交媒体的观看场域中，社交媒体空间的跨文化语境成为一个普遍的传播语境。有研究者指出，在美中国旅居者使用社交媒体时，“维系国内关系”的动机显著高于“发展新的人际关系”的动机，维护原有的社会关系可以给旅居者带来归属感、安全感、他人与自我认同等①。笔者对 Instagram 的研究表明，这一结论并不局限于在美华人，社交媒体空间的旅居者几乎都在旅居的自我表达中维护原有关系，并实现自我呈现和维护社会关系的目的。

作为旅居者的个体在流动的当代社会扮演着传播的主体，既携带了强大的“文化基因”，又身处一个文化交流的现实环境；同时，个体本身又是一个个良好的中介，其观看、体验和分享，既呈现了文化的不同面貌，又在有意无意间促进了跨文化的理解和交融。

① 杨恬，蒋晓丽. 在美中国旅居者在社交媒体上的自我呈现动机研究[J]. 国际新闻界，2018，40(3)：101-113.

第六章 跨文化传播中的视觉社交

前述三个章节笔者以全球最大图像社交平台 Instagram 为例,分析图像技术、移动媒体以及全球流动趋势的发展对个体社交媒体使用行为的影响及表现。围绕视觉文化中的观看关系,选取个体对自我形象、本土日常生活以及流动中的旅居图像三个方面的自我表达作为分析对象。这三种类型的社交媒体图像体现了个体对自我及世界的观看、拍摄与表达,由于社交媒体的连通性和智能设备使用的便捷性,个体借由图像的自我表达不仅凸显了个体在跨文化传播中的主体性,而且呈现出全球性的同质性与混杂性趋势。本章进入研究的总结性部分,首先对"结构-能动"视角下跨文化传播场域中个体实践行为的理论发展进行总结,随后指出对新的场域和个体传播行为的研究对今后跨文化传播的启示,也是对开篇研究问题的回应与本研究的落脚点,最后总结研究的不足以及对后续研究的展望。

第一节 跨越文化的惯习:个体的视觉社交

社交媒体的广泛使用已经成为许多人日常社交互动的核心组成部分,这反映出媒体对个体的社会关系建构功能愈发凸显。人们是通过传播完成社会化的,从这个意义上说,大众传媒是塑造社会性格的文化工具[①]。媒体的发展正在改变人们的交往经验,社交媒体作为社会实践中广泛使用的交往中介,正呈现出视觉化的发展趋势。视觉化不仅丰富了人们网络表达的内容和形式,而且正在塑造人们的在线互动方式。人们在社交媒体表达和互动的过程中,图像影音成为日常接受信息的重要内容,也渐渐习惯用视觉化内容表达和分享。视觉在生活中的地位日益凸显并越来越多地渗入人际互动,在这个意义上可以说,一种新的社交惯习正在形成。

一、以影像为中介的社会交往

社交媒体时代的社会交往不需要建立空间上的亲密关系,如今,人们的社交行为受到新媒体使用的影响,层出不穷的社交应用提供了人们可以管理自己社会关系的空间。虽然安德森"想象的共同体"的概念是用来探讨民族主义的,但进入社交媒体时代之后,它便被反复拿来类比互联网连接,甚至已经形成了这个概念的扩展事实,即在互联网空间,社会关系和在线社区是一个结构化的概念,并不需要嵌入到物理现实之中。互联网营造的共同空间建立在人们对于自己身处共同群体的想象中,在线社交关系的形成是人们的社会交往中介化(mediation)的过程,媒介对人们社会交往方式的变革性影响体现在效率、范围以及语言表达方式等方方面面。

当分享影像成为人们使用社交媒体的主要行为,以视觉为中介的社会交往网络得以构建。"每个时代所采用的符号交换形式都包含着意义的内部结构和外部结构,以及意义的手

① 陈卫星. 传播的观念[M]. 北京:人民出版社,2004:228-229.

段和关系。”[①] 马克·波斯特(Mark Poster)认为信息方式(the mode of information)所形成的语言结构能够改变人们的社会交往方式，从而重新建构了社会关系网络及人在其中的主体身份。数字图像与信息通信技术的联合发展，正在源源不断地为人们在社交媒体记忆建构、即时交流、自我表达和自我呈现等方面提供更多选择[②]，人们可以用图片、视频、语音、表情包、手势等不断更新的符号素材取代文字，也可以图文影音混合使用，社交媒体的影像共享促进了多模态互动话语的形成，并有助于人们建立网络中的社会关系。

以影像为中介进行社交的一个关键方面是对自我形象的塑造，即自我的网络呈现。斯莱特(Don Slater)将自我呈现(self-presentation)与自我再现(self-representation)进行了区分，自我呈现是个体无意识地呈现自己的方式，例如通过肢体语言和微表情无意间透露自己；而自我再现是需要反思和目的性的[③]。按照斯莱特的说法，社交媒体的图片分享属于自我再现行为，但无论是呈现还是再现，不可否认，因为社交网络的潜在社交属性，个体在分享自己照片时有选择和修饰等一系列行为，是反思性的。社交媒体中的自我呈现不仅包括自拍，也包括个体对生活的展现。例如，在 Instagram 应用中，用户通过简单的图像和文字、标签的组合，便可以展现自身的生活状态。

影像成为我们表达自己的素材。在 Instagram 上发表的图片若都以“假期”为主题，画面构成和表达方式大都会各不相同。社交媒体的即刻上传和在线编辑功能使用户的旅行分享变得简单和频繁，用户可以分享包含自身形象的照片，也可以通过旅途风景和见闻表达自己的感受。用户有时会给图片配上简单的文字，或者分享图片时加上内容标签(tag)，Instagram 和微博都用“#”来指引标签，平台的其他用户可以用同样文字搜到所有添加相同标签的人。国外用户经常在发布图片时添加多个标签，甚至用标签取代文字描述，图片只是呈现一种状态或者表达一种情绪。风景、人物、动物、商品等都可以用来展现自我，拍摄和分享用于自我呈现的照片反映了我们想要投射到世界上的自我观点[④]。

影像是拍摄者对现实的反映，但并不是绝对的现实复刻。正如苏珊·桑塔格(Susan Sontag)所说，人们拍摄同一事物，总是拍摄不出同一照片，“也即照片不只是存在的事物的证明，而且是一个人眼中所见到的事物的证明，不只是对世界的记录，而且是对世界的评价。”[⑤] 传统媒体时代，这种通过画面记录和评价世界的权力在专业摄影师手中，而在社交媒体空间，人人都在借助影像表达自己。与纯文字表达相比，影像化的自我表达更具视觉冲击性，更容易在短时间内引发情感共鸣，影像观看的共在性以及社交网络高度的参与性，使图像的发布者与观看者共处于同一种情绪感受中，无形中实现了情感的融合。

如上文所言，社交媒体提供的“共同在场”打破了人际交往的时空局限，短时交流的内容和频次大幅提升，信息传播的循环可在瞬时完成。这种即时共享的传播环境使传播符号的选择趋于直观和简洁，视觉化内容便能满足这个要求。“照片+表情符号”这种简单的素

---

① [美]马克·波斯特. 信息方式：后结构主义与社会语境[M]. 范静哗，译. 北京：商务印书馆，2000：13.

② VAN HOUSE, NANCY A. Distant closeness: Cameraphones and public image sharing[C].UBICOMP '06 PICS Workshop. 2006.

③ LISTER M.(ED.). The photographic image in digital culture[M]. London: Routledge, 1995. 转引自 Van House, Nancy A. Distant closeness: Cameraphones and public image sharing[C].UBICOMP '06 PICS Workshop. 2006.

④ GYE, L. Picture this: the impact of mobile camera phones on personal photographic practices[J]. Continuum, 21(2), 279-288.

⑤ [美]苏珊·桑塔格. 论摄影[M]. 黄灿然，译. 上海：上海译文出版社，2008：90.

材组合便可以表达情绪，看到图片的人亦可通过“点赞”这一举动快速回复，表达“知晓”和“赞赏”，互动过程不需要太多语言文字。由于分享和观看带来的这种短时、共有的体验，有些影像（如表情包）甚至可以病毒式传播，引发基于影像的网络沉浸和狂欢。

许多学者指出以视觉为中介的社会交往建立和维护的是浅层情感联结，因为社交媒体中的互动过程实际上是短暂的情感反应，更像随时会消散的情绪。文森特·米勒（Vincent Miller）提出新媒体空间存在一种“寒暄文化”（phatic culture），他认为个体化、网络社会性以及通信技术的发展使实时连接和随处交流成为常态，这导致在线媒体文化越来越多地由寒暄交流（phatic communication）所主导，即交流的目的并不是传递信息，而是社交互动[①]。寒暄可以成为建立人与人之间关系的纽带，但却不能传递更多信息和思想，询问天气、健康状况、生活起居等闲聊就是典型的寒暄。

由于影像共享已经成为一种越来越流行的传播方式，有学者认为寒暄交流的概念同样适用于社交媒体中的视觉互动，类似于人际传播中的口头寒暄，人际关系管理也是影像寒暄交流的主要社会功能。影像的社会关系管理功能与影像介质的指示性（indexicality）及影像内容的指示性有关[②]。作为一种反映现实的媒介，影像是一种与现实建立联系的物质性存在，这使得影像作为维护社会关系的中介具有特别的效果，因为影像中熟悉的内容及其引发的共通情感能够强化传受双方的参与感和认同感。

影像本身就是一种连接介质，分享影像的行为强化了社交性，从这个意义上说，分享行为的重要性甚至超过了影像内容。但也并不是说内容不重要，因为内容指示了构建关系各方的身份、兴趣、属性和态度，内容提供了物质性的指示性和存在感。社交媒体的影像分享使得对寒暄内容的共享并不一定要以各方实际在场为前提，影像的物质性提供了一种在场感（sense of presence），它使得人们在身体缺席的情况下仍能实现“被连接的在场”（connected presence）[③]。即便围绕影像互动的个体并未存在于同一个物理空间，或是观看影像存在时差，但影像作为中介为各方模拟了一种共同在场，人们得以建立情感以及维护关系。

二、视觉社交作为一种惯习

（一）惯习何以形成

全球流动的增强与媒介技术的发展凸显了视觉要素在传播场域中的作用，对于参与传播的个体而言，通过社交媒体进行交流已经是一种生活习惯，不仅如此，人们普遍利用社交媒体传递信息、开展工作、获取娱乐资源、维护社会关系。正如前文所讨论的，视觉化成为社交媒体内容的主要趋势，以影像为中介的信息传播行为正在占据人们的社会交往生活。当人们通过传播影像建立和维护社会关系变得平常，那么这种无意识的交往行为已经成为一种内在模式的外显，背后指导这种行为的，正是一种生成性的结构，用布尔迪厄的概念来说，便是惯习。

首先，个体的一些常识性、习惯性行为受到环境制约，社会环境的约束力经过时间沉淀

① MILLER V. New media, networking and phatic culture[J]. Convergence, 2008, 14(4): 387-400.

② NIEMELÄ-NYRHINEN J, SEPPÄNEN J. Visual communion: the photographic image as phatic communication[J]. New Media & Society, 2019,9(1):1-15.

③ LICOPPE C, SMOREDA Z. Are social networks technologically embedded? : how networks are changing today with changes in communication technology[J]. Social networks, 2005, 27(4): 317-335.

内化于个体，形成关于某种事物特定的行为模式，身处于视觉化传播场域的个体，自我表达和社会交往的行为模式都会受到作为环境的场域影响。而按照布尔迪厄的说法，惯习本身是历史的产物，是个体身处场域特性的折射，进入互联网时代以来，全球化、移动化、智能化发展的传播环境已经大幅改变了人们的信息传受模式，进而深刻改变了人们的生活方式。接受和传递信息不再是一个刻意的行为，“保持在线”成为常态，信息传受形式的快节奏更迭中，视觉化趋势愈演愈烈……传播场域种种特征的积累和衍变，经过时间沉淀，会反映在个体行动者的行为模式当中。

其次，惯习作为一种生成性结构，同时是“一种处于形塑过程中的结构……将实践的感知图式融合进了实践活动和思维活动之中”，也就是说，惯习指导实践活动，其体现在实践活动中的同时也在被实践塑造。惯习体现在个体无意识的实践活动中，社交媒体发展至今，影像的拍摄与分享越来越成为“合情合理”“自然而然”的举动，这种个体层面无意识的行为机制，是“来自与场域固有趋向相适应的惯习的”①。

（二）何为视觉社交

如今，个体浸润在影像类社交媒体蓬勃发展的环境中，拍摄和分享影像已经成为日常生活的一部分。根据传播场域和个体行为的变迁趋势，本书提出以惯习的视角来审视视觉性社会交往（visual social interaction），将视觉社交看作一种惯习，相当于在传播场域与个体行为之间引入一个中介性概念，这个概念可以更清晰地投射出媒介环境变革与个体传播行为之间的相互作用。具体到社交媒体空间的跨文化传播研究，将参与跨文化传播的个体之间的互动行为看作某种惯习形塑下的实践活动，通过分析行为特征、互动机制以及结构制约等因素，以“场域-惯习-实践”的关系视角考察个体层面的跨文化传播活动（如图 6.2）。

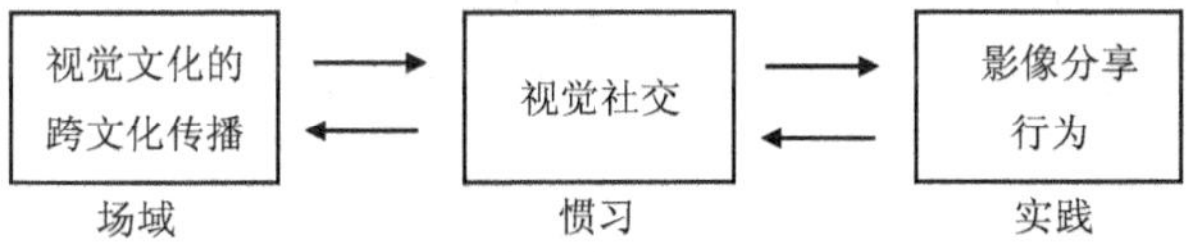

图 6.2　视觉社交作为惯习的中介性

所谓视觉社交，广义上指一切通过视觉传递和接收信息的社会交往行为。视觉行为可以传达多种信息，并可以在社交互动中发挥多重功能……眼睛不仅可以传递信息，而且是收集信息的主要系统之一②。目光交流便可以在人际交往中传递隐含的信息，使面对面的社会交往更加顺畅和谐。在本次研究中，视觉社交指在社交媒体空间以视觉化内容为中介的信息传播活动的总称，与面对面的人际传播相比，狭义的视觉社交增加了社交媒体作为中介，中介性的视觉化内容包括图片、视频、表情包等视觉符号，是数字化的视觉社交。视觉社交可以表现为多种互动行为，如拍摄美化、上传分享、点赞评论以及转发等。个体的实践活动包含更多主动性和灵活性，但都是作为惯习的视觉社交的产物和表现，是媒介环境固有的规律和趋向在个体层面的展现。

① ［法］布尔迪厄，［美］华康德. 反思社会学导引［M］. 李猛，李康，译. 北京：商务印书馆，2015：169-170.

② ELLSWORTH P C，LUDWIG L M. Visual behavior in social interaction［J］. Journal of Communication，1972，22（4）：375-403.

（三）视觉社交的内化与反思

正如布尔迪厄所言，"'人际'关系从不只是表面上看来的从个人到个人的关系，互动的真相从不完全存在于互动中"，"互动本身的形式也是归功于产生了互动行为者倾向性并为行为者指定了互动在其他框架内的相对位置的客观结构"[①]。现今热闹的视觉社交背后，是文化、技术、资本等诸多因素共同推动构成的媒介环境，并且我们可以说，视觉社交媒体的环境，既是视觉社交惯习的原因，又是它不断强化和发展的结果。同时，视觉社交惯习的体现并不局限在网络空间，它改变了这个时代人们的生活方式，"影像化生存"并不是夸张的比拟。

作为惯习的视觉社交内化于个体行为的一个重要表现是，"拍照"和"分享"已经从偶发行为进化成一种内在的思维方式。人们用最终数字化的视觉呈现效果来指导建构自身形象，例如，日常选择"穿什么衣服好看"已经演变成了"穿什么衣服拍照好看"，环境和菜品是否有利于拍照分享也成为选择聚餐场所的重要指标。人们不仅用影像来记录和分享生活，在拍照行为开始之前，人们便已经用镜头思维观察生活。聚会之后美化、互相传递、上传平台及后续互动已经成为维系社会关系的重要内容，影像分享打通了线上和线下，视觉社交在逐渐改变人们的相处和互动模式。

互联网空间的视觉化内容流动也使社交变得简单和广泛。詹金斯用"融合文化"（convergence culture）来描述新媒体发展进程中不同组成部分的结合，"融合代表着一种范式转换——这种转换表现在，以前是媒体独有内容，现在是内容横跨多媒体渠道流动，各种传播体系的相互依赖日益加深"[②]，而视觉化，为这种传播内容的跨媒体流动提供了一种简洁的通用形式。视觉化内容不仅易于在多个平台之间流动，而且跨越语言和文化藩篱的流动难度也远远小于文字。从媒介融合的视角来看，影像的表征强项并不在于叙事，而更在于氛围与情感的传达，这种传达极具流动性和包裹性，更容易将不同文化背景的个体容纳进同一个文化传播场域中。

而具体到个体在社交媒体的影像分享行为，则关乎个体的自我认知、自我表达、媒介使用及文化认同。视觉社交及影像分享为个体创造了丰富的自我表达手段，也为跨越语言障碍的个体交流提供了前所未有的机会。本书以 Instagram 平台为研究对象，从自我形象建构、本土生活展现和旅居图像的视觉化表达三个方面入手，分析了个体层面跨文化传播新的表征方式。"视觉社交"概念可以看作是对跨文化传播个体机制的一种理论发展，在场域和惯习的关系视角下，聚焦个体的视觉化自我表达及视觉社交实践，不仅总结了个体为主体的跨文化传播现象及内在机制，而且可以启发我们开辟新的跨文化传播空间以适应不断发展的社交媒体环境。

---

① ［法］皮埃尔·布尔迪厄. 实践理论大纲［M］. 高振华，李思宇，译. 北京：中国人民大学出版社，2017：229.

② ［美］亨利·詹金斯. 融合文化：新媒体和旧媒体的冲突地带［M］. 杜永明，译. 北京：商务印书馆，2012：353.

第二节 场域关系反思及多元主体建构

一、跨文化传播场域中的关系审视

(一)理论视角的延展

本书在“结构-能动”的视角下对当前的媒体环境和个体传播行为展开研究,是将个体跨文化传播行为置于一个更大的环境中背景中进行考察。“场域-惯习-实践”的关系视角有助于对媒介环境变迁中的个体跨文化传播实践进行审视和批判。通过研究可知,技术的发展、媒体平台的商业动机以及虚拟空间的媒体文化共同构成了理论视角中的“结构”,而个体的社会交往和传播实践便是“能动”。布尔迪厄和吉登斯都在“结构-能动”的视角下对个体实践活动进行过论述,并都力图超越结构与能动的二元对立,前者的实践理论带给我们关系思维,后者的结构化理论提醒我们注意行动者的能动性特征。因此,在考察社交媒体中的跨文化传播现象时,既要挖掘其背后的复杂关系及可能存在的权力博弈,又要看到社交媒体赋予个体能动性之后,对跨文化传播形式和素材的拓展与限制。

需要补充的是,本书没有刻意将研究对象套嵌入某一个学者的一套相对固定的理论模式中,而是借用了系统之下的一些视角和概念。这不仅因为每一个学者的理论都有其产生的时代背景和个人研究旨趣,存在一定的应用局限,更因为在飞速发展的媒体环境下,很难找到一个能够完全适用于新媒体环境的经典中观理论,同时,笔者也不愿将研究变为一套理论的刻板解读与演绎。因此,笔者选择了更敞阔的“结构-能动”作为理论视角,结合社会符号学的分析框架作为方法工具,篇章结构倚重布尔迪厄的“场域”“惯习”概念,而研究的落脚点更倾向吉登斯对个体能动性在现代性中的强调,并对其做视觉化趋势下的发展。

(二)三重维度的关系审视与建构

在整个对社交媒体空间视觉化趋势及自我表达的研究中发现,有三重关系的博弈始终在影响个体的自我表达方式与风格,笔者将其概括为:技术与文化、商业与个性,群体与个体。智能移动设备的技术赋能使个体获得低门槛的表达自由,也产生了图像表达普遍的去语境化现象,进而延伸出借助相似图像表达不同情绪的再语境化问题。其中,既有个体对技术的快速适应与应用,也有自身文化习惯在新的媒体环境中的冲突与适应。因此,本研究一方面充分认可视觉技术的可供性及其提供的构建更广阔范围内传播信息、建构认同的可能性;另一方面,本研究也认为,不能将技术的延伸现象等同于文化的传播,应该看到图像使得信息连接空间变大的过程中也存在文化交流浅表化及话语模式均质化的问题,在新的场域开展跨文化传播,应当充分利用技术发展带来的优势打破物理空间的隔阂,同时保持适当清醒的文化意识和核心价值,避免对技术的过度倚重和观点的偏狭。

虽然本研究只选取 Instagram 一个社交平台作为主要研究对象,但通过研究不难看出,社交媒体已经成为全球互联时代跨文化传播实践的核心场域,个体与群体、组织与国家都以一个个账号的形式共同存在于其间,这个场域正在超越和重组既有跨文化传播的形态,而视觉化成为这个重组过程中最为重要的符号和内容趋势。我们应该看到,社交媒体不仅仅是传播渠道和工具,更是具有垄断倾向的商业化数字平台,其对用户使用时间和流量聚集的偏好使得社交媒体平台更为推崇能够获得广泛理解和认同的图像内容，这使得平台在筛选内容时走向去语境化、文化浅表化及风格趋同的循环格局。因此，在“商业与个性”这个维度思考今后社交媒体空间的跨文化传播，给我们以如下启示：不能仅仅从单一传受关系和文化输出的角度进行内容的制作与传播，在考虑到不同平台商业属性的前提下，寻求能够融入平台环境同时展现文化特色的内容表达方式。

通过对不同国家用户自拍照及旅行图像表达的分析可以看出，平台视觉风格的趋同和用户固有文化身份的内化将是未来一段时间的状态，“群体与个体”的混杂身份状态与社交媒体的技术与商业力量正在合力塑造跨文化传播的新语境。在这个开放的语境中，来自世界各地的观看者也是制造者，共同参与了视觉文化景观的生产。符合社交媒体使用环境的观看期待、回应身为现代社会的一员普遍存在的身份焦虑以及引发人类共通的情感反应的内容将获得更好的传播效果，因此，平衡好国家民族的群体身份与关系建构和自我表达的个体需求，孵化更隐匿、更多元的跨文化传播主体是本研究得到的较为重要的优化社交媒体空间跨文化传播的启示。

二、建构多元主体：视觉社交的应用前景

笔者在第二章描述了视觉文化的跨文化传播场域，是对研究问题在理论层面的回应设想。借用布尔迪厄实践理论中场域与惯习的互动关系，视觉文化和社交媒体的勃兴状态形成新的跨文化传播场域，这个场域影响着个体的传播惯习，进而影响个体的传播行为。同时，个体层面惯习的演变逐渐积累，又会对跨文化传播场域起到形塑作用。跨文化传播的个体价值体现了媒介技术和社会发展为跨文化传播带来的创新可能，这种可能因个体在传播中交流的情感性和表达的丰富性而颇有融通意义。“惯习有助于把场域建构成一个充满意义的世界，一个被赋予了感觉和价值，值得你去投入、去尽力的世界。”①

根据传播场域和个体行为的变迁趋势，本书提出以惯习的视角来审视视觉性社会交往（visual social interaction），将视觉社交看作一种惯习，相当于在传播场域与个体行为之间引入一个中介性概念，这个概念可以更清晰地投射出媒介环境变革与个体传播行为之间的相互作用。在社交媒体地位愈加凸显的数字时代，我们更加不能忽视个体在跨文化传播中的作用。无论是个体有意充当跨越文化边界的传播信使，还是在无意间携带了文化基因展开社交媒体空间的跨文化互动，个体间的信息互动和社会交往越来越频繁，这一方面使得文化冲突和适应表现在更发散和边缘的每一个角落，另一方面又促使个体在表达方式上呈现全球性的趋同趋势。

伴随科技永不止息的发展脚步，3D、AR、VR等技术得到越来越广泛的应用，人类身体与科技、有机体与机械之间的界限将会进一步瓦解。我们可以想到，在有限的未来，视觉化都将是传播媒介、传播内容及传播方式最重要的变化趋势，个体间的视觉社交也会愈加频繁。越来越多的个体将会成为跨文化传播的主角，“李子柒现象”将不是个例，视觉社交既是新媒体环境下生成的个体惯习，也可以成为善加利用的传播观念和模式。

从个体社会交往的角度讲，个体对各种文化的兴趣和内在的传播动力是跨文化传播优良的催化剂，而人类共通的审美感知与悲喜情绪也是促进文化交融的天然纽带。进而，人类

① ［法］布尔迪厄，［美］华康德. 反思社会学导引［M］. 李猛，李康，译. 北京：商务印书馆，2015：158.

个体间共享的情感、信念和需求有助于稀释国家民族和意识形态差别形成的传播界限，推动异质文化间的包容与和解。因此，对视觉社交的认知研究和进一步发展应用可以促进个体间的跨文化互动和社会交往，进而由个体交流带动文化往来，不仅有益于商业需求的挖掘和文化产业市场的拓展，而且能够由个体的进步推动“信息时代的文化共同体”[①]的生成。所以，笔者在研究的最后提出“视觉社交”这一惯习概念，可看作对于研究问题在实践层面的总结。

三、个体视觉化表达的趋势及叙事应用

笔者对视觉化自我表达的研究选择缘起于社交媒体空间越来越兴盛的跨文化传播现象，区别于国家和机构作为传播主体的跨文化传播，社交媒体的传播主体是一个个拥有社交账号的普通个体，个体间的传播行为表现出极强的互动性和视觉化。个体层面的传播既受到传播环境的深刻影响，又表现出多元化和随机性，这一点在前述章节的案例分析中已有诸多体现。行至文章结尾处，笔者有必要对个体视觉化自我表达在话语层面的特征和趋势加以总结，使研究的落脚点更加明晰。

首先，跨文化传播中个体机制的趋同性与混杂性。社交媒体一方面为个体提供了摆脱传统制度束缚的表达方式，另一方面为个体的社会交往创造了共同在场的交流空间。每个人都生活在特定的文化环境中，所以一定程度上，个体是文化的代言人；但开放的媒介环境又会影响个体的认知和行为，表现出个体层面的跨文化接触和适应。跨文化传播这种较为重视个体能动性的传播机制不仅脱胎于跨文化传播产生的历史情境，也受到媒体形态发展的影响，个体浸润在影像类社交媒体蓬勃发展的环境中，拍摄和分享影像已经成为日常生活的一部分。特别是在广泛应用的社交媒体平台中，媒体功能设置和流行文化共同作用于个体的视觉感官，使其形成趋同的自我表达方式。个体不仅通过视觉图像建构自我形象，视觉化的自我表达形成更为直观立体的“个人名片”，成为个体建立社会交往关系的社会资本。这种社交媒体使用的趋同性便是笔者提到的全球性的“视觉社交”。与此同时，在新媒体时代，个体建构主体性的能动性崛起，一方面，个体的文化观念和自我感知受到特定文化环境的影响，另一方面，个体又在快速吸收着图像技术和媒介文化中的流行元素，信息和身体的双重流动使个人的自我表达更加全球化和多元化。因此，个体在图像类社交媒体的表达呈现出多模态、多语种、跨文化的混杂性，这种混杂性在社交媒体空间表现出个体丰富的创造性与符号混杂的全球趋同性。

第二，自我表达的视觉风格与美学延伸。在新媒体环境中，个体既是跨文化传播的发起者和传播者，也是跨文化传播后果的直接反映。从“ins 风”在国内的风靡到滤镜持续而广泛的使用，社交媒体空间的视觉化自我表达逐渐形成一种跨文化的视觉风格。摄影技术的可供性和智能手机的易用性加剧了这种风格的形成和传播，受欢迎的图像不仅传播迅速而且易于模仿。社交媒体空间流行的自我表达风格是视觉技术与商业环境的共谋，平台的功能设置和具有影响力的“网红”使这种视觉风格作用于个体在社交媒体观看的视觉经验，进而渗透进个体的日常的美学实践，日常生活中的视觉化自我表达成为个体展现自我和建构关系的场域。站在批判的角度，这种日益趋同的视觉风格是浅表化、商业化的，它让视觉化

① ［美］曼纽尔·卡斯特. 认同的力量［M］. 2 版. 曹荣湘，译. 北京：社会科学文献出版社，2006：69.

表达趋同,并有可能陷入消费主义的视觉狂欢。

但乐观地看待社交媒体的视觉风格,它为我们提供了前所未有的参与跨文化传播场域的表达方式。视觉社交作为一种全球性的惯习,不仅激活了个体的视觉传播实践,而且有可能牵引更多个体自发参与跨文化传播,并掌握传播的主动权。这有利于消解传播中既有的地域国家的刻板印象,也能够使致力于开展跨文化传播的机构或群体获得更多了解个体需求的途径,创作符合社交媒体审美风格的传播内容。

参考文献

一、中文参考文献

[1] 陈卫星. 传播的观念[M]. 北京:人民出版社,2004.
[2] 陈向明. 旅居者和“外国人”:留美中国学生跨文化人际交往研究[M]. 北京:教育科学出版社,2004.
[3] 姜飞. 跨文化传播的后殖民语境[M]. 北京:中国人民大学出版社,2005.
[4] 李妙晴. 多模态话语分析理论在中国的应用[M]. 北京:中国纺织出版社,2019.
[5] 刘海龙. 大众传播理论:范式与流派[M]. 北京:中国人民大学出版社,2008.
[6] 罗岗,顾铮. 视觉文化读本[M]. 桂林:广西师范大学出版社,2003.
[7] 马为公,罗青. 新媒体传播[M]. 北京:中国传媒大学出版社,2011.
[8] 单波,肖珺. 文化冲突与跨文化传播[M]. 北京:社会科学文献出版社,2015.
[9] 肖珺. 跨文化虚拟共同体:连接、信任与认同[M]. 北京:社会科学文献出版社,2016.
[10] 阎云翔. 中国社会的个体化[M]. 陆洋,等译. 上海:上海译文出版社,2012.
[11] [丹麦]克劳斯·布鲁恩·延森. 媒介融合:网络传播、大众传播和人际传播的三重维度[M]. 刘君,译. 上海:复旦大学出版社,2012.
[12] [德]卡尔·马克思.1844年经济学哲学手稿[M]. 北京:人民出版社,2000.
[13] [德]齐奥尔格·西美尔. 时尚的哲学[M]. 费勇,译. 北京:文化艺术出版社,2001.
[14] [德]乌尔里希·贝克等著. 全球的美国:全球化的文化后果[M]. 刘倩,杨子彦,译. 郑州:河南大学出版社,2011.
[15] [法]阿芒·马特拉. 世界传播与文化霸权:思想与战略的历史[M]. 陈卫星,译. 北京:中央编译出版社,2001.
[16] [法]雷吉斯·德布雷. 普通媒介学教程[M]. 陈卫星,王杨,译. 北京:清华大学出版社,2014.
[17] [法]罗兰·巴尔特. 明室:摄影札记[M]. 赵克非,译. 北京:中国人民大学出版社,2011.
[18] [法]米歇尔·福柯. 规训与惩罚(修订译本)[M]. 刘北成,杨远婴,译. 上海:生活·读书·新知三联书店,2012.
[19] [法]梅洛-庞蒂. 可见的与不可见的[M]. 罗国祥,译. 北京:商务印书馆.2016.
[20] [法]皮埃尔·布尔迪厄. 区分:判断力的社会批判[M]. 刘晖,译. 北京:商务印书馆.2015.
[21] [美]W.J.T. 米歇尔. 图像学:形象,文本,意识形态[M]. 陈永国,译. 北京:北京大学出版社,2012.
[22] [美]爱德华·霍尔. 超越文化[M]. 何道宽,译. 北京:北京大学出版社,2010.

[23] [美]亨利·詹金斯,[日]伊藤瑞子,[美]丹娜·博伊德. 参与的胜利:网络时代的参与文化[M]. 高芳芳,译. 杭州:浙江大学出版社,2017.
[24] [美]简·尼德文·皮特尔斯. 全球化与文化:全球混融(第二版)[M]. 王瑜琨,译. 北京:中国传媒大学出版社,2014.
[25] [美]马克·波斯特. 第二媒介时代[M]. 范静哗,译. 南京:南京大学出版社,2000.
[26] [美]曼纽尔·卡斯特. 认同的力量(第二版)[M]. 曹荣湘,译. 北京:社会科学文献出版社,2006.
[27] [美]尼葛洛庞帝. 数字化生存[M]. 胡泳,范海燕,译. 海口:海南出版社,1997.
[28] [美]欧文·戈夫曼. 公共场所的行为:聚会的社会组织[M]. 何道宽,译. 北京:北京大学出版社,2017.
[29] [美]乔纳森·克拉里. 观察者的技术[M]. 蔡佩君,译. 上海:华东师范大学出版社,2017.
[30] [美]约书亚·梅罗维茨. 消失的地域:电子媒介对社会行为的影响[M]. 肖志军,译. 北京:清华大学出版社,2002.
[31] [美]詹姆斯·保罗·吉. 话语分析导论:理论与方法[M]. 杨炳钧,译. 重庆:重庆大学出版社,2011.
[32] [美]詹姆斯·W. 凯瑞. 作为文化的传播:"媒介与社会"论文集[M]. 丁未,译. 北京:华夏出版社,2005.
[33] [英]本·海默尔. 日常生活与文化理论导论[M]. 王志宏,译. 北京:商务印书馆,2008.
[34] [英]达雅·图苏. 国际传播:延续与变革[M]. 董关鹏,主译. 北京:新华出版社,2004.
[35] [英]戴维·莫利. 传媒、现代性和科技:"新"的地理学[M]. 郭大为,译. 北京:中国传媒大学出版社,2010.
[36] [英]戴维·莫利,凯文·罗宾斯. 认同的空间:全球媒介、电子世界景观与文化边界[M]. 司艳,译. 南京:南京大学出版社,2001.
[37] [英]雷蒙·威廉斯. 文化与社会:1780—1950[M]. 高晓玲,译. 长春:吉林出版集团有限责任公司,2011.
[38] [英]马修·阿诺德. 文化与无政府状态(修订译本)[M]. 韩敏中,译. 北京:生活·读书·新知三联书店,2008.
[39] [英]迈克·费瑟斯通. 消解文化与后现代主义[M]. 刘精明,译. 南京:译林出版社,2000.
[40] [英]尼克·库尔德利,媒介、社会与世界:社会理论与数字媒介实践[M]. 何道宽,译. 上海:复旦大学出版社,2016.
[41] [英]齐格蒙特·鲍曼. 流动的现代性[M]. 欧阳景根,译. 北京:中国人民大学出版社,2018.
[42] [英]斯图尔特·霍尔编. 表征:文化表象与意指实践[M]. 徐亮,陆兴华,译. 北京:商务印书馆,2003.
[43] 陈静茜. 表演的狂欢:网络社会的个体自我呈现与交往行为[D]. 复旦大学,2013.
[44] 陆地,刘雁翎. 网络新媒体时代我国传统工艺的传承危机与传播路径[J]. 新闻爱好

者,2019(4):12-15.

[45] 周宪. 模仿/复制/虚拟:从镜子、摄影与电脑看视觉文化的三种形态[J]. 中国广告,2004(09):57-59.

[46] 腾讯游戏. 魔兽电影总票房达27.4亿:中国贡献14.6亿,北美仅4000万[EB/OL]. https://games.qq.com/a/20 160 629/053 458.htm. 2016-06-29.

二、外文参考文献

[1] ABERCROMBIE N, LONGHURST B J. Audiences: a sociological theory of performance and imagination[M]. London:SAGE Publications Ltd, 1998.

[2] APPADURAI A. Introduction: commodities and the politics of value[A]. APPADURAI A. The social life of things[C]. Cambridge: Cambridge University Press,1988.

[3] BATEMAN J, DELIN J, HENSCHEL R. Mapping the multimodal genres of traditional and electronic newspapers[J]. New directions in the analysis of multimodal discourse, 2007: 147-172.

[4] BECK ULRICH. Cosmopolitical realism: on the distinction between cosmopolitanism in philosophy and the social sciences[J]. Global Networks, 2010, 4(2):131-156.

[5] HESS A. The selfie assemblage[J]. International journal of communication, 2015(9): 18.

[6] MULVEY L. Visual pleasure and narrative cinema[M]. London: Palgrave Macmillan, 1989.

[7] RITZER G. The "McDonaldization" of society[J]. Journal of American culture, 1983, 6(1): 100-107.

[8] ROLAND ROBERTSON. Globalization: social theory and global culture[M]. London: SAGE Publications Ltd,1992.

[9] SHUTER R. Intercultural new media studies: the next frontier in intercultural communication[J]. Journal of Intercultural Communication Research, 2012, 41(3):219-237.